中国职业技术教育学会
智慧文旅职业教育专业委员会推荐用书

专家指导委员会主任 杜兰晓 姜玉鹏
总主编 韩玉灵 邓德智
副总主编 石媚山 李岑虎

| 研学旅行管理与服务系列教材 |

YANXUE LÜXING JIDI YUNYING YU GUANLI

研学旅行基地运营与管理

主　编 叶娅丽　边喜英　李岑虎
副主编 谭　欣　余宜娴　赵芳婺　王亚超　史双豪

北京·旅游教育出版社

图书在版编目（CIP）数据

研学旅行基地运营与管理 / 叶娅丽，边喜英，李岑虎主编. -- 北京 ：旅游教育出版社，2023.7（2025.1重印）
研学旅行管理与服务系列教材
ISBN 978-7-5637-4577-7

Ⅰ. ①研… Ⅱ. ①叶… ②边… ③李… Ⅲ. ①教育旅游—高等职业教育—教材 Ⅳ. ①F590.75

中国国家版本馆CIP数据核字(2023)第128970号

研学旅行管理与服务系列教材

研学旅行基地运营与管理

主编　叶娅丽　边喜英　李岑虎

副主编　谭　欣　余宜娴　赵芳鋆　王亚超　史双豪

总 策 划	丁海秀　李岑虎
执行策划	黄明秋
责任编辑	施云峰
出版单位	旅游教育出版社
地　　址	北京市朝阳区定福庄南里 1 号
邮　　编	100024
发行电话	（010）65778403　65728372　65767462（传真）
本社网址	www.tepcb.com
E - mail	tepfx@163.com
排版单位	北京旅教文化传播有限公司
印刷单位	北京柏力行彩印有限公司
经销单位	新华书店
开　　本	710毫米×1000毫米　1/16
印　　张	17.5
字　　数	260 千字
版　　次	2023 年 7 月第 1 版
印　　次	2025 年 1 月第 3 次印刷
定　　价	59.80 元

（图书如有装订差错请与发行部联系）

研学旅行管理与服务系列教材
专家指导委员会、顾问、编委会

《研学旅行基地运营与管理》编委会

主　编

叶娅丽（成都纺织高等专科学校三级教授）
边喜英（浙江旅游职业学院副教授）
李岑虎（文化和旅游部人才中心研学旅行指导师考评员）

副主编

谭　欣　余宜娴　赵芳鋆　王亚超　史双豪

编　委

彭诗茗　陈　倩　李　燕　吕晞梅　谭　慧　王先波　杨崇君　梁　东
仪孝法

出版说明

自 2016 年 11 月 30 日，教育部等 11 部门联合出台《关于推进中小学生研学旅行的意见》以来，研学旅行作为教育新形式、旅游新业态在国内蓬勃发展，成为教育和文旅行业的新增长点。但在迅速发展的同时，各地研学旅行行业也遇到了服务不规范、标准不统一、专业人才极度缺乏的窘境。因此，推进研学旅行专业人才培养已经成为旅游教育工作者迫在眉睫的任务。

2019 年 10 月，“研学旅行管理与服务”正式列入《普通高等学校高等职业教育（专科）专业目录》，研学旅行专业人才培养正式提上日程。为解决教材缺乏的问题，2020 年 1 月初，旅游教育出版社特邀请韩玉灵、吕龙根、邓德智、李岑虎等 40 余位来自院校、行业、企业的资深专家齐聚北京第二外国语学院，正式启动全国首套“研学旅行管理与服务系列教材”的编写研讨会。此套教材由北京第二外国语学院教授、中国旅游人才发展研究院执行院长韩玉灵，浙江旅游职业学院教授、全国《研学旅行指导师（中小学）专业标准》起草人邓德智共同担任总主编，各高校、教研院学科带头人担任分册主编、编委，组成系列教材编委会。此套教材于 2020 年 8 月正式出版，一经推出便受到各大旅游职业院校和行业、企业的高度关注。如今已多次再版加印，获得了读者的广泛认可。

与此同时，也有越来越多的高职院校纷纷设立研学旅行管理与服务专业。更具有标志意义的是，2022 年 7 月 11 日至 21 日，中华人民共和国人力资源和社会保障部公示了《中华人民共和国职业分类大典（2022 年版）》，研学旅行指导师也被纳入其中。在此背景下，我社于 7 月 30 日再次组织研学旅行相关领域的专家，召开了“研学旅行管理与服务系列教材”编写修订研讨会。我们特聘浙江旅游职业学院杜兰晓校长、青岛酒店管理职业技术学院姜玉鹏校长共同担任新版系列教材的专家指导委员会主任。此外，还特聘青岛酒店管理职业技术学院文旅学院石媚山院长、文化和旅游部人才中心研学旅行指导师考评员李岑虎教授共同担任副总主编。

新版“研学旅行管理与服务系列教材”一共12本，分别是《研学旅行概论》《研学旅行指导师实务》《研学旅行指导师实务》（活页版）、《研学旅行课程设计》《研学旅行教育理论与实践》《研学旅行基地运营与管理》《研学旅行安全管理》《研学旅行市场营销》《研学旅行政策法规》《研学旅行产品设计》《户外活动策划与管理》《研学旅行数字化运营》。本套教材编写阵容强大，采用研学旅行最新研究成果，确保教材内容与行业接轨，符合教学需求。

从总体上看，本套教材具有四大特色。

一、全国首套，体系完整

本套教材充分考虑了师生的教学需求，从基础性的研学旅行概论开始，由浅入深，遵循教育学的基本理论，同时也注重指导师实务、课程设计、安全管理、基地运营等实操能力的培养，既全面覆盖研学旅行工作的各个要素要点，又符合本专业学生的知识技能成长逻辑，是国内首套体系完整的“研学旅行管理与服务”专业教材。

二、作者权威，理念先进

本套教材的总主编、副总主编、各分册主编都是各大院校研学旅行的学科带头人和国内研学旅行行业的专家，有着丰富的执教或从业经验。编写内容以一线研学企业的成功经验为依托，紧跟教育部、文化和旅游部对研学旅行的指导意见，同时吸收国内最新研究成果，引入研学旅行先进理念，确保本套教材的准确性、前瞻性。

三、案例教学，操作性强

为方便教学，教材中引入大量案例。这些案例均来自旅行社、研学基地等研学旅行一线单位，参考性强，真正做到以案例导入学习，以案例增进理解，以案例引导实操。

四、资料丰富，配套完善

书中将大量资料、视频等放入二维码，拓展了教材边界，方便学生学习理解。还有配套的多媒体教学课件、习题、试卷等，让教师对课程的讲授更加得心应手。

本套教材不仅可以作为研学旅行管理与服务、旅游管理等专业师生的教学用书，还可以作为研学旅行机构、研学基地等各类研学企事业单位相关工作人员的重要参考资料，以及教育和文旅行政管理部门进行研学规划时的参考用书。

研学旅行尚处在上升发展阶段，很多概念、理论、方法、模式更新较快。本套教材的编写力求保证内容的全面性、前瞻性，但难免有考虑不周之处，还请广大读者不吝赐教，以臻完善。

旅游教育出版社

2023 年 5 月

前　言

自2016年11月30日教育部等11部门印发《关于推进中小学生研学旅行的意见》起至今，研学旅行专业教育和行业发展方兴未艾。2022年，“研学旅行指导师”更是作为新职业被纳入《中华人民共和国职业分类大典（2022年版）》。2022年9月，教育部发布新版《高等职业教育专科专业简介》，把“研学旅行基地运营与管理”定位为研学旅行管理与服务专业的专业核心课程。为满足高职院校为研学旅行基地培养实用型人才的需要，我们编写了《研学旅行基地运营与管理》教材。本教材始终坚持以立德树人、培养新时代研学人才为根本目的，以党的二十大精神为指引，以习近平新时代中国特色社会主义思想为指导，融入课程思政理念，突出“岗、课、赛、证”融通，打造新形态融媒体教材。

具体来说，本教材有五大特色。

一是以立德树人、课程思政为根本，突出教育性。本教材坚持立德树人为先、课程思政协同的教育理念，把研学初心、文化认同、质量意识、守正创新、产品思维、诚信经营、全局意识、敬业精神、教育情怀、服务意识、责任担当等思政元素融入素质目标中，强调在研学中讲好中国故事，展现可信、可爱、可敬的中国形象。

二是以产教融合、校企合作为支撑，校企联合编写。本教材坚持“走产教融合之路，育现代研学之才”的职教理念，由12位高校教师和5位研学企业、行业负责人共同完成，深入到20多家研学旅行基地进行调研，与多家研学旅行基地项目负责人、活动执行人员共同调研、研讨，确定编写大纲和内容，真正做到教材内容与研学旅行基地经营业务无缝对接。

三是以职业项目为框架、以典型工作任务为载体，突出职教特性。本教材打破传统教材章节编写模式，将教学内容项目化，根据研学旅行基地主营业务设计了认知研学旅行基地、建设研学旅行基地、开发研学旅行基地产品、推广研学旅行基地产品、研学旅行活动实施准备、研学旅行基地教务管理、研学旅行基地服务管理及研学旅行基地人力资源管理 8 个项目，梳理了 27 个典型任务。每个项目均设置【项目导读】【学习目标】【思维导图】【学习任务】【项目训练】五大教学环节。每个学习任务均设置了【任务导入】【任务分析】【任务知识】【任务实操】【任务考核】五大教学模块，符合学生的认知规律，便于学生从不同的角度来掌握知识，降低了学习的难度。

四是体现“岗、课、赛、证”融通，突出职教特色，培养学生综合素养。本教材内容对接基地项目主管、市场运营、活动执行、后勤服务等岗位群所需知识、技能与素养，融合了研学旅行大赛、1+X 研学旅行策划与管理、1+X 研学旅行课程设计与实施等职业标准的相关内容。

五是以教学信息化、资源数字化为目标，打造新形态融媒体教材。本教材有大量二维码课程资源，提供了部分教学视频，分享了研学旅行相关大赛的一等奖成果;【项目训练】中还设置了判断题、单项选择题、多项选择题及简答题，并附参考答案，便于学生练习和巩固所学知识。同时，我们还提供丰富的在线课程资源作为教学拓展，包括多媒体课件、课程标准、授课计划、期末考题，便于教师参考。

本教材由成都纺织高等专科学校叶娅丽担任第一主编，负责拟定大纲、审稿、统稿，制作同步练习题、在线精品课和课件等工作；浙江旅游职业学院边喜英担任第二主编；文化和旅游部人才中心研学旅行指导师考评员李岑虎担任第三主编。柳州职业技术学院谭欣、成都纺织高等专科学校余宜娴、中原科技学院赵芳鋆、北京中凯国际研学旅行股份有限公司王亚超、史双豪担任副主编。成都纺织高等专科学校彭诗茗、陈倩、李燕、吕晞梅，成都天府新区文创产业投资发展促进会谭慧，湖北省十堰市郧阳区青少年活动中心王先波，武汉商学院杨崇君，四川省研学旅游产业促进会梁东，山东日照职业技术学院仪孝法参编。各章编写具体分工如下：项目一由叶娅丽、边喜英编写；项目二由王亚超、史双豪、李岑虎、叶娅丽、李燕、彭诗茗、谭慧编写；项目三由叶娅丽、余宜娴编写；项目四由谭欣编写；项目五由边喜英编写；项目六由叶娅丽、吕晞梅、王先波、梁东编写；项目七由李岑虎、叶娅丽、余宜娴、陈倩编写；项目八由赵芳鋆、仪孝法编写。叶娅丽、余宜娴、彭诗茗、吕晞梅、李燕、陈倩等建设了《研学旅行基地运营与管理》在线精品课并提供了微课讲解。

本教材在编写过程中，得到了韩玉灵教授、邓德智教授的指导和支持，在此特别感谢！同时得到四川衡杉教育科技有限责任公司董事长温云霞、副总经理邓向阳，四川旅游协会研学分会会长许文祥，都江堰红色纵行国防教育基地巫和勇、李晓玲，山西省贝竹通商务服务有限公司（鼠小逗研学中心）石峰，四川漫途教育咨询有限公司肖垚，北京中凯国际研学旅行股份有限公司余晨，北京鼎盛诺蓝科技有限公司安盛强，广元康辉国际旅行社苏芳，山西财经大学张建忠、周柳华，山西省太原市万柏林区教育局教研室祁贵萍，状元手拉手研学刘庆，四川蒙顶山茶文化研学基地韩耀，成都国防纵行研学旅行龙腾青少年研学实践教育基地张列坤，四川省广安市武胜中小学生综合实践基地蒋洪波、周春燕、刘利，四川青蒲素质教育基地陈国洪，山东弘道研学教育服务有限公司李子尚，成都川菜博物馆王玉杰，浙江横店圆明新园有限公司副总经理兼研学实践市场运营总监胡宗波，华夏书院文化研学实践基地墨池书院张小霖，四川领航研学教育科技有限公司方用，四川省中国青年旅行社研学部黄海，成都纺织高等专科学校研学旅行管理与服务专业学生何霞、陈怡、吕庆悦和旅游管理专业学生周萍、胡毓珈、肖坤琰、李浪、唐继芬等的大力支持。他们提供了研学旅行基地的一手资料和前沿动态，在此对以上单位和个人的付出表示深深的感谢。

在本教材编写过程中，我们参阅了诸多同类教材及书籍、报刊、网络资源，在此，对各位作者、专家、学者表示诚挚的感谢，并由衷地欢迎各位作者与本人联系（728816701@163.com），共同探讨教学问题。需要在线精品课等教学拓展资源的，亦可直接与本人联系。由于编者水平所限，加之时间仓促，本教材在内容、体例编排等方面尚有不如人意之处，敬请同行和读者们批评指正，以便今后再作修订和完善。

叶娅丽
2023 年 7 月

目 录

CONTENTS

项目八 研学旅行基地人力资源管理

项目

一

认知研学旅行基地

全国中小学生研学实践教育基地——上海科技馆

项目导读

本项目旨在充分介绍研学旅行基地的基本知识，对后续项目的学习起着至关重要的基础性作用。本项目需要完成四个学习任务。第一个任务是厘清研学旅行基地的概念、属性、功能。第二个任务是要明晰研学旅行基地的分类标准和主要类型。第三个任务是要了解我国研学旅行基地和国外研学旅行基地的现状，有利于更好地建设基地。第四个任务是了解研学旅行基地的申报条件、申报流程及申报资料。通过该项目的学习，学生应对研学旅行基地的定义、分类、功能、现状及申报等有清楚的认识。

学习目标

知识目标	1. 了解研学旅行基地的定义及功能 2. 了解研学旅行基地的分类标准及分类方法 3. 了解国内外研学旅行基地的现状 4. 了解研学旅行基地的申报条件、申报流程及申报资料
能力目标	1. 能够根据拟开展研学旅行学校的研学需求匹配适宜的研学旅行基地 2. 能够辨认不同的研学旅行基地的异同 3. 能够了解国内外研学旅行基地的现状 4. 能够撰写研学旅行基地申报书
素质目标	1. 坚守研学初心，热爱研学岗位 2. 学习劳动模范精神，认同研学职业

思维导图

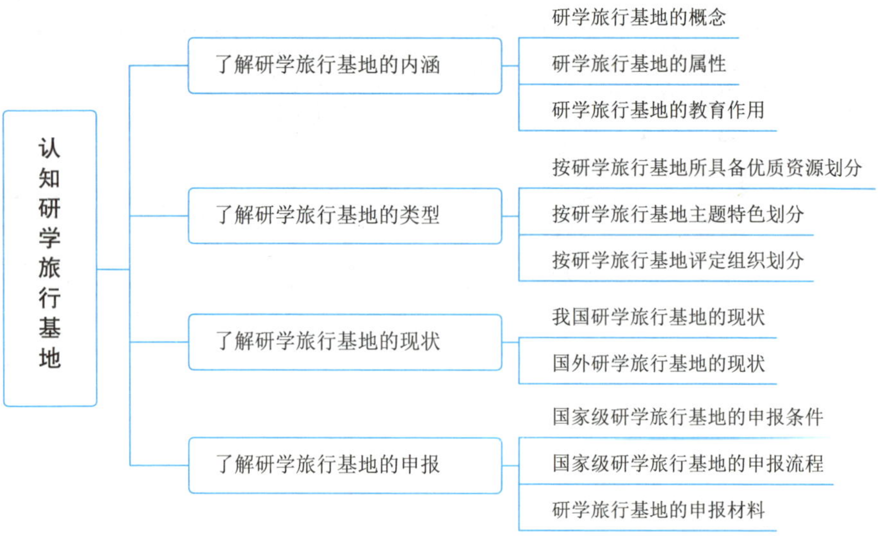

任务一 了解研学旅行基地的内涵

任务导入

某小学四年级将在近期组织一次研学旅行活动，参加人数为6个班的300位同学，研学时间为1天。请你帮该校推荐一家能同时接待300位同学的研学旅行基地。

微课：《研学旅行基地运营与管理》导入

任务分析

2016年11月30日《教育部等11部门关于推进中小学生研学旅行的意见》提出，“把研学旅行纳入中小学教育教学计划，与综合实践活动课程统筹考虑，促进研学旅行和学校课程有机结合”，随后研学旅行在全国推广实施并得到快速发展。在研学旅行活动中，研学旅行基地[①]是实施研学旅行活动的重要载体，是实现研学旅行目标的重要依托，是完成研学旅行活动的重要保障。要完成上述研学任务，就需要了解什么是研学旅行基地，研学旅行基地具有哪些功能。本任务就是要厘清研学旅行基地的内涵。

任务知识

一、研学旅行基地的概念

不同的文件里有研学旅行基地、研学旅行营地、研学实践教育基地、研学实践教育营地、研学旅游示范基地等不同的提法，给它们下的定义也有一定的差异。

① 关于研学旅行基地的称谓，不同文件和标准有不同的表述，如研学旅行基地、研学旅行营地、研学实践教育基地、研学实践教育营地、研学旅游示范基地等。本教材对标国家研学旅行相关文件和研学旅行管理与服务专业简介，将其统称为“研学旅行基地”。本教材教学内容同样适用于研学旅行营地。

（一）相关文件对研学旅行基地的定义

关于研学旅行基地的定义，目前还没有实现统一，不同的研学旅行文件有不同的表述，现在以表格的形式对研学旅行基地的定义进行梳理（表 1–1）。

表 1–1　研学旅行相关文件对研学旅行基地的定义

序号	文件	对基地的阐述	备注
1	2014 年 8 月 21 日，《国务院关于促进旅游业改革发展的若干意见》（国发〔2014〕31 号）	（九）积极开展研学旅行。支持各地依托自然和文化遗产资源、大型公共设施、知名院校、工矿企业、科研机构，建设一批研学旅行基地，逐步完善接待体系。鼓励对研学旅行给予价格优惠	这是国家级文件第一次正式出现“研学旅行基地”的提法，但未下定义
2	2015 年 8 月 4 日，《国务院办公厅发布关于进一步促进旅游投资和消费的若干意见》	（十五）支持研学旅行发展。把研学旅行纳入学生综合素质教育范畴。支持建设一批研学旅行基地，鼓励各地依托自然和文化遗产资源、红色旅游景点景区、大型公共设施、知名院校、科研机构、工矿企业、大型农场开展研学旅行活动	未对研学旅行基地下定义
3	2016 年 1 月 8 日，《国家旅游局关于公布首批“中国研学旅游目的地”和“全国研学旅游示范基地”的通知》	经过资料审核、初选、专家审核认定等程序，授予北京市卢沟桥中国人民抗日战争纪念馆等 20 家单位为“全国研学旅游示范基地”称号	没有对研学旅游示范基地做解释
4	2016 年 11 月 30 日，《教育部等 11 部门关于推进中小学生研学旅行的意见》	1. 开发一批育人效果突出的研学旅行活动课程，建设一批具有良好示范带动作用的研学旅行基地 2. 加强研学旅行基地建设	提到“研学旅行基地”，但没有下定义
5	2017 年 7 月 17 日，《教育部办公厅关于开展 2017 年度中央专项彩票公益金支持中小学生研学实践教育项目推荐工作的通知》（教基厅函〔2017〕25 号）	“十三五”期间，教育部利用中央专项彩票公益金支持开展中小学生研学实践教育项目，将在各地遴选命名一批“全国中小学生研学实践教育基地”和“全国中小学生研学实践教育营地”，广泛开展中小学生研学实践教育活动	提到了研学实践教育基地，但未下定义
6	2018 年 6 月 6 日，《教育部办公厅关于开展“全国中小学生研学实践教育基（营）地”推荐工作的通知》（教基厅函〔2018〕45 号）	研学实践教育基地主要指各地各行业现有的，适合中小学生前往开展研究性学习和实践活动的优质资源单位	为研学实践教育基地下了定义

续表

序号	文件	对基地的阐述	备注
7	2018 年 10 月 27 日，中国质量认证中心、教育部学校发展建设规划发展中心发布的《中小学生研学实践教育基地、营地建设与管理规范》	研学实践教育基地是具备开展研学实践所需的资源与接待条件，能够提供明确的教学主题与配套课程的资源单位	为研学实践教育基地下了定义
8	2019 年 3 月，中国旅行社协会与高校毕业生就业协会联合发布的《研学旅行基地（营地）设施与服务规范》	研学旅行基地（营地）：自身或周边拥有良好的餐饮住宿条件、必备的配套设施，具有独特的研学旅行资源、专业的运营团队、科学的管理制度以及完善的安全保障措施，能够为研学旅行过程中的学生提供良好的学习、实践、生活等活动的场所	把研学旅行基地和营地合并在一起给出定义

（二）本教材对研学旅行基地的定义

从上面的梳理可以看出，不同部门、不同机构对研学旅行基地的定义是不同的。我们分析国家关于研学旅行的政策文件及要求，可以发现，我国中小学生研学旅行基地的概念应该包括以下五项内容。

第一，必须是各地各行业现有的资源单位。目前正在建设的，或者没有经过批准和正式运营的单位不能作为研学旅行基地。如陕西省要求建成并正式对社会公众开放两年以上的单位才能申报研学旅行基地。

第二，必须是一种场所，适合中小学生前往开展研究性学习和旅行体验。如广东省要求基地适合中小学生前往开展研究性学习和实践，拥有可供学生集中学习、体验、休整的场地。

第三，必须含有课程资源，能够围绕一定的教育目标开发不同学段的主题课程。如广东省要求基地设计开发适合小初高不同学段学生、与学校教育内容相衔接的课程，课程体系较为完整，学习目标明确、主题特色鲜明、富有教育功能。浙江省要求基地能够开设适合中小学生研学旅行的课程，至少有一个活动主题课程。

第四，必须具有室内外教育教学设施设备，教育功能突出。如广东省要求基地设施设备完善，配有必要的教育教学用具、器材。四川省要求根据研学主题和课程的需要，配置相应的研学教学设施，能够满足相应人数开展相关主题课程的研学活动。

第五，必须具有能够同时接待一定规模的中小学生的服务设施。如四川省要求基地具有研学团队接待服务大厅、同时容纳39座（含）以上大巴车8辆以上，设有专门为研学团队列队的活动广场，停车场、路口等主要场所设置有研学导览设施。

综上，本教材对研学旅行基地定义如下：研学旅行基地是指各地各行业现有的，适合中小学生前往开展研究性学习和旅行体验，具有优质的课程资源、完善的教育教学设施和接待服务设施的单位。

研学旅行营地的定义

二、研学旅行基地的属性

（一）教育性

研学旅行“要结合学生身心特点、接受能力和实际需要，注重系统性、知识性、科学性和趣味性，为学生全面发展提供良好的成长空间”，因此教育性是研学旅行基地的本质特性。基地的硬件、软件建设要从教育出发，凸显教育功能，有利于实现教育目标。如安徽省要求申报的研学旅行基地要具有较强的自然、历史、文化和科学价值，能够融合爱国主义教育、科技教育、励志教育、创新教育、传统文化教育、历史教育、体能训练、生活实践能力、团队协作能力等多方面综合教育内容。

研学旅行基地与研学旅行营地的异同

（二）实践性

基地的实践性表现为其课程和设施要满足学生动手实践、亲身体验的需要，尤其课程设计与实施应尊重学生的主体地位，以主题实践教育活动为主，以培养创新精神和实践能力为目标，变知识性的课堂教学为实践性的体验教学。

微课：研学旅行基地和营地的定义与异同

（三）安全性

基地的安全性要求是由其服务的中小学生这一特殊人群决定的。基地的选址要远离地质灾害和其他危险区域，要始终坚持安全第一，配备安全保障设施，建立安全保障机制，明确安全保障责任，落实安全保障措施，设立安全应急预案，确保学生的安全。在研学旅行基地评审中，要求基地提供可操作的安全管理制度、安全应急预案、安全管理责任人员及工作职责、应急处置流程图、定期组织实施研学突发事件演练及定期开展安全隐患排查工作的记录、安全隐患排查及整改措施清单。

（四）公益性

教育部等 11 部门《关于推进中小学生研学旅行的意见》规定，研学旅行须遵循公益性原则，不得开展以营利为目的的经营性创收，对贫困家庭学生要减免费用。探索建立政府、学校、社会、家庭共同承担的多元化经费筹措机制。要求交通部门对中小学生研学旅行公路和水路出行严格执行儿童票价优惠政策，文化、旅游等部门要对中小学生研学旅行实施减免场馆、景区、景点门票政策，提供优质旅游服务。

（五）地域性

基地要体现地域特色，其课程资源一般是该地域自然或人文资源的典型代表。如黄山市呈坎国家级研学实践教育基地依托呈坎八卦村景区的徽派建筑文化开发研学课程，以其独特的徽文化主题课程吸引全国各地的中小学生前来学习，彰显了地域文化的魅力。

（六）开放性

一是表现为教学环境的开放性。基地的一切活动课程和设施配套要区别于学生惯常的校园课堂学习环境，应有利于引导学生到自然和社会环境中拓宽视野、丰富知识、了解社会、亲近自然和参与体验。二是表现为服务对象的广泛性。基地应对所有学生开放，欢迎、接纳来自各地适龄段的中小学生入驻开展研学活动，不受地域或其他方面的限制。

三、研学旅行基地的教育作用

（一）挖掘学生的潜能

对于一个研学旅行基地而言，精心设计研学课程和组织研学活动是其核心。精品活动课程应让学生在自我挑战中挖掘自身潜能，突破自我。对于学习能力较强的学生来说，他们往往能够将这种在基地中获得的自我潜能提升扩展到其他领域，比如学业或品德的自我提升，而这种提升对学生的影响将是非常深远的。

（二）增强学生的自信心

基地的研学活动一般没有绝对的输赢，只要完成任务、超越自己就算胜利。一次次被学校排名证明的“我不行”，变成了一次次基地体验中的“我能行”，会极大地增强孩子们的自信心。

（三）提升学生的自我管理能力

每位学生在研学活动中都可以自由选择基地的多种课程或者多种活动和规则设置，并在不断地尝试中找到自己的兴趣点或优势，从而掌握更多的技能。广阔的选择空间和充足的时间能让学生感受到心灵和身体的自由。这将在潜移默化中帮助学生增强自我管理能力，发现自己的潜力。

（四）开阔学生的视野

在研学旅行中，学生可以接触不同的小朋友，不同的研学旅行指导师，了解异地文化，增长见识，开阔视野。一项对夏令营学生的调查报告显示，参加夏令营的孩子中有 96% 的人结识了新朋友；93% 的人认为他们结识了跟自己不同的人；92% 的人认为他们在夏令营认识的朋友帮助他们发现了自己的长处，使他们对自己更感自信；74% 的人做了以前不敢做的事，克服了平时不能克服的恐惧。

相关链接

教育部公布的中小学生研学实践教育基地和营地

2017 年 12 月 6 日，《教育部办公厅关于公布第一批全国中小学生研学实践教育基地、营地名单的通知》（教基厅函〔2017〕50 号）指出：经专家评议，营地实地核查及综合评定，现命名中国人民革命军事博物馆等 204 个单位为“全国中小学生研学实践教育基地”，河北省石家庄市青少年社会综合实践学校等 14 个单位为“全国中小学生研学实践教育营地”。

2018 年 10 月 31 日，《教育部办公厅关于公布 2018 年全国中小学生研学实践教育基地、营地名单的通知》（教基厅函〔2018〕84 号）指出：经专家评议、营地实地核查及综合评定，现命名中国人民解放军海军南海舰队军史馆等 377 个单位为“全国中小学生研学实践教育基地”，北京市自动化工程学校等 26 个单位为“全国中小学生研学实践教育营地”。

第一批“全国中小学生研学实践教育基地”名单

第一批“全国中小学生研学实践教育营地”名单

2018 年“全国中小学生研学实践教育基地”名单

2018 年“全国中小学生研学实践教育营地”名单

任务实操

认识国家级研学旅行基地

第一步，打开国家智慧教育公共服务平台 https：//www.smartedu.cn/。

第二步，点击课后服务，选择研学实践栏目，查看国家级研学旅行基地的相关介绍。

第三步，请你在广泛阅读的基础上重点选择你喜欢的两家国家级研学实践教育基地，并把基地相关信息填写在表 1–2 中。

表 1–2　国家级研学实践教育基地介绍

研学实践教育基地相关信息	研学实践教育基地 1	研学实践教育基地 2
名称		
地址		
概况		

续表

研学实践教育基地相关信息	研学实践教育基地 1	研学实践教育基地 2
服务对象		
主要课程		

任务考核

两人一组分享研学旅行基地的属性

第一步，老师布置分享主题（请大家两人一组分享研学旅行基地的属性）。

第二步，学生分享（老师根据学生的某一特征，指定小组中的任一人先分享，搭档倾听）。

第三步，搭档分享（被选中的学生分享结束后，搭档开始分享）。

第四步，结束示意（两人分享结束后，一起举手示意）。

任务二　了解研学旅行基地的类型

任务导入

某学校八年级近期将组织一次以“感受科技力量，培养爱国情怀”为主题的研学旅行活动，时间为2天1晚，请你帮该校推荐一家相应的研学旅行基地。

任务分析

党的二十大报告指出，要加快建设国家战略人才力量，努力培养造就更多青年科技人才。本次研学活动的主题是“感受科技力量，培养爱国情怀”，是一次科技主题的研学旅行活动，需要根据研学主题，遴选能够激发学生科技潜能、感受科技力量、培养学生爱国情怀的科技类研学旅行基地。要完成本任务就需要熟悉研学旅行基地的类型，能从各级各类研学旅行基地迅速找到与本次研学旅行活动主题相匹配的基地。

任务知识

研学旅行基地的类型就是按照一定原则和方式对研学旅行基地进行划分和分类。根据不同的标准，研学旅行基地可以划分为不同类型。

一、按研学旅行基地所具备的优质资源划分

（一）优秀传统文化基地

党的二十大报告指出，“传承中华优秀传统文化”。优秀传统文化基地包括旅游服务功能完善的文物保护单位、古籍保护单位、博物馆、非遗场所、优秀传统文化教育基地等单位，能够引导学生传承中华优秀传统文化核心思想理念、中华传统美德、中华人文精神，坚定学生的文化自觉和文化自信。这类基

地有故宫博物院、中国国家博物馆、随州炎帝故里（炎帝故里风景名胜区管理委员会）、中央芭蕾舞团、中国儿童艺术剧院等。

（二）革命传统教育基地

革命传统教育基地包括爱国主义教育基地、革命历史类纪念设施遗址等单位，引导学生了解革命历史，增长革命斗争知识，学习革命斗争精神，培育新的时代精神。这类基地有中国人民革命军事博物馆、全国青少年延安革命传统教育基地、瑞金中央革命根据地纪念馆、全国青少年井冈山革命传统教育基地等。

（三）国情教育基地

国情教育基地包括体现基本国情和改革开放成就的美丽乡村、传统村落、特色小镇、大型知名企业、大型公共设施、重大工程等单位，能够引导学生了解基本国情及中国特色社会主义建设成就，激发学生爱党爱国之情。这类基地有舟山市定海区干览镇新建社区村民委员会、三明市建宁县客坊乡水尾村中小学实践教育基地（建宁县客坊乡水尾村村民委员会）、成都市郫都区唐昌镇战旗村村民委员会等。

拓展学习

学基地劳模精神　做有担当研学人

研学基地。2018 年，四川省成都市郫都区唐昌镇战旗村村民委员会被教育部评为“全国中小学生研学实践教育基地”。

全国劳模。2020 年 11 月 24 日，中共中央、国务院作出表彰全国劳动模范和先进工作者的决定，四川省成都市郫都区唐昌镇战旗村党委书记高德敏受到表彰并获“全国劳动模范”荣誉称号。

劳模事迹。高德敏是唐昌镇战旗村走出来的全国劳动模范。在战旗村工作的 30 多年中，高德敏始终牢记共产党员的初心使命，团结带领村“两委”班子和全体村民，把战旗村从一个普通的农业村庄发展为集体经济壮大、远近闻名的乡村振兴示范村。他是新时代懂农业、爱农村、爱农民的优秀干部代表，也是在深入实施乡村振兴战略进程中涌现出来的时代榜样。

学习劳模。作为一名研学旅行管理与服务专业的学生，一定要以研学基地劳模高德敏为榜样，学习他理想崇高、信念坚定的政治品格，学习他与时俱进、勇于创新的担当精神，学习他心系群众、无私奉献的为民情怀，学习他好学善思、殚精竭虑的敬业精神，学习他以身作则、团结友善的高尚品质。

（四）国防科工基地

国防科工基地包括国家安全教育基地、国防教育基地、海洋意识教育基地、科技馆、科普教育基地、科技创新基地、高等学校、科研院所等单位，能够引导学生学习科学知识，培养科学兴趣，掌握科学方法，增强科学精神，树立总体国家安全观、国家安全意识和国防意识。这类基地有空军航空大学航空馆、中国消防博物馆、河北西柏坡中央社会部旧址暨国家安全教育馆、中国核工业科技馆、中国科学技术馆等。

（五）自然生态基地

自然生态基地包括自然景区、城镇公园、植物园、动物园、风景名胜区、世界自然遗产地、世界文化遗产地、国家海洋公园、示范性农业基地、生态保护区、野生动物保护基地等单位，能够引导学生感受祖国大好河山，树立爱护自然、保护生态的意识。这类基地有阿拉善沙漠世界地质公园、庐山西海风景名胜区、长江三峡旅游管理区、广东韶关丹霞山国家级自然保护区、四川省唐家河国家级自然保护区管理处、湖南省森林植物园等。

关于对第四批陕西省中小学生研学实践教育基地评审结果进行公示的公告

二、按研学旅行基地主题特色划分

研学旅行基地的划分依据以主题元素为主，包括科技研学旅行基地、农业研学旅行基地、文化研学旅行基地、户外拓展基地等。

（一）科技研学旅行基地

科技研学旅行基地主要包括科技展馆类、科研类和科技园区类三类。展馆类研学旅行基地主要以知识科普功能的博物馆和科技馆为主，具有占地面积较小、投资金额适中、内容丰富且复制性强的特点。科研类研学旅行基地主要以高科技企业、科研单位的实验室、生产工厂为载体，利用高科技手段来多方位展示科学技术，具有占地面积较小、投资金额较大、内容丰富但复制性弱等特点。科技园区类研学旅行基地以动物园、植物园等为主，具有占地面积较大、投资金额较大、科技含金量相对较低等特点。

（二）农业研学旅行基地

农业研学旅行基地主要包括农业研究类和农业体验类两类。农业研究类研学旅行基地主要以现代化农业示范基地、农业研究院、农业示范园区等为载体，以参观游览、农业科学知识讲解为主要内容，通过直接观察现代农业相关生产技术来开展农业知识科普教育，基地活动突出科普性。农业体验类研学旅行基地主要以农业创意体验园、现代化农业示范基地等为载体，以农业科学知识、农耕历史文化、生态环境保护理念和动手设计、农事体验为主题元素，充分利用农业种植业、养殖业、农产品加工业、农业生态环境及农业民俗文化等资源来搭建体验性活动，基地活动突出互动体验性与趣味性。

（三）文化研学旅行基地

文化研学旅行基地主要是以各类旅游资源为载体，以弘扬、传承与传播传统文化与精神，探索全新文化形态价值为主要目的，开展各种形式的文化教育活动。文化研学旅行基地包括博物馆、爱国主义主题教育基地、国防教育基地、青少年教育基地、廉政建设教育基地、少数民族村寨、非遗文化展览馆等形态。在我国，红色文化基地是开展文化类研学活动的主要组成部分，也是开展爱国主义教育的主要阵地，例如，六盘山红色长征景区、古田红色文化研学基地、井冈山红色文化基地等都在全国范围内享有较大知名度与影响力。

（四）户外拓展基地

户外拓展基地多建立在远离市中心的自然环境中，基地内除餐厅、宿舍等基本生活设施外，还配备拓展场、竞技场等训练设施及医务室等辅助保障设施。户外拓展基地的研学课程主要以体验性、参与性的项目为主，涉及生活素质教育、社会认知教育、体能拓展、自然教育、安全教育等内容，旨在提高学生的综合实践能力。俄罗斯小鹰基地、澳大利亚童子军基地、美国北卡顶峰营、客天下创艺园欢乐小镇、贝拉小镇等都是这类研学旅行基地的代表。

三、按研学旅行基地评定组织划分

根据评定部门的级别，研学旅行基地目前主要分为国家级、省级和市级研学实践教育基地。

（一）国家级研学实践教育基地

这类基地的评定部门是教育部。教育部在 2017 年和 2018 年分别组织过两次研学实践教育基地的评选，即在国家有关基地主管部门和各省级教育行政部门推荐的基础上，经专家评议、营地实地核查及综合评定，已经评选出 581 家全国中小学生研学实践教育基地。

（二）省级研学实践教育基地

这类基地的评定组织各省的情况都不一样，有的省是由教育厅组织评定的，有的省是由教育厅、文化和旅游厅共同组织评定的，有的省则是由多个部门组织评定的（表 1–3）。

表 1–3 浙江省和四川省省级研学实践教育基地

省份	评定组织	评定的研学实践教育基地
浙江省	浙江省教育厅、浙江省文化和旅游厅	2019 年 2 月 2 日，批准了 54 家浙江省中小学生研学实践教育基地
		2019 年 12 月 31 日，批准了 43 家浙江省中小学生研学实践教育基地
		2023 年 2 月 7 日，批准了 76 家浙江省中小学生研学实践教育基地
四川省	四川省文化和旅游厅、四川省教育厅、四川省林业和草原局、四川省地质矿产勘查开发局	2021 年 5 月 25 日，批准了 45 家首批四川省地学研学旅行实践教育基地
	四川省教育厅、四川省文化和旅游厅、四川省林业和草原局	2021 年 4 月 20 日，批准了 112 家四川省首批中小学红色教育研学实践基地
	四川省文化和旅游厅、四川省教育厅	2022 年 8 月 9 日，批准了 75 家 2022 年度省级研学旅行实践基地创建单位

（三）市级研学实践教育基地

这类基地的评定组织是各市的教育局等相关机构。例如，烟台市教育局、市发展和改革委员会、市文化和旅游局共同评定了 4 批 74 家烟台市中小学生研学实践基地（首批 28 家、第二批 18 家、第三批 17 家、第四批 11 家）；河南平顶山市 2022 年 12 月 31 日批准了 18 家中小学研学

研学旅行营地的类型

旅行基地；焦作市教育局和焦作市文化广电和旅游局联合批准了 25 家研学旅行实践基地。

任务实操

梳理本地优质研学旅行基地资源

第一步，查阅本省教育厅或文化和旅游厅网站，熟悉已经获批的研学旅行基地。

第二步，请你任选一种研学旅行基地的划分标准，对本省已经获批的研学旅行基地进行分类。

第三步，请你按照基地所具备优质资源划分标准，完成本省优质研学旅行基地资源分类表格（表 1–4）的填写。

表 1–4　本省优质研学旅行基地资源

优质资源	基地 1		基地 2	
优秀传统文化	名称		名称	
	地址		地址	
革命传统教育	名称		名称	
	地址		地址	
国情教育	名称		名称	
	地址		地址	
国防科工	名称		名称	
	地址		地址	
自然生态	名称		名称	
	地址		地址	

任务考核

超级连连看

第一步，老师事先根据不同的研学旅行基地类型进行卡片打印。

第二步，指定一名同学将不同资源性质的研学旅行基地类型进行匹配，并将卡片进行归类整理。

第三步，再指定一名同学将不同教育主题的研学旅行基地类型同样进行匹配，以达到完美契合的效果。

第四步，最后大家自由讨论，在纸上写出自己心中最向往的研学旅行基地。

任务三 了解研学旅行基地的现状

任务导入

研学旅行管理与服务专业学生小张，明年6月即将毕业，想到研学旅行基地工作。但是，他对研学旅行基地的现状不是很了解，希望在大学期间能够对研学旅行基地的情况有所了解，便于针对性地选择研学旅行基地。

任务分析

小张计划去研学旅行基地工作，应该对我国研学旅行基地和国外研学旅行基地的现状有清晰的了解，便于自己决定是否从事相关工作。本任务的重点是了解我国研学旅行基地和国外研学旅行基地的现状，学会对本地研学旅行基地现状的调研。

任务知识

一、我国研学旅行基地的现状

（一）我国研学旅行基地教育的阶段

我国研学旅行基地建设仍处于起步阶段，未实现规模效应，与中国庞大的人口基数相比，基地数量较少，未形成统一标准，而且有质量、有品牌影响力的基地更是稀缺。

中国的研学旅行基地教育主要经历了精英阶段、大众化阶段和专业化阶段三个时期。最早的夏令营出现在中华人民共和国成立初期，是国家出资的公益性活动，只有极少数优秀的学生才能够参与，具有明显的奖励性质，属于精英阶段。20世纪90年代，一些旅行社利用假期向学生和家长提供增值业务服务。

旅行社将一些食宿资源、特色活动、素质拓展游戏临时拼凑，带领少数学生或家庭利用几天时间到指定地点开展带有教育性质的课外活动。2000 年后，随着教育理念的不断进步与更新，民营商业性质的夏（冬）令营开始出现，参与的学生群体不断扩大，营地教育进入大众化发展阶段。这些专业基地和机构开始投入更多的时间和精力在研学产品的设计上，开始有意识地向基地教育发展成熟的国家学习，营地教育呈现出相对专业的发展趋势和诉求。但是，基地的运营与管理多为个体行为，没有与其他社会资源、产业资源形成有效的对接，从而形成规模化的产业链。2013 年后，研学旅行基地进入飞速发展阶段，基地的建设和管理开始走向专业化、规模化。2015 年，第一届中国基地教育大会召开，开启了中国基地教育的新篇章。这个时期行业分工进一步细化，集合每一个细分行业的力量可以形成完整、完善的产品体验。基地设计建设与规划、设施设备物资配套、医疗保障、餐饮供应、在线管理系统、研学课程活动设计、导师招聘和培训等都成为基地建设与管理的重要内容。研学旅行基地教育行业受到政策的助推，开始得到大量资本、人才及其他成熟行业如地产、文旅的关注，逐步形成跨行业合作的局面。

（二）我国研学旅行基地的建设现状

2014 年，国务院发布了《关于促进旅游业改革发展的若干意见》（国发〔2014〕31 号），指出“支持各地依托自然和文化遗产资源、大型公共设施、知名院校、工矿企业、科研机构，建设一批研学旅行基地，逐步完善接待体系”。该文件指明了研学旅行基地建设的重点和方向，对我国研学旅行基地的建设起了重要作用。

2015 年，国务院办公厅发布《关于进一步促进旅游投资和消费的若干意见》，指出“支持建设一批研学旅行基地，鼓励各地依托自然和文化遗产资源、红色旅游景点景区、大型公共设施、知名院校、科研机构、工矿企业、大型农场开展研学旅行活动”。该文件在（国发〔2014〕31 号）基础上要求把红色旅游景点景区、大型农场纳入研学旅行基地建设范围。

2016 年 1 月 8 日，国家旅游局发布《关于公布首批“中国研学旅游目的地”和“全国研学旅游示范基地”的通知》（旅发〔2016〕8 号），指出“经过资料审核、初选、专家审核认定等程序……授予北京市卢沟桥中国人民抗日战争纪念馆等 20 家单位为‘全国研学旅游示范基地’称号”。第一次批准了 20 家全国研学旅游示范基地。

2016 年 11 月 30 日，教育部等 11 部门发文《关于推进中小学生研学旅行的意见》要求，建设一批具有良好示范带动作用的研学旅行基地，加强研学旅行基地建设。2017年，教育部公布204个单位为"全国中小学生研学实践教育基地"。2018年，教育部公布377个单位为"全国中小学生研学实践教育基地"。

我国研学旅行营地的现状

这两次评选增加了研学旅行基地的申报范围，凡是具有优秀传统文化资源、革命传统教育资源、国情教育资源、国防科工教育资源、自然生态教育资源的资源单位均可申报研学旅行基地。

综上所述，截至目前，从国家层面批准的全国中小学生研学实践教育基地有581家，全国研学旅游示范基地有20家。

相关链接

雅安蒙顶山茶文化研学基地简介

成都市龙腾青少年研学实践教育基地简介

华夏书院文化研学基地墨池书院介绍

川菜博物馆研学实践基地简介

二、国外研学旅行基地的现状

（一）国外研学旅行基地的发展理念

国外研学旅行基地教育起源于美国，至今已经有150多年历史。它以跨学科理论和实践体验为依据，以户外团队生活为主要形式，提供融合创造性、娱乐性和教育性的创意课程，鼓励、引导学员探索自己、发现潜能，培养他们在全球化和多元文化的背景下共处、共赢所需的意识与能力。发达国家的研学旅行开展得较早，不管是在研学旅行基地的规模上，还是在运营模式上都极具影响力。整体来说，国外的研学旅行基地主要以“以人为本”的发展理念为指导，充分考虑学生的多样性，为不同年龄学生提供不同课程服务，课程更偏向在轻松趣味性的氛围中开展，以促进学生全方位发展。

（二）国外研学旅行基地的类型

在国外，研学旅行基地教育通常分为三类。

1. 户外营

户外营多以体验运动、野外生存为主题，以房车露营为主要代表。从 20 世纪开始野外露营成为青少年综合实践教育中的重要环节，也是以团队生活为主要形式，露营地是帮助中小学生获得创造性、娱乐性和教育性持续体验的重要场所。以美国童军营地教育为例，其课程包括爱国主义和道德教育、身体发育和健康、生活和安全常识及个人能力培养四个方面，其中的生存教育包括 12 大类 49 种生存必修课，如工程绳结、海军生存技能、安全自救、户外露营、户外探险、生活独立等。

2. 学习营

学习营以英语等语言夏（冬）令营最为普遍，主要是构建学习氛围，激发学生的学习潜能，帮助学生掌握科学的学习方法，在构建系统的知识架构的同时，提高学生的学习效率。

3. 游学营

游学营是研学旅行的雏形。国外游学营强调营地的主题性，活动载体主要是各类主题营地，如励志情商、素质拓展、户外运动、自然教育、军事拓展、主题文化、科技创客等主题营地，在全球享有较高知名度。

（三）国外研学旅行基地教育的特点

目前，国外研学旅行基地具有产业化、专业化、标准化和细分化的特点。

1. 产业化

以夏（冬）令营形式运作的基地教育已经有 100 多年的运营历史，已经形成了政府严格把关、公益组织监督管理、社会各界大力支持的运营氛围，具备完整的夏（冬）令营产业链。

2. 专业化

国外的夏（冬）令营在餐饮、健康服务、顾问等方面均有严格的要求。基地教练不仅需要懂得体育卫生、野外生存、紧急自救和救护他人等方面的知识与技能，还需懂得青少年心理学。

3. 标准化

国外有很多夏（冬）令营协会，大多为自律性的行业组织，历史悠久，经验丰富，并形成了标准化的认证和监督管理系统。夏（冬）令营机构能够成为知名协会的会员是获取公众认可的有效途径。

4. 细分化

国外夏（冬）令营针对青少年的活动主题有体育、艺术、语言、野外生存、社区服务、职业体验、特殊需求等。每一类别下均有数十至上百种项目。

（四）国外研学旅行基地教育的现状

美国基地教育产业较为发达，拥有约 12 000 个基地，这些基地每年服务 1000 多万名青少年。每年有逾 1000 万美国儿童和青少年、100 多万成年人参加基地活动。64% 的女性 CEO 参加过女童子军的基地教育，92% 的人表示基地能帮助他们面对未来成人世界的挑战。而在有些国家和地区，基地教育甚至被纳入中小学生的学分课程体系。每个学生每学期必须有 5 天的基地生活，以取得学分。

俄罗斯基地规模较大。人口不到 1.5 亿的俄罗斯目前共有 55000 个基地。他们把基地教育看成是培养未来接班人的重要手段。著名的“小鹰”国家基地，曾在 2008 年中国汶川地震后接待了 184 名中国灾区儿童。中国灾区儿童在此进行了为期 3 周的康复性疗养。世界上最大的营地是俄罗斯阿泰克国家营地，同时可服务 6000 人。世界上最国际化的营地在瑞士，服务 50 多个国家的青少年。

拓展学习

俄罗斯海洋营地概况

俄罗斯海洋营地每年的财政预算由普京总统亲自审批。俄罗斯海洋营地正确的翻译应该是俄罗斯国家营地海洋中心 / 符拉迪沃斯托克海洋全俄儿童中心。它坐落于俄罗斯符拉迪沃斯托克海边，占地面积 265 公顷，有 30 余年的运营历史。相较已经运营了 90 多年的阿泰克营地、60 多年的小鹰营地，海洋营地虽然没有那么久的历史，但却是目前俄罗斯影响力最大的一个营地。在每年的全俄导师培训上，营地导师的冠军都是俄罗斯海洋营地取得的，同时它也是俄罗斯儿童们最想去的一个营地。为什么呢？营地有建筑物80处以上，室内空间有2万多平方米，分为大帆、小帆、小老虎、小鲸鱼、分舰队5个主题营区。整个营地有50多个工作坊，全年运营，最高峰接待量达到2500人。海洋营地的高峰期是从5月14日到9月24日的夏季。整个营地接待的是6至17岁的青少年，其中90%是免费的，他们通过竞赛或地区选送才能申请到去营地的资格。另外10%是付费学员，21天营期共计6000元左右人民币。实际上，付费营员在营地是受到"歧视"的。

俄罗斯营地理念更多是从政治角度出发，目的是培养下一代的接班人，选出一批最优秀的孩子，让他们在青少年时期相互督促、迸发能量。举国体制建的营地跟我国的研学实践基地有些类似。营地主题在营地的各个地方都可以被看到，即生命力、创造力和梦想力。海洋营地冬天只接待10岁以上的营员，且只有大帆和小帆在运营，工作人员也较少。

世界营地协会（ICF）的数据显示，日本的营地活动开始于20世纪初期，日本约有3500个营地，每年服务约3000万中小学生。日本将野外生存能力视为青少年必备的一种生活技能，建立了专门的训练基地，在《保健体育大纲》中特别强调学生的体育课要与大自然结合开展。澳大利亚是营地教育与学校教育结合最紧密的国家，营地教育已被纳入国家教育体系。澳大利亚的营地活动开始于20世纪40年代，营地主要作为学校的户外教学场馆。澳大利亚法律规定，学生每年应有不少于7天的营地的学习。澳大利亚维多利亚健康与体育课程强调，要满足人的成就和知识基础的需要及体验新的挑战需要，重视挑战、冒险意识对个人成长的作用，要有处理冒险和安全关系的技能。

新西兰教育者认为，户外教育给发展学生个人社会技能、使学生在户外变得充满活力且安全地进行活动及保护和关注环境等提供了机会。因此，他们的健康与体育课程标准直接将"野外生存生活"内容列入其中。

任务实操

研学旅行基地经营现状调研

第一步，老师先介绍学校附近的一些研学旅行基地。

第二步，全班学生分成五组，每组指定一名组长，每组选择学校附近的一家研学旅行基地开展调研。组长指定一名同学负责拍照，一名同学负责记录，其余同学分别负责基地场地、教学、安全等事项的调研。在组长带领下做好调研计划。

第三步，实地调研。小组全体同学按照调研计划，到指定基地开展实地调研，重点向基地工作人员了解疫情前基地的运营情况，疫情三年对基地的影响，疫情常态化之后基地的运营情况。

第四步，归纳总结调研情况，每个小组把调研结果做成 PPT，向全班同学汇报。

任务考核

两人互记轮流说

第一步，老师提出一个开放性问题（如请你向对方介绍一个你所熟悉的研学旅行基地）。

第二步，组建搭档。邻近的两个学生组成一对搭档。

第三步，搭档轮流发言，每人记下搭档和自己的发言内容。

任务四 了解研学旅行基地的申报

任务导入

杭州某 AAAAA 级旅游景区计划设立省级研学旅行基地，为此景区专门成立了筹备专班，那么申办研学旅行基地需要具备什么条件？假如你是杭州某学校研学旅行管理与服务专业的学生，请为该景区负责人介绍一下申报浙江省级研学旅行基地需要具备的条件。

任务分析

申报研学旅行基地，首先要向教育主管部门、文化和旅游主管部门等单位提出申请，获得审批之后才有资格组织研学旅行活动。研学旅行基地根据评定的主管部门级别不同可以分为国家级研学旅行基地、省级研学旅行基地、市级研学旅行基地。每一级别基地的申报条件、申报流程及提交的资料都是不同的。本任务要学习的是研学旅行基地的申报条件、申报流程和申报材料。

任务知识

一、国家级研学旅行基地的申报条件

根据教育部办公厅《关于开展全国中小学生研学实践教育基地推荐工作的通知》（教基厅函〔2018〕45 号）和《关于开展 2022 年中央专项彩票公益金中小学生校外研学实践活动项目申报与预算编制的通知》等文件精神，申报国家级研学实践教育基地须满足以下 6 个条件。

（一）基本条件

必须是独立法人单位。独立法人单位意味着基地是依法成立的企业，具备

相应的名称、组织机构和活动场所，有一定的财产或者经费参与经营活动的运作，在法律上独立承担民事责任。法人资质主要以企业法人资质证书形式表现，证书上标注企业法人的名称、住所、宗旨和业务范围、法定代表人、经费来源、开办资金等登记事项。

（二）优质资源

各地各行业现有的属于下列主题板块之一的优质资源单位。

1. 优秀传统文化板块

包括旅游服务功能完善的文物保护单位、古籍保护单位、博物馆、非遗场所、优秀传统文化教育基地等单位，能够引导学生传承中华优秀传统文化核心思想理念、中华传统美德、中华人文精神，坚定学生的文化自觉和文化自信。

2. 革命传统教育板块

包括爱国主义教育基地、革命历史类纪念设施遗址等单位，能引导学生了解革命历史、增长革命斗争知识、学习革命斗争精神，培育新的时代精神。

3. 国情教育板块

包括体现基本国情和改革开放成就的美丽乡村、传统村落、特色小镇、大型知名企业、大型公共设施、重大工程等单位，能够引导学生了解基本国情及中国特色社会主义建设成就，激发学生爱党爱国之情。

4. 国防科工板块

包括国家安全教育基地、国防教育基地、海洋意识教育基地、科技馆、科普教育基地、科技创新基地、高等学校、科研院所等单位，能够引导学生学习科学知识、培养科学兴趣、掌握科学方法、增强科学精神、树立总体国家安全观、树立国家安全意识和国防意识。

5. 自然生态板块

包括自然景区、城镇公园、植物园、动物园、风景名胜区、世界自然遗产地、世界文化遗产地、国家海洋公园、示范性农业基地、生态保护区、野生动物保护基地等单位，能够引导学生感受祖国大好河山，树立爱护自然、保护生态的意识。

（三）教育能力

具备承接中小学生开展研学实践教育的能力，能够结合单位资源特点，设计开发适合小学、初中、高中不同学段学生，与学校教育内容相衔接的课程和线路，学习目标明确、主题特色鲜明、富有教育功能。配备有面向中小学生群体的专业讲解、辅导人员。能够结合研学实践教育要求，提供针对性、互动性、趣味性的讲解服务。

（四）运营情况

单位对公众正式开放，运营情况良好。符合公共场所安全的基本要求，有严格的安全管理措施，有针对中小学生群体的特别安全管护措施，各类安全设施设备运作良好。能够积极配合教育部门工作，对中小学生研学实践教育活动实施门票减免等优惠措施，单位周边交通便利，适宜中小学生前往开展研学实践教育活动，在本地区、本行业有一定示范意义。

（五）财务管理

财务管理体制明确，内部保障机制健全，产权清晰，运行良好，日常运转经费来源稳定；注重预算管理、绩效评价，内部控制与财务制度健全，会计基础工作规范，具备项目管理能力。

（六）行政处罚

基地在近 3 年的经营中，没有出现过安全事故，没有受到各级行政管理（执法）机构的处罚。这里包括了受到各级行政管理（执法）机构的处罚，只要受到过处罚即失去申报资格了。

国家级研学旅行营地的申报条件

二、国家级研学旅行基地的申报流程

根据教育部办公厅《关于开展全国中小学生研学实践教育基（营）地推荐工作的通知》（教基厅函〔2018〕45 号）的要求，国家级研学旅行基地申报流程如下。

（一）推荐

国家级研学旅行基地由国家有关部门和省级教育行政部门分别推荐到教育部。

中央军委、国家安全部、生态环境部、农业农村部、文化和旅游部、工业和信息化部、公安部、自然资源部、住房城乡建设部、水利部、国家国防科技工业局、中国地震局等国家有关部门对本部门符合推荐条件的优质资源单位进行遴选，直接向教育部推荐。（图 1–1）

省级教育行政部门要会同相关部门（宣传、发改、科技、工信、自然资源、生态环境、住建、交通、水利、农业农村、文旅、卫生健康、气象、海洋等）对本省（区、市）符合推荐条件的优质资源单位进行遴选，重点考虑国家或相关行业已挂牌的各类教育基地。省级教育行政部门组织相关部门行业专家对本省推荐材料进行评审，确定推荐名单和推荐顺序，报教育部审核认定。

图 1-1　全国中小学生研学实践教育基地——中国航空博物馆

（二）专家评议

教育部收到国家有关部门和省级教育行政部门推荐的优质资源单位资料后，组织专家对研学旅行基地进行审核。

（三）综合评定

教育部根据报送资料、省级推荐顺序、专家意见进行综合评定。经过审核的基地在教育部门户网站上公示后予以命名。

三、研学旅行基地的申报材料

（一）填写自评表

每个省都要求申报单位对照本省的申报要求，首先进行单位自评，检查与申报条件是否符合，是否具有佐证材料，是否进行过现场考察。自评表的内容与各省研学旅行基地建设规范是相吻合的，一般包括基地基本条件、基地研学内容、基地特色研学项目、基地运营情况、安全保障等内容。

（二）填写申报表

申报表由各省负责制定，每个省的建设要求有一些差异。有些省只要求提交申报表，申报表的内容相对多一些，比如四川省只要求填写申报表。有些省要求填写简单的申报表和详细的申报书，如广东省要求填写申报表和申报书。广东省的申报表主要是填一些基本信息，而申报书就比较详细，要求填写基地基本情况介绍、基地特色、基地场地及主要功能、基地已经开展活动的支撑材料。

（三）装订申报材料

申报材料非常重要，需要归类整理佐证材料。佐证材料有以下几类。

1. 研学旅行基地基本情况

研学旅行基地概况需要对基地的地理位置、交通条件、场地面积、设施设备、人员配备、主题课程、运营管理、安全保障等基本情况做一个大致的介绍。

2. 研学旅行基地基本条件

研学旅行基地基本条件需要与各个省的申报条件一一对应，如浙江省对研学旅行基地申报提出了 9 项基本条件，就要求要提交对应的相关佐证材料（见表 1–5）。

表 1–5　浙江省关于中小学生研学实践教育基地申报佐证资料

序号	申报条件	佐证材料
1	首要条件	提供事业单位法人证书或营业执照或民办非企业单位登记证书等
2	前置条件	对照浙江省关于中小学生研学实践教育基地的申报条件中的前置条件，提供认定文件和牌匾
3	运营时间	要求正式运营时间 1 年以上，近 3 年内未发生安全责任事故。其中“运营时间”大多以提供营业执照或事业单位法人证书或民办非企业单位登记证书等佐证材料上的时间佐证；“近 3 年未发生安全责任事故”提供相关部门的证明或本单位的说明（须加盖公章）
4	活动专区	提供主要面向中小学生开展研学活动的专区照片
5	课程设置	提供适合中小学生研学课程、至少一个活动主题的文本材料
6	指导服务	配备有面向中小学生群体的专业讲解、辅导人员，能结合研学实践教育要求，提供有针对性、互动性、趣味性和引导性的讲解服务。提供指导老师花名册和师资证书等

续表

序号	申报条件	佐证材料
7	费用减免	按照申报认定和管理细则的要求，研学旅行基地“凡接待学校集体组织的中小学生研学团组的，首道门票全免；内设的研学活动可免费参与的项目数不少于总项目数的 50%；对家庭组织研学或学生个体参与的研学，按有关规定减免门票，并有特别的研学项目减免费等优惠举措”。该项佐证材料须提供费用减免承诺书
8	安保措施	整体通过消防验收。符合公共场所安全的基本要求，有严格的安全管理措施，有针对中小学生群体的特别安全管护措施，各类安全设施设备运作良好。该项佐证材料须消防安全检查合格证、基地安全设施的实物图片、安全措施制度等
9	数字化服务	开设有网站或公众微信号并全年公开开放接待时间和联系方式，具备师生及家长查询方便快捷、信息更新及时的研学实践服务和评价的信息管理系统（该项须提供截图等证明材料）

3. 其他相关材料

（1）特色项目简介。申报研学旅行基地需要详细介绍基地的特色项目，可以重点介绍特色课程。如某基地介绍了传统文化类主题课程“年味儿”，社会实践政策类主题课程“返璞归真　农耕记忆”，社会实践经济类主题课程“寻华夏农耕源”，社会实践调查类主题课程“热血青年·服务农村”“探访美丽乡村·体验农耕文化”“我是小农夫·春种一粒粟”“识农惜食·乐享农耕”“十里梅田·伴你童行”等。

（2）课程文本资料。重点提交基地所开发的已实施的中小学研学实践课程资料。如国家级研学实践教育基地四川省成都市郫都区战旗村居委会提交了小学、初中、高中三个阶段的课程资料。

（3）相关研学实践场景图片。申报研学旅行基地需要提交基地室内外上课教室、手工体验教室、实验室等场景图片。下面是成都川菜博物馆研学场景图片（图 1–2）。

图 1–2　成都川菜博物馆研学场景

（4）已经开展活动的相关材料。申报研学旅行基地需要提供已经开展研学活动的相关资料和图片，如曾经开展过研学旅行活动的研学旅行课程方案、教案、研学旅行手册、图片等资料（图 1–3）。

图 1–3　已开展研学活动的相关资料

4. 封面、目录、页码

佐证资料整理好之后需要装订成册，申报资料可以单独装订一册，课程资料可以分学段装订。装订的时候一定要有封面、目录和页码，双面打印，最好胶装。

任务实操

调研研学旅行基地的申报资料

第一步，在学校附近找一家已经成功申报为国家级研学旅行基地的场所。

第二步，提前联系该基地相关负责人，说明来意。

第三步，到达基地后，请他们提供曾经的申报资料，仔细看他们提交了哪些资料，这些资料是如何装订的。

第四步，实地考察结束后，回到学校讨论应该如何准备佐证资料。

任务考核

第一步，申报国家级研学旅行基地的条件有哪些？

第二步，组建搭档。临近两个学生组成一对搭档。

第三步，搭档之间轮流说出申报国家研学旅行基地的条件，每人记下搭档和自己的发言内容。

项目训练

测一测

测试题

答一答

1. 请你阅读二维码“研学旅行基地与研学旅行营地的异同”扩展资料，说出二者的异同点。

2. 简述研学旅行基地的教育作用。

3. 简述我国研学旅行基地教育经历的三个阶段。

参考答案

项目

二

建设研学旅行基地

全国中小学生研学实践教育基地——伪满皇宫博物院勤民楼

项目导读

本项目讲述研学旅行基地规划建设的基础知识，需要完成六个学习任务。第一个任务是掌握研学旅行基地规划的流程与内容。任务二至任务六分别讲述基地标识导览系统、教学设施、交通设施、食宿设施、数字化设施及安全设施的建设要求和建设内容。通过该项目的学习，学生能够明确研学旅行基地规划和建设的重要性，能够对研学旅行基地的建设提出一些合理性的建议。

学习目标

知识目标	1. 了解研学旅行基地规划的原则、流程及内容 2. 熟悉研学旅行基地的标识导览、教学、交通、食宿、安全、数字化等设施的相关知识及建设要求
能力目标	1. 能够读懂研学旅行基地的规划方案 2. 能够为研学旅行基地设施的建设提出合理化建议
素质目标	1. 充分理解思政元素在研学旅行基地设施建设中的价值引领作用 2. 增强学生的政治认同、思想认同和文化认同，内化社会主义核心价值体系，转化为爱国爱党的实际行动 3. 重视研学旅行基地的育人功能，强化其质量意识

思维导图

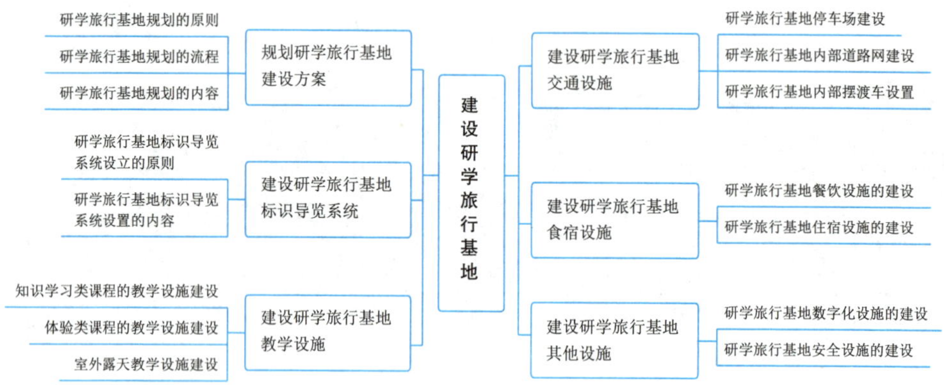

任务一 规划研学旅行基地建设方案

任务导入

张茗经营着一家国家AAAA级旅游景区。最近，他很想把景区建设成研学旅行基地。建设之前，他首先应该开展前期规划工作。请问，你能帮张茗提供研学旅行基地规划的相关建议吗？

任务分析

旅游景区接待的是旅游者，目的以游览为主。旅游景区要转型为研学旅行基地，就需要根据相关标准提前规划，之后再进行建设。本任务就是讲述研学旅行基地规划的相关知识，为研学旅行基地规划工作提供帮助。

任务知识

一、研学旅行基地规划的原则

研学旅行基地规划是指为了满足研学旅行的需求，在对基地研学资源调查的基础上，根据基地资源属性和区域研学产业发展要求，对研学旅行基地的主题定位、功能分区、设施建设、产品设计、线路定制、课程开发等进行系统科学的规划。研学旅行基地在规划时应该遵循以下原则。

（一）资源禀赋原则

研学旅行基地的规划首先要以本基地的资源禀赋为基础，充分挖掘自身资源特色，开发出独特的研学旅行课程，塑造品牌形象。例如，山东曲阜的国学研学以文化研学为主题，开展了国学、孔子游学活动体验和文化自信建设等研学活动。河南安阳红旗渠研学以红色研学为主题，开展了红旗渠精神、精品研学项目等研学活动。

（二）市场导向原则

认真研究市场需求是做好规划的重要保障。为此，应认真分析研学旅行基地的目标市场是哪些，目标市场的研学需求和研学特色是什么，从而结合基地的资源禀赋，开发研学旅行基地课程体系。如果该基地周围主要是小学，就要重点开发适合低学段的研学课程；如果该基地所处地区周围高中学生比较多，就要开发适合高中阶段的研学课程。

（三）整体性原则

研学旅行基地是一个有机整体，具有功能整体性与连续性，在规划设计时要将其作为一个整体来考虑，根据项目资金、资源禀赋、建设条件等要求，统一规划、合理布局、统筹兼顾、相互协调、配套齐全，推动基地实现经济效益、社会效益和环境效益。

（四）突出特色原则

研学旅行基地品位的高低、品牌影响的大小直接取决于研学资源价值的高低，而价值的高低则体现在基地资源是否有特色，是否形成人无我有、人有我优、人优我特的个性特色。例如，成都川菜博物馆是世界唯一以菜系文化为陈列内容的活态主题博物馆，也是四川省研学旅行基地，开发了以川菜为主的系列研学课程。

（五）实践性原则

研学旅行基地规划应因地制宜，呈现地域特色，引导学生走出校园，在与日常生活不同的环境中拓宽视野、丰富知识、了解社会、亲近自然、参与体验。同时要结合学生身心特点、接受能力和实际需要，注重研学旅行基地研学活动的系统性、知识性、科学性和趣味性，为学生的全面发展提供良好的成长空间。

（六）安全性原则

研学旅行基地规划应始终坚持安全第一的原则，配备安全保障设施，建立安全保障机制，明确安全保障责任，落实安全保障措施，确保学生的安全。研学旅行基地应远离地质灾害和其他危险区域，制定完整的针对研学旅行的接待方案和安全应急预案。

二、研学旅行基地规划的流程

研学旅行基地规划需要按照一定的流程进行，一般包括前期准备、实地调研、可行性分析、规划编制、征求意见评审、方案确定与实施评估等6个阶段。

（一）前期准备

1. 研学政策研究

收集国家层面、省级层面及地方层面的研学旅行政策，认真研究关于研学旅行基地申报建设的相关要求，特别是研学旅行基地设施建设规范等相关规定。

2. 收集基础数据

调查前需要查看相关设计标准、城市绿地总体规划标准、研学旅行基地与周边关系、当地植被状况、数据性技术资料等，需要收集研学旅行基地的地形图、基地分布图、四周环境分布图、地下管线图等。

（二）实地调研

1. 资源调查

规划团队需要对基地资源进行调研，对场地进行全面系统的分析与梳理，包括场地位置、地形地貌、建筑特色与功能、公共空间布局、土地性质、人流流线、基地植被与景观等，并以此为基础确定基地的空间布局与功能分区，从而为有序地开展研学实践教育活动奠定基础。规划团队还需要分析周边相同类型资源和周边同类型项目。

2. 市场调查

一定的中小学生规模是研学旅行基地生存和发展的必要条件，掌握客源市场需求是研学旅行基地可持续发展的必要基础。虽然旅游资源是基地吸引客源的重要因素，但是旅游资源并不等于产品，要把基地旅游资源开发成研学产品，必须准确掌握客源的真实需求，了解教育部对学生研学旅行的要求，了解学生与家长的诉求，了解学校的学生培养方案等，以此来确定研学旅行基地规划与建设的方向和规模。

（三）可行性分析

无论是素质拓展基地、旅游景区在原有资源设施的基础上改造建成的研学旅行基地，还是自建的研学旅行基地，都应做好项目可行性分析。可行性分析是在基地投资建设前，通过市场分析、财务分析等手段对基地的规划建设方案是否可行、项目运行是否可持续等问题进行合理化论证，从而形成可行性研究报告。基地项目可行性报告包括基地建设必要性研究、市场分析与预测、基地规划建设方案研究、投资估算与融资方案、财务分析与项目效益分析等方面。

（四）规划编制

该阶段的主要工作有：①策划规划区研学主题（主要功能、主打产品、主题形象）；②确立规划分期及各分期目标；③提出研学产品及设施的开发思路和空间布局；④设计重点研学开发项目，估算投资规模，进行经济、社会和环境评价；⑤形成规划区的研学发展战略，明确商业模式，提出规划实施的措施、方案和步骤，包括政策支持、经营管理体制、宣传促销、融资方式、教育培训等；⑥撰写规划文本、说明和附件的草案，制作效果图等相关图件。

（五）征求意见评审

规划草案形成后，应集思广益，征求各方意见和建议，在此基础上对规划草案进行修改、充实、完善，并提交上一级主管部门组织评审。

（六）方案确定与实施评估

完成上述步骤后，研学旅行基地在指定工程周期内开发建设，完工后基地运营方组织专家进行验收与评估。验收内容主要包括研学旅行基地规划是否按要求编制并采取有效措施推进实施，规划中提出的重点项目、重点任务的实施情况，规划实施的影响与效益等，最后根据实施情况对规划成果进行评估，并将评估结果备案、公示。

三、研学旅行基地规划的内容

（一）条件分析

1. 区位条件

区位条件，即区位本身具有的条件、特点、属性、资质。其构成因素主要包括自然资源、地理位置，以及社会、经济、科技、管理、政治、文化、教育、旅游等方面的情况。区位条件是一个综合性概念，单项优势往往难以形成区位优势。研学旅行基地的区位条件可以从地理区位、交通区位、旅游区位、文化区位四个维度来进行分析。

（1）地理区位，指研学旅行基地所处的地理位置。主要分析该地区是否适合建设研学旅行基地，是否远离研学市场。

（2）交通区位，指研学旅行基地的交通条件。主要分析该地区的可进入性，是否有航空、铁路、公路等交通方式，参加研学旅行的交通成本。可进入性差或者交通成本太高都不利于研学旅行活动的开展。

（3）旅游区位，指研学旅行基地具备的旅游条件。分析该地区是否具有旅游条件，如敦煌地处中国“远西部”地区，距离陆路交通最近的两大省会城市兰州 1148 千米、乌鲁木齐 1040 千米，而距离国内经济发达的环渤海、长三角、珠三角等地区的直线距离分别达到 2000 多千米和 3000 多千米，旅游区位较差。

（4）文化区位，指研学旅行基地具备的文化资源。例如，敦煌是古丝绸之路的枢纽区域，是连接欧亚大陆的战略通道和沟通我国西南、西北的交通要道，文化资源十分丰富。

2. 资源条件

任何一个基地的资源都不是单一的，而是多元的，所以应对基地的各种资源进行综合调查。例如，成都崇孝社区研学实践基地的资源条件有：“浅丘、河流、古树、候鸟”共融的生态系统，营造出优质的自然环境；鹤鸣山道源文化和以“孝”为核心的文创环境，塑造了园区的人文价值；井然有序的老年社区生活环境，为开辟综合实践社区服务奠定了基础；功能分区明确的基础设施建设，为接待中小学生大型团队提供了必备条件。（图 2–1）

图 2–1 成都崇孝社区平面图

3. 市场条件

一是需要对全国研学市场进行分析，研判全国研学市场的发展趋势。二是对本省研学市场进行分析，深挖本省研学旅行市场的需求。三是对本地区研学市场进行调研，寻找基础市场、潜力市场和机会市场。

（二）主题定位

研学旅行基地主题是在基地建设中展示出的一种理念和价值观念。通常来说，基地的规划主题涵盖发展目标、功能定位和形象定位三方面内容。

1. 发展目标

发展目标是基地未来发展的愿景目标与方向，包括近期、中期和远期三类，本质上影响着基地的功能定位和形象树立。如敦煌研学目的地规划的总目标是打造国内一流、世界知名的研学目的地。具体目标定位是全国研学旅行示范基地、中华民族文化自信的精神高地、世界丝绸之路文化国际研学圣地。

2. 功能定位

功能定位需要综合考虑目标市场期望、基地资源禀赋、当地政治经济环境及技术资金实力，从而确定基地不同板块的功能，重点突出基地的教育功能、体验功能及参观功能等。

3. 形象定位

形象定位是客源市场对研学旅行基地的综合感知形象，借助此形象，基地能够明确在行业中的立足点和独特的销售优势。如敦煌的形象定位为“乐学丝路、大用敦煌”。“乐学丝路”的意思是“知之者不如好之者，好之者不如乐之者”。乐学，是学习的最佳状态。“大用敦煌”的意思“无用之用，方为大用”，有人自认为在做有用的事，却收效甚微；有人看似在做无用之功，却流芳后世，引为大用。敦煌开发的研学产品，注重对研学者更纯粹更久远的价值提升。

总体来说，发展目标是根本性的决定因素，功能定位是根据发展目标确定的内在功能，形象定位是发展目标的外在体现形式。

（三）功能分区

研学旅行基地的功能分区是依据基地的资源禀赋、土地分布、项目设计等状况对区域空间进行系统划分的过程，是对基地经济要素的统筹安排和布置。研学旅行基地的功能布局，一般根据基地活动主题功能的相对一致性、交通联系和管理的便捷性、基地空间的相对完整性进行划分，这使得基地的每一个区域都具有不同的功能。

研学旅行基地需要找出规划区域的资源优势，确定区域的性质、特征与地位，明确其主题定位、目标市场与战略。例如，军事研学旅行基地重点在于向青少年普及军事文化知识，其功能布局要重点突出军事设备展示、军事知识传授和军事体验三个模块；科技研学旅行基地旨在向青少年传授科学知识，带领他们观察科学现象，引导他们树立正确的科学观，其功能分区要划分出科技区、体验区和娱乐区；历史人文研学旅行基地功能分区应格外注重对历史人文的展示和解读，通常会设置相应的历史人物展览区、重点文物保护区；自然研学旅行基地旨在引导学生感悟自然、体会自然，学会与自然和谐相处，在功能分区上会清晰地划分出游览区、住宿区、体验区和保护区。

成都崇州全兴时代红色教育基地

（四）线路规划

基地确定功能分区后，也就确定了各研学教育主题区块。为了将这些主题区块串联与衔接起来，就需做好研学旅行基地研学线路的规划。如泰山研学以泰山为原点，融合周边儒家文化，打造了泰山（泰山文化）—曲阜（儒家文化）、泰山—岱庙—封禅大典等精品线路。

线路规划要求：应结合自身地理位置和周边资源，规划设计与所安排的研学课程相关的研学实践教育路线；应至少提供两条研学实践教育路线，每条路线均应包括与周边资源和环境相结合的外部路线和以基地规划和配套设施相结合的内部路线，从而保证路线设置便捷、合理，与基地研学主题协调一致；应保证研学旅行线路有较强的针对性、可操作性、安全性；基地功能区块较多，直接导致其流线众多，交通关系复杂，因此在总体规划阶段就应处理好这些关系，合理布置各功能分区。组织顺畅的交通，应将步行者的安全便利放在优先地位。规划布局应有地区性的整体观念，防止对周围环境产生不利影响。

（五）课程开发

1. 课程资源

可利用区域必须具有一个或多个研学主题的课程资源，能针对不同学段学生开发一门或多门研学旅行课程。例如，泰山研学基地以其雄伟壮丽的地质风貌、博大浩瀚的文化根基、民族希望的精神家园开发了泰山研学自然体验教育类、文化历史探索类、泰山精神传承类三大课程体系 170 多个课程。

2. 课程类型

研学旅行基地须结合自身资源特点及周边教育资源，满足学生 1–5 天研学旅行活动需求，开发不同学段的与学校教育内容相衔接、学习目标明确、主题特色鲜明和富有教育功能的研学旅行课程。各个基地营地的课程类型不尽相同，主要课程类型有考察探究、素质拓展、设计制作、职业体验、公共安全教育、社会服务、劳动教育、党团队教育、博物馆参观等课程。

3. 课程体系

基地课程体系是指基地针对不同学段学生提供的全部课程。基地在分析所拥有资源的基础上，把资源转化成课程，再针对不同资源，根据不同学段学生特点开发出不同学段的课程，组成基地整体课程体系。

基地资源一般可分为自然资源和人文资源，大部分基地既可以开发自然类课程，又可以开发人文类课程，这两类课程又可以根据不同学段开发不同课程，形成基地课程体系。例如，厦门集美闽台研学总部 / 万千极美营地，已经开发了人文类、自然类、科技类、艺术类等 4 个课程类型、29 个课程单元、122 个特色研学课程，形成了整体课程体系。人文类课程包括“嘉庚精神”“华侨文化”“闽南文化”等多个课程单元，自然类课程包括自然生态、生态运动、动植物等多个课程单元，科技类课程包括科技探索、人工智能、工业科技等多个课程单元，艺术类课程包括艺术赏析、艺术创作、生活美学等多个课程单元。

鼠小逗基地研学课程介绍

（六）设施规划

1. 教学设施

（1）解说系统。研学旅行基地的解说系统包括基地说明，具体研学点说明，研学画册，基地导游图，广播通知系统，幻灯片、语音解说，资料展示栏，公共信息标识服务系统等。一般认为，只有研学旅行指导师才具备解说研学旅行基地的能力，实际上学生一进入基地，基地就应该给学生提供最佳解说服务，让学生“读懂”基地。

（2）设施管理。在研学旅行基地设立管理中心，定期对基地内的教育设施、服务设施及保障设施进行检查、维护，并对游览服务、解说服务、咨询服务及各项配套服务的服务水平进行考核，督促其进行改善提升，为研学活动顺利开展提供保障。

2. 交通设施

（1）研学旅行基地入口处设置研学旅行引导牌。

（2）研学旅行基地沿道路外侧边缘设视线引导标志，以引导驾驶人员的视线。

（3）研学旅行集散中心的入口处应设置研学旅行基地、目的地和研学服务设施等分布提示引导牌。

3. 住宿设施

国家对研学旅行基地住宿设施的建设没有统一的硬性要求，但有些省对创建研学旅行基地有住宿设施的要求。如四川省规定，未达到 300 个床位的，每间宿舍超过 12 人的或男、女生宿舍未分区布置，出入口未分开设置的，不得参评省级研学旅行实践营地，可转评省级研学旅行实践基地。目前很多研学旅行基地已经具备住宿设施，有些研学旅行基地正在规划建设住宿设施。

研学旅行基地规划方案

4. 餐饮设施

国家对研学旅行基地餐饮设施的建设也没有统一的硬性要求，但有些省对创建研学旅行基地有餐饮设施的要求。如四川省要求创建研学旅行实践基地需拥有 150 个餐位。目前很多研学旅行基地已经具备餐饮设施，有些研学旅行基地正在规划建设餐饮设施。

（七）运营规划

1. 投资规模

对于要重点开发的研学项目，要估算投资规模，开展经济、社会和环境评价。

2. 商业模式

明确商业模式，提出规划实施的措施、方案和步骤，包括政策支持、经营管理体制、宣传促销、融资方式、教育培训等。

微课：研学旅行基地建设规划

任务实操

研学旅行基地如何规划研学旅行项目

第一步，选择自己学校附近的研学旅行基地为考察对象。

第二步，以小组为单位到学校附近的研学旅行基地开展调研，主要调研基地已有的研学资源和研学设施。

第三步，根据本任务所学知识，你认为贵基地如果接待中小学生研学旅行活动，还需要从哪些方面进行规划？还需要设置哪些研学项目？

第四步，把调研结果做成 PPT，在全班进行汇报。

任务考核

两人同时写

第一步，教师布置作业。请邻近的两位同学组成搭档，作业题目是梳理研学旅行基地规划的步骤和内容。

第二步，搭档同时写。每个学生在自己的笔记本上写出相应的答案。

第三步，搭档学生交换答案。每个学生负责批阅搭档的作业，检查对方的回答是否正确，在错误之处打上标记。

任务二 建设研学旅行基地标识导览系统

任务导入

某大型农业主题研学旅行基地，占地4000亩，由一个智慧农场改建而成，课程内容丰富，体验充实有趣，可同时接待上千人接受研学课程。然而，经过一段时间的运营，研学旅行指导师反馈经常发生学生甚至老师迷路的情况，请你帮助解决这个问题。

任务分析

对于以上问题，我们首先要检查该基地的标识服务系统是否完备且设计是否合理、符合标准。标识服务系统，是由各种特定功能标识组成的集合，承担研学旅行基地内信息传递、识别、辨别和形象传递等功能，标识是标识服务系统的基本元素。对于研学旅行基地，特别是大型的、内部路线复杂的基地，标识服务系统更加重要，它承担着指示路径等一系列重要任务。

基地标识服务系统是研学旅行基地管理者与学生进行对话、教育和服务学生的主要媒介。其主要功能是引导学生在研学旅行过程中的行为，使学生在标识语言中轻松了解研学旅行基地的资源规划与分布信息。研学旅行基地需要什么类型的标识，是根据其需要实现的目的来设计的。本任务将带领大家学习标识服务系统设立的原则和设置的内容。

任务知识

一、研学旅行基地标识导览系统设立的原则

（一）功能性原则

1. 通俗可读

通俗可读性设计原则是所有视觉传达设计的基本原则之一，也是研学旅行基地信息标识系统设计的基本原则和需求之一。通俗主要指的就是简单易读，这是学生在研学旅行基地内能用最短时间接受和理解标识信息的保证。研学旅行基地面向的是不同年龄段的学生群体，他们对文字、图形的接受能力和理解能力不尽相同，为此要根据不同学生群体的需求，采用通识性图标、通俗的语句、适当的语言种类等，尽量做到标识系统的通用易懂。

2. 醒目易视

标识系统主要是通过视觉传达信息的，所以应安置在醒目的位置，尺寸合理，能与周围环境形成一定的对比，以便保证学生们在一定的距离之外，特别是在要对方位和方向必须作出判断的地方，就能看到、看清楚这些标识。

3. 位置合理

一般情况下，研学旅行基地的场地面积都比较大，环境识别性相对较弱。在研学旅行活动进行中，学生们会在特定类型的空间产生对标识的需求，如交叉路口、无明显标志物的场地、过长的游线中途等。

在布局标识系统时，应根据基地的空间结构、学生群体流向，预判学生产生信息需求的地点，并在该地布置标识，或在邻近信息需求点的位置提前布置标识，让学生能及时获得需要的信息。

（二）环保性原则

标识系统在选材时应考虑生态环保因素，结合材料的加工性能、耐候性能、抗破坏性能而定，采用内容可更新的结构形式，同时还应考虑方便日后定期清理和维护。

（三）规范性原则

规范性是指在设计标识时，用于表达信息内容的信息载体，如文字、语

言、图形、符号等，它们必须符合国家相关的规范和标准，而不宜采用繁体字、手写字、自创符号等可能对学生接受与理解产生负面影响的信息载体表达方式。

二、研学旅行基地标识导览系统设置的内容

（一）标识标牌设施

1. 功能区域标识

功能区域标识是指基地功能区域的标识，用于说明某个区域或房间的功能，如洗手间门牌、楼层指示牌、教室门牌、餐厅门牌、饮水处门牌、服务中心门牌等，主要起引导、说明或提示作用。

2. 研学点解说标识

研学点解说标识也称研学资源的介绍牌，用来介绍各个研学点的基本情况，包括名称、由来、资源概况、周围环境、历史文化内涵等与研学点相关的信息。这是学生获取研学点信息的重要方式，对学生具有较强的吸引力。解说标识作为基地的附属设施，通过文本、图片、示例等手段以娱乐和教育的方式与学生交流，达到为学生指引研学线路、解说研学点、警示安全、管理学生行为等目的。此类标识牌要力求图文并茂、文字简练，在形式和材质上要与周围整个环境相适应且有特色。

3. 课程简介标识

课程简介标识是指展示基地具体课程或活动的名称、功能等介绍类信息的标识牌，如课程名称、课程简介、相关设施设备的说明性文字、典故综合等的介绍。

4. 文化宣传标识

文化宣传标识是指那些既能起一般指示作用，又能传递基地文化、弘扬主题精神、烘托文化气氛的导视标识。一部分标识涉及学生的行为规范，一部分标识是文化知识性的。这些标识包括园区雕塑小品、宣传栏等。

5. 思政宣传标识

思政宣传标识是指在基地公共场所中，向学生宣传政治思想、普及时事热点和传播党政影响力的主要标识工具，它们能传播思想文化，加强学生思想政治教育和引导。

6. 提醒标识

提醒标识是指基地的管理规定性标识，包括安全、限制等如食堂中的自主

取餐、少拿勤取、小心烫伤、请勿浪费食物、节约用水，等等。要根据不同年龄阶段学生的认知能力进行针对性的设计和规划。

7. 安全提醒标识

安全提醒标识是指基地用于警告或提示某些需要特别注意的标识，如使用须知、严禁烟火、请勿触摸等，用于指导学生采取合理行为。

（二）交通导览标识

交通导览标识服务系统包括基地道路牌、道路交通标线、安全护栏等。

1. 基地道路牌

基地道路牌是学生进入研学旅行基地的必备基础设施。道路牌的颜色和形状等要符合《道路交通标志和标线第 2 部分：道路交通标志》（GB 5768.2—2022）的设置规定。

（1）颜色。①红色：表示停止、禁止、限制。②蓝色：表示指令、遵循；表示一般道路（除高速公路和城市快速路之外的道路）指路信息。③黄色或荧光黄色：表示警告。④荧光黄绿色：表示与行人有关的警告。⑤绿色：表示高速公路和城市快速路指路信息。⑥棕色：表示旅游区指路信息。⑦橙色或荧光橙色：表示因作业引起的道路或车道使用发生变化。⑧粉红色或荧光粉红色：表示因交通事故处理引起的道路或车道使用发生变化。⑨黑色：用于标志的文字、图形符号和部分标志的边框。⑩白色：用于标志的底色、文字和图形符号以及部分标志的边框。（注：红色为标志底板、红圈及红杠的颜色。）

基地只有合理搭配颜色，才有利于驾驶员和学生识别道路牌，降低交通事故发生的概率，提高学生研学质量。

（2）形状。①正八边形：用于禁令标志中的停车让行标志；②倒等边三角形：用于禁令标志中的减速让行标志；③圆形：用于禁令标志和指示标志。④正等边三角形：用于警告标志。⑤叉形：用于“叉形符号”警告标志。⑥矩形：用于指路标志、旅游区标志、告示标志和辅助标志，以及部分禁令标志、指示标志和警告标志等。（注：矩形包括正方形和长方形。）

2. 道路交通标线

道路交通标线是由标划于路面上的各种线条、箭头、文字、立面标记、突起路标和轮廓标等所构成的交通安全设施，它的作用是管制和引导交通。基地内外的道路应该根据国家相关规定，并结合基地特色设计合理的交通标线。道路交通标线的标划区分如下。

（1）白色虚线。划于路段中时，用以分隔同向行驶的交通流或作为行车安全距离识别线；划于路口时，用以引导车辆行进。

（2）白色实线。划于路段中时，用以分隔同向行驶的机动车和非机动车，或指示车行道的边缘；设于路口时，用作导向车道线或停止线。

（3）黄色虚线。划于路段中时，用以分隔对向行驶的交通流；划于路侧或缘石上时，用以禁止车辆长时在路边停放。

（4）黄色实线。划于路段中时，用以分隔对向行驶的交通流；划于路侧或缘石上时，用以禁止车辆长时或临时在路边停放。

（5）双白虚线。划于路口时，作为减速让行线；设于路段中时，作为行车方向随时间改变之可变车道线。

（6）双黄实线。划于路段中时，用以分隔对向行驶的交通流。

（7）黄色虚实线。划于路段中时，用以分隔对向行驶的交通流，黄色实线一侧禁止车辆超车、跨越或回转，黄色虚线一侧在保证安全的情况下准许车辆超车、跨越或回转。

（8）双白实线。划于路口时，作为停车让行线。

3. 安全护栏

研学旅行基地可以根据路侧的危险程度分别设置不同等级的防护栏，并安装轮廓标诱导设施，以提高行车的安全度。

（三）全景图和导览图

全景图即导游全景图，也叫基地总平面图，包含基地全景地图、基地文字介绍、学生须知、研学点相关信息、投诉机关电话、救援电话、咨询电话等。导览图则是在基地局部标明学生所在位置和附近研学线路、研学点方位的指示图。全景图和导览图是全景指示型标识服务设施的典型代表。

1. 放置地点

全景图一般设置在基地入口处和休息处等地域宽阔的位置，导览图则设置在交叉路口处。导览图与全景图有着本质区别，导览图可以帮助学生更好地进行局部分区的研学，而全景图是帮助学生了解整个研学旅行基地的概况，需要自行找出自己所在的地点，并分析线路，然后再开展研学活动。

2. 指示范围

地图导览所示的区域面积也应该根据基地总体面积进行设置。一般来说，如果所示区域面积超过 1 平方千米，那么学生与实际目的地之间的距离就过长，容易使中间路标节点过多，让学生产生枯燥情绪，进而放弃选择最佳研学点和线路，这样不仅使导览图的指示作用不明显，也会影响学生对服务的满意度。因此，在设计基地导览图的时候，必须要考虑人性化、人体工学及学生心理学，可在导览图中标出研学点间的相对距离。

3. 高度设置

全景图和导览图面积大，信息含量多，一般采用倾斜形和箱式形，高度通常在 12 米，才适宜于承载详细的图解导向信息，并且符合人体工程学和环境行为学理论。通常安置于不同研学点的交叉口。

（四）公共基础服务指示牌

公共基础服务指示牌就是公共基础设施标识牌，是指在基地内具有服务功能的场所、建筑物位置设置的标识牌，用于指示学生服务设施所在地，主要包括售票处、服务中心、厕所、餐厅、商店、医院、宿舍、休息处、垃圾桶、卫生间等场所，为学生的研学旅行提供便利。因为学生可能需要在研学旅行活动中补充物资（食品、防寒衣物）或是需要其他服务（手机充电、电话）等，这是满足学生基本需求的必要设置。

基地内的餐厅或厕所等地方，通常标以相对应的文字和图文，如餐厅用刀叉标示，厕所用男女图案标示。

（五）无障碍标识设施

无障碍设施是指为保障残疾学生、家长、指导师和其他残障研学人员，以及伤病人、儿童的通行安全和使用便利，在道路、公共建筑、宿舍区等建设工程中配套建设的服务设施。基地在规划建设时要按照《无障碍设计规范》（GB50763-2012）的规定设置无障碍标识服务设施。

1. 儿童服务设施

应采用醒目的色彩、明显易懂的符号、简短明确的文字语汇及生动有趣的版面设计，以增加学生的注意及了解，并尽量辅以图示，减少说明文字字数。

2. 残障服务设施

一是为盲人设置盲杖、盲道等提供定向和定位服务；二是为肢体残障学生增设轮椅，并展示使用方法；三是为听力和言语残疾学生配备增音设备、助听系统、可调节音量的电话和聋人电信系统（TDD）等设施。

任务实操

研学旅行基地标识服务系统调研

第一步，梳理本任务所学的标识服务系统。

第二步，细心观察学校附近某研学旅行基地的标识服务系统。重点考察交通导览标识、公共基础服务标识，看看他们已经配置了哪些，现有的设置存在哪些问题，应该如何改进。

第三步，该研学旅行基地还需要增加哪些标识导览服务?

第四步，完成研学旅行基地标识服务系统调研总结。

任务考核

根据本任务所学知识和对研学旅行基地标识服务系统的调研，谈谈标识服务系统对一个研学旅行基地的重要性。

任务三 建设研学旅行基地教学设施

任务导入

一个三级城市的传统民俗主题研学旅行基地的运营团队因缺乏经验，在课程实施中，总是遇见因为教室冲突、场地安排不合理、教学设备短缺、教师准备不足等而产生的教学成果不理想的问题，请你想想该如何解决这个问题。

任务分析

带着以上问题，我们了解到该基地存在教学基础设施不足的问题，为此我们就要考虑研学旅行基地的教学设施应该从哪些方面建设。2019 年 3 月，中国旅行社协会与高校毕业生就业协会联合发布《研学旅行基地（营地）设施与服务规范》，该规范对基地教学设施的要求是：应建设或规划由室内或室外场所构成的专门研学场地或教室，确保学生活动的安全性，特殊设备需具备主管单位的检测验收报告。同时，各个省也出台了对教学设施的具体要求。教学基础设施是发展研学教育事业所必需的基础物质资源和重要的支撑条件。本任务将带领大家学习教学设施建设的具体内容。

任务知识

一、知识学习类课程的教学设施建设

（一）具有融合功能的宴会厅或演艺厅

研学旅行基地应建设一个能够容纳 100~500 人、具有现代化设备、具有融合功能的宴会厅或演艺厅，用于举行开营、闭营仪式，举办宴会、演艺活动、专家讲座等。需要配备多媒体计算机、液晶投影机、数字视频展示台、中央控

制系统、投影屏幕、音响功放设备等多种音响投影设施，有条件的最好能配置全息投影设施。

（二）专业讲解线路（展厅）

学生进入研学旅行基地后，需要对基地有一个清晰、整体的认识和知识性的学习，然后再开展后面的体验项目。研学旅行基地需要建设一条到多条供专业讲解的线路（展厅）。景区讲解员、导游、研学旅行指导师带领学生边参观边讲解。例如，邓小平故里研学旅行基地设立了“邓小平故里国学体验之旅”“邓小平故里传承红色基因，弘扬时代精神研学之旅”“追寻邓小平求学之旅”三条专业讲解线路，供不同学段学生选择。都江堰红色众行国防教育基地建设了历届中共会议展览馆、党史文化展览馆（图 2–2）、国之重器展览馆和生命安全教育馆，各个展馆都有专门讲解员进行讲解。

图 2–2　都江堰红色众行国防教育基地党史文化展览馆　来源：巫和勇

二、体验类课程的教学设施建设

（一）文化体验场所

在研学旅行中，文化类体验课程特别多，如体验少数民族文化、非遗文化、川菜文化、茶文化。这些文化体验都需要有专门的体验场所和相关的设施。一个基地至少需要提供同时满足 50 人参与的各种类型的体验场地。因为中小学研学都是集体出行，一个班级的人数基本为 40~50 人，加上老师应该是 50 人左右。例如，位于四川省泸州市合江县尧坝镇尧坝驿景区长江大学堂基地，占地面积 2800 平方米，共建有三层楼，每层楼分别设置了多个各有特色的主题体验馆，能满足不同体验者的多种需求。一楼设有中医蒙、木石雅两个体验式场馆，以及文轩朝闻书苑和24小时无人看管书店；二楼设有家学馆、家风家训馆、国际馆、六艺馆等4个体验场馆；三楼设有国学馆、工农馆、民俗馆等3个场馆。

（二）企业采访场所

企业采访课对于培养学生的职业启蒙、生涯规划具有重要的作用。学生到了研学旅行基地，希望能体验不同职业的工作环境、工作内容、工作要求。为此，基地可以针对某一个环节设定采访场所，提供两到三个工种的专业人士让学生采访，专业人士要告诉学生“我学的什么学科，我可以成为什么样的人，我可以从事什么样的职业”。例如，住宿期间可采访客房服务员、前厅服务员；用餐期间可采访餐厅服务员、营养配餐员；陶艺研学时可采访陶瓷工艺品成型师、陶瓷工艺品彩绘师、陶瓷工艺品雕塑师。

（三）采访调研场所

对于初中或者高中学生，可以设计一些采访调研课程，学生直接到农业研学旅行基地、工业研学旅行基地、红色研学旅行基地等进行采访调研，并开展现场直播。基地需要为学生提供自由采访的线路、场地、内容、直播点位及设备。有些基地有很多路线供学生随意采访，这表明此类场地更具开放性，能为研学活动的开展提供更多空间。

（四）创意创作场所

创意创作课是学生最感兴趣的课程，如陶艺创意创作课、竹编创意创作课、蜀绣创意创作课、木工创意创作课等。为此基地需要建设陶艺创作室、竹编创作室、蜀绣创作室、木工创作室等。创作室要满足同时容纳50人开展活动，并配备与教学内容相吻合的设施设备、物料（图2–3）。场所的营造有利于激发师生的创作灵感，开拓丰富多样的学习课程并满足基地创作课程的需求。

图 2–3 成都崇州全兴时代红色教育基地手工课扎红军鞋 来源：许文祥

（五）科学实验室

学生外出研学旅行很难找到科学实验室，现在有些科研机构、大学实验室也对外开展研学旅行活动。

这里的科学实验室是指研学旅行基地开展的需要通过观测和实验才能明白原理的“实验科学”课程必须要用到的基础兼专业的特定学习空间，如物理实验室、化学实验室和生物实验室等。这类实验室相应学科的基本实验设施齐全，配备相关学科特殊教学要求下的部分设施设备。常规实验室要符合《中小学实验室设备规定》，一般应该有写字板、讲台、供电系统、灭火设施、学生实验桌（水电到桌，物理用的只有一套水嘴和水槽。实验室用电可以到位，但一定要是低压）。光学实验室配备遮光窗帘。化学学科实验室应配备应急冲洗喷嘴、排气设施和废液收集器；生物观察实验室的实验台应配备近光灯光源等，可以提供至少能满足 50 人同时进行科学实验的实验室、物料及设备，便于一个班的学生同时进行科学实验。

三、室外露天教学设施建设

（一）开闭营整体集合场地设施

研学旅行基地开闭营活动场地一般以室外场地为主。室外场地空旷且面积大，要求配备与开闭营活动场地规模相匹配的室外音响系统和舞台设施。音响系统音量和覆盖范围应满足开展开闭营活动的需求，舞台设施应根据基地特色建设且能满足开闭营环节中不同活动形式的需要。

（二）常规室外课程所需场地设施

常规室外课程是指中小学生进行研究性学习和户外体验相结合的教育活动，基地可根据室外课程内容和自身实际的户外条件准备相应的场地设施，如一定面积的真假草坪场地、基础素质拓展项目的设备及休息区遮阳设施等基础课程保障设施（图 2–4）。

图 2–4　都江堰红色众行国防教育基地风雨棚　来源：巫和勇

（三）特色室外课程所需场地设施

研学旅行基地可根据自身自然环境、地域特点，开拓开展远足、团队拓展、定向越野、野外生存等多个研学实践主题课程的社会综合实践活动项目。这里的场地设施是指根据特色课程定制的教学实施设备，如野炊灶台、远足栈道、指南罗盘、高空或水上拓展设备等（图 2–5）。

图 2–5　都江堰红色众行国防教育基地千人野餐区　来源：巫和勇

都江堰红色众行国防教育基地教学设施

微课：研学旅行基地教学设施的建设

任务实操

假如你是以现代农业为主题的智慧农场研学旅行基地负责人，请问你应该从哪些方面来建设教学设施？

第一步，梳理本任务所学知识，总结归纳研学旅行基地教学设施的建设内容。

第二步，到智慧农场研学旅行基地调研已经建成的教学设施，调研其容量及使用情况。

第三步，根据农场的现有资源、设施及市场需求，你认为还应该建设哪些教学设施?

第四步，编制该智慧农场研学旅行基地教学设施需求表。

任务考核

一个以现代农业为主题的智慧农场研学旅行基地，在开展水培实验课程时，发现教室里没有多媒体展示设备，从而影响了教学效果。请你谈谈教学设施对研学旅行基地的重要性。

任务四　建设研学旅行基地交通设施

任务导入

某中学初二年级学生一共乘10辆大巴车前往某大型红色主题研学旅行基地，到达基地以后发现停车场无法容纳所有的车辆，于是只能让一部分车辆停在集合广场。后来又发现基地里没有大巴车通往广场的机动车道，学生在路边下车却没有摆渡车辆能够远距离运送学生，基地的运营人员一时犯了难，请你帮他解决这个问题。

任务分析

根据以上情况，我们了解到该基地存在停车场面积小、机动车道规划不合理、公共交通保障能力弱的问题。要解决以上问题，我们需要重新认识基地的交通设施都包含哪几个方面，要满足什么建设要求才能正常接待研学活动。2019年3月，中国旅行社协会与高校毕业生就业协会联合发布的《研学旅行基地（营地）设施与服务规范》对基地交通设施的要求是：应有县级以上的直达公路，站牌指示醒目；内部交通应安全通畅；交通工具设施完好、整洁，宜使用绿色清洁能源。停车场、游步道等旅游交通应符合《风景旅游道路及其游憩服务设施要求》（LB/T 025—2013）的要求。同时，各个省也出台了对交通设施的具体要求。本任务要学习研学旅行基地交通设施的建设。

任务知识

研学旅行基地交通设施由停车场、内部道路网和内部摆渡车三个部分构成。下面分别对三个部分的建设进行阐述。

一、研学旅行基地停车场建设

研学旅行基地一般都设有停车场，停车场是基地的基本要件。只有设置规模适度和管理完善的专用停车场地，才能为研学旅行团队上下车提供便捷服务，这是停车服务的第一要旨。停车场的管理与服务应符合《风景旅游道路及其游憩服务设施要求》（LB/T 025—2013）的要求。

（一）位置规划

研学旅行基地停车场规划的首要问题是“自然”，包括场地本身的“自然”及与周围环境衔接的“自然”。最好是借用自然的地形，就势建造。

停车场的地面应平整、坚实，根据基地的具体情况可分别建设成平整、坚实的生态硬化地面、砂砾地面、泥土地面等形式（图 2–6）。

图 2–6　成都崇州全兴时代红色教育基地停车场　来源：许文祥

停车场面积的大小应根据学生接待的数量合理建设，即规模与学生承载量相适应。例如，四川省要求研学旅行基地停车场能够同时容纳 39 座（含）以上大巴车 8 辆以上。

（二）服务设施

停车场须设立停车线，以便车辆按车位停车。停车线主要有硬化停车线和绿化停车线两种形式。硬化停车线主要是用瓷砖或油漆作标志，绿化停车线则主要是在停车线上种草或其他植物从而形成颜色反差较大的停车线。

每个车位单独编号，以便停车和管理，同时也便于定位。

（三）功能分区

停车区一般分大车停车区和小车停车区。大车停车区主要供大型旅游车和中巴车停放，小车停车区主要供轿车停放。自行车停车场既可以是机动车停车场内规划出的一片区域，也可以是单独设置的区域。

为了使停车场内车辆出入有序，不产生混乱、堵塞现象，须设立明显的回车线。回车线主要采用地面硬化指示或灯光指示两种方式。

（四）出入口设置

研学旅行基地出入口的规范设置是串联内外交通的重要保障。出入口的设置根据基地的大小和布局设置，以实现方便学生进入和安全出行为宗旨。一般出口和入口分开设置，有条件的基地可设置备用出入口。在学生较多时可用备用出入口，一方面能加快入营手续的办理，另一方面当基地有紧急状况发生时，可以及时、迅速疏散学生，便于应急管理。

研学旅行基地出入口根据规模及外部交通组织一般可设计 1 个主要出入口、1 个或者多个次要出入口、1~2 个专用出入口。

1. 主要出入口

主干道附近可考虑设置主要出入口，因为此处代表了研学旅行基地的形象。在重要位置上设置主要出入口，可帮助提升基地的品牌形象。主要出入口的设计要实现人车分流，这样有利于减少安全隐患。主要出入口的设计要与车行道距离 10 米以上，以保证行人的安全。同时，出入口要有足够的集散人流用地，主要出入口前面最好设置大广场，以方便学生集散、休整等。

2. 次要出入口

次要出入口可以设置在次干道上，主要满足步行进入需要。结合研学旅行基地主题或特色设置具有景观效益的步行入口，能为学生步行进入提供便利。次要出入口主要起分流人群的作用，但在路线导向方面需要做足功课，避免学生迷路。

3. 专用出入口

专用出入口可以设置在研学旅行基地的消防通道上，在发生应急事故时给基地提供临时的出入口，供消防车等安全通行。专用出入口也可为研学基地后勤人员专门设计，以便基地开展卫生、管理、保障等安全工作。

（五）消防设施

按消防部门的要求及规定，停车场须设立相应数量的消防设施设备，以便发生火灾时能及时灭火。另外，停车场负责人必须定期检查防火、灭火装置及设备，并对停车场管理人员开展培训，保证其掌握灭火设备的使用方法和灭火技能。

（六）备用停车场

很多研学旅行基地都设置在旅游景区，旅游高峰时，难免出现车辆拥挤、车位紧张的情况。研学旅行基地附近应设置临时备用停车场，以保证团队的正常出入。

二、研学旅行基地内部道路网建设

研学旅行基地内部道路网是实现各个研学活动有效串联的基础，其建设要满足流向、安全和交通互利的原则，规划出合理的道路类型，保证人车分流。

（一）主干道

主干道一般从研学旅行基地入口通向基地内各个区域、教学设施和服务设施，使整个基地形成一个具有较强指向性和导向性的系统环路。主干道既要具备观光和生产管理功能，又要满足基地内消防车和救护车的使用需求。

（二）次干道

与主干道相比，次干道规模和形式都较小，在道路网中起辅助作用。它们分布在主干道与基地内各个功能区的交叉路口，主要承担基地内的观光任务和少量生产任务，起到连接基地内各个课程实施场地的作用，既可通行内部交通工具，也可作为走道使用。

（三）游步道

游步道也叫路侧游步道，仅供人员通行，路面狭窄，既有灵活性，又有趣味性。警示标识设置或者管理人员要及时提醒：严禁车辆进入，严禁乱扔垃圾，严禁破坏树木花草等沿途景观，注重保护生态环境。游步道交通应符合《风景旅游道路及其游憩服务设施要求》（LB/T 025—2013）的要求。

三、研学旅行基地内部摆渡车设置

针对占地面积大、研学区域分散的研学旅行基地，为进一步提升其公共交通保障能力，必要时在规定区域内可配备内部短途摆渡车，提升点对点人员的出行效率。

（一）换乘站设置

换乘站应选择在适合停车管理及换乘需要的场所。设置可进入性良好、与基地接待规模相适应的生态停车场，应根据客流、研学需求设置，基地内的运行路线应设计合理，与基地内环境协调，设施齐全，保证交通安全。入口、出口需设置合理，应分设散客、团体入口。

（二）摆渡车设施设备

车辆运营前应获得当地车辆管理部门或特种设备检验检测机构的检验合格。 运营标志及相关证件应齐全。设施设备应符合安全、舒适、环保、人性化的需求。车辆技术状况应保持良好，定期维护和检测。车内导游设施、行车设施、服务设施、安全设施应齐全有效。车载通信调度设备和监控系统应齐备。

任务实操

研学旅行基地交通设施考察

第一步，梳理本任务所讲知识，明确研学旅行基地交通设施建设内容。

第二步，每小组考察学校附近一个研学旅行基地，主要考察内容为该基地的停车场、内部道路网。如果该基地面积很大，是否可以设置摆渡车？

第三步，分析考察结果，确定该基地是否可以接待大规模的研学团队。

任务考核

某小学 360 名小学生要去某研学旅行基地进行学习，作为此次活动的负责人，出于对学生活动前交通安全的考虑，你需要从哪几个方面考核该基地的交通设施情况？

任务五 建设研学旅行基地食宿设施

任务导入

某学校高一年级所有学生的研学课程都要安排在校外研学旅行基地开展，研学活动为期一周，期间学生们需要在基地内解决用餐和住宿。作为此次研学活动的负责人，要选择能够满足用餐需求和住宿需求的研学旅行基地，你认为该从哪些方面进行考察？

任务分析

根据学校要求，我们了解到研学旅行基地必须能供应午餐，提供住宿场地，那么我们就要考虑该基地是否有厨房能够提供餐饮服务，有无满足学生使用的就餐设施、就餐期间活动的设施，以及住宿休息的设施。本任务就需要分析研学旅行基地餐饮、住宿设施的建设问题。

任务知识

一、研学旅行基地餐饮设施的建设

目前对研学旅行基地餐饮设施的建设没有硬性要求，但很多基地为了能提供更全面的服务，已规划建设了完善的餐饮服务设施。餐饮设施建设主要内容包括以下三部分。

（一）餐厅设施建设

1. 就餐场地

就餐场地应满足研学团队统一用餐或分批用餐的需要。就餐场地宽阔，无障碍物，无安全隐患，能保证集中就餐，便于研学团队的就餐管理。就餐场地必须与厨房分开，但要有独立的建筑系统及合理的连接通道。餐厅内部装饰材料不得对人体产生危害。

2. 就餐桌椅

就餐席位应满足接待研学团队统一用餐或分批次用餐的需要。每个座位平均占地面积不低于 1.85 平方米，相互无干扰。桌椅结实牢固，无安全隐患。各座席之间应留出安全通道，方便出入。

3. 餐厅舞台

餐厅舞台应满足研学团队在就餐中组织各类主题活动、仪式表演的需要。舞台应配备相应的设备设施，如音响、电子屏、麦克风等。

（二）厨房设施建设

1. 厨房场地

厨房场地应满足接待研学团队的用餐需求，设施设备齐全，如冷柜、保鲜柜、灶台设备等。生产环节无安全隐患。厨房场地应保证卫生整洁，定期消毒，且必须与就餐场地分开，要有独立的建筑系统及合理的连接通道。如单独设置配餐口，应与后厨分开，设置独立封闭空间。

2. 菜品留样柜

菜品留样柜应独立配备，并定期清洗消毒。设置菜品留样记录表，对留样时间、菜名等留样情况进行详细登记、造册，负责人签字确认，有完备的相关记录。餐厅对外供应的所有食品、成品应安排专人负责，做好留样工作。

3. 碗筷消毒柜

为研学团队提供的所有餐具都应存放在碗筷消毒柜中，并定期清洗消毒。

（三）餐饮公共设施建设

1. 卫生间

根据餐厅可容纳人数，设置相应数量的男女卫生间，卫生间采用冲水式蹲便，配有单独排风系统。卫生间应安排专人负责，定期清理消毒，有完备的相关记录，无安全隐患。卫生间还应配备相关的清洁洗护用品。

2. 电茶炉

电茶炉应安置在较隐蔽场所，避免人员磕碰、烫伤，注意用水、用电安全。接待团队时，应有专门人员负责。必要时应协助未成年人接打开水。

3. 餐厅空调

餐厅应根据实际使用面积配备足够数量的中央空调或柜体空调。根据天气变化，适时调整空调温度，为研学团队提供舒适的就餐环境。

4. 餐厅楼梯

如餐厅位于二层及以上楼层，应建设有前往餐厅的独立楼梯。楼梯宽敞明亮，无安全隐患，便于大团队前往餐厅集中就餐。

5. 安全设施

餐厅应设置配套的安全设施设备，如消防栓、消防标识、应急指示灯、烟感报警器、自动喷淋系统、消防应急疏散通道等，并保证安全有预案，处置有方案。

6. 监控设备

监控设备系统应覆盖餐厅主要场所，包含厨房、大厅、通道、楼梯口等人员活动区域，并对餐厅进行 24 小时监控。录像资料应保存一个月以上，以保证安全隐患发生时，可随时调取影像资料，配合调查。

二、研学旅行基地住宿设施的建设

目前对研学旅行基地住宿设施的建设没有硬性要求。但是，很多基地为了能提供更全面的服务，已经提供了完善的住宿服务。

（一）接待设施

接待设施包括接待大厅、接待办公室和指示标识。接待大厅主要用于研学团队的客房预订和团队接待。接待办公室是研学旅行基地住宿管理人员的办公室，用于查看日常办公和住宿区域的公共监控视频。指示标识起到住宿区域通往房间、楼层、公共设施和消防通道的引导作用。

接待大厅应设有入住登记处、问询服务处、行李寄存处、收银处、总机和商务服务中心，能够满足研学团队的统一入住办理或分批次办理的需求。

（二）房间设施

研学旅行基地的住宿房间应配有床、写字台、独立卫浴，是研学团队休息和研学课下学习的地方。房间最好设立 6~8 人的床位及床上用品，床位设计为上下铺，上铺应设有防摔护栏。房间应为每个学员配置柜橱，用于存放日常用品和衣物，柜橱必须独立且具有安全性；配置书写台，用于研学课下的学习；房间内最好设立独立的卫浴间。

（三）安全设施

安全设施有各楼层公共区域的监控设备、消防通道和消防通道引导标识牌、应急照明灯、防火门、消防栓、灭火器、防毒面罩等消防设备。住宿区域的监控设备应保持 24 小时正常录像，录像视频至少保存 10 天，消防指示标识应位于明显位置，消防通道时刻保持通畅，应急照明灯定期检修和维护，各种消防设施都在有效期内，通过消防部门的验收合格。

（四）公共设施

公共设施包括布草间、洗衣房、晾衣房、公共洗澡间、公共卫生间。这些公共设施的配置要满足基地的研学需求。

任务实操

研学旅行基地食宿设施调研

第一步，梳理本任务所讲知识，明确研学旅行基地食宿设施建设内容。

第二步，请选择学校附近的一家研学旅行基地，提前联系该基地负责人，去考察该基地的食宿设施。

第三步，分析考察结果，明确哪些方面建设得好，哪些方面还需要改进。

任务考核

当研学旅行团需要在一个研学旅行基地内住宿时，需要进行消防安全教育，请问通过基地内哪些住宿设施能够进行安全演练？

任务六 建设研学旅行基地其他设施

任务导入

李某是某研学旅行基地负责人。在一次研学旅行基地大会上，李某参观了黄山智慧化景区的建设后，对数字化设施建设非常感兴趣，希望自己的研学旅行基地有朝一日也能建设成智慧基地。请你帮助他建设数字化设施，完成目标。

任务分析

要帮助他解决以上问题，就需要学习研学旅行基地数字化知识，了解智慧景区的概念，明确需要建设哪方面的数字化设施，有什么建设原则以及系统的组成部分。本任务除带领大家学习数字化设施建设内容之外，还讲解了安全设施建设的知识。

任务知识

一、研学旅行基地数字化设施的建设

研学旅行基地数字化建设是一项复杂的系统工程，各基地应结合自身特点，做到因地制宜，兼顾大局，统一标准，规范建设，要实现全行业管理和研学资源的有效整合，形成管理合力和规模效应。

研学旅行基地数字化建设基础在于全园区的信息化，核心是要重视信息技术和信息产业的发展。基地的数字化能帮助完善基地的服务功能，提高基地服务、学生研学和基地环境的质量。从而形成开放的现代化基地模式，为研学旅行基地的发展创造更多的机遇。这种现代化研学旅行基地模式，是未来基地建设和发展的大趋势，也是打造国家性研学旅行基地的必然。

（一）门禁票务系统

用电子识别票替代纸质门票，用计算机进行研学旅行基地票务管理，包括门票销售、门票验证、财务对账等。如目前很多研学旅行基地在网上购票后到了基地，刷身份证即可入园，非常方便快捷。

（二）电子商务平台

研学旅行基地对外网站可实现电子票、住宿预订、研学课程及研学旅行线路的销售，网络银行可实现网上支付及数据的后台管理。如北京市公园管理中心依托“5G专网＋北斗导航定位＋云计算＋物联网＋大数据＋人工智能”等现代化信息技术，在所属北京市陶然亭公园精心打造了基于5G和北斗卫星导航技术的公园景区游船智慧管理平台，借助云计算能力打造了线上云排队的“新产品”，开启了手机扫码智能启动游船的“新功能”，实现了自动结算退押金的“新服务”，以物联网技术呈现出游船电瓶电量数字化监测的“新性能”，以大数据技术助力了游船全寿命周期管理的“新业务”，以人工智能辅助科学化运营的“新模式”，全面信息化、数字化地实现了智慧公园景区的“新业态”。

（三）数字监控系统

研学旅行基地内的主要监控点，通过数字化视频监控，语音、温度、地质等各种数字采集设备，能够对重点目标进行跟踪、抓拍，在研学团体疏导、灾害预防、设施及车辆安全、应急措施制定实施、指挥调度等方面为研学旅行基地管理人员提供科学依据。如黄山风景区有“天下第一奇山”“天开图画”“松海云川”之称。为了实践“数智化转型”大数据精细化运营监管新探索，黄山风景区管委会结合实际需求，采用大数据、人工智能等先进技术，在顶层设计、统建统管、数据整合共享、制度建设等方面发力，形成了一个涉及资源保护、业务管理、公众服务、旅游经营、安全防范、决策支持的信息化综合应用服务体系，进行了包括基于数据治理和使用的分时实名预约大数据监管，基于共享的智能视频可视化监管，基于协调统筹的旅游服务监管，基于新技术、新应用、新场景的平台创新和实践应用监管的多层次模式创新。

（四）LED大屏发布及多媒体查询系统

LED大屏幕信息发布系统可面向研学团体进行研学课程资源推介。以研学旅行基地电子地图为基础，将研学旅行线路与研学课程相关的资源以多媒体的方式在互联网、触摸屏等媒体上进行立体发布，从而提高服务质量，加强研学旅行行业的宣传力度，逐步实现研学团体和研学旅行基地信息的最大化共享。

（五）研学活动应急及广播系统

数字化无线应急广播系统集成研学旅行基地广播素材，一方面满足了研学团队紧急疏散、工作人员统一指挥调度时的信息广播要求，另一方面实现了日常信息发布、背景音乐播放等服务。

（六）网站或公众微信号

研学旅行基地的网站或公众微信号，能全年公开开放接待时间和联系方式，具备师生及家长查询方便快捷、信息更新及时的研学实践服务和评价的信息管理系统。

（七）电子导游服务系统

电子导游服务系统通过电子导游设备为研学旅行师生介绍基地情况，通常具有多国语言以供选择。一部电子导游讲解器可以满足不同国家师生的需求，相较于人工导游，效率和方便性都具有绝对的优势。

数智化发展助力景区管理和游客体验迈上新台阶

（八）计算机网络系统

计算机网络系统是信息化平台的中枢传输系统，以光缆为介质，相关的操作系统进行支持，建立起一个稳定、高效的网络平台。

二、研学旅行基地安全设施的建设

（一）安全设施建设的要求

研学旅行基地内应有安全警示标志、专门的安全应急通道；主要通道和重点部位有 24 小时、无死角的监控系统，监控影像资料回放保存至少 30 天；有现场安全教育和安全防护及消防措施，有应急预案。

（二）安全设施建设的内容

1. 室内安全设施

室内安全设施主要包括消防报警系统，消防栓，灭火器，防火门，烟雾感应器，消防喷淋系统，应急照明灯，安全逃生指示牌，建筑物安全逃生线路图，宿舍应配备防毒面具，公共区域 24 小时视频监控设备，视频监视器和视频硬盘存储器，建筑物及教具、设备等的直角防撞包裹设施，楼道台阶提醒标识，楼道高空防护网，防触电保护器，公共开水接水处防烫装置，宿舍窗户防护网，洗浴间防滑地板等。

2. 室外安全设施

室外安全设施主要包括基地微型消防站、紧急避难场地、消防栓、灭火器、安全逃生线路图、安全逃生线路标识牌、公共区域 24 小时视频监控设备、活动场地安全提示牌、基地主干道和次干道交通安全提示牌、基地水域防护栏、水域救援设备设施。如四川省要求研学旅行基地出入口要设置门禁系统，有效防止学生外出或外来人员进入，主要场所和危险点位实现全天候、无死角监控，主要公共场所和研学教学点位、宿舍均要设置消防栓、灭火器等应急设施设备，相关点位（停车场、餐厅、卫生间、台阶等特殊场地）均需设置安全标识（包括但不限于注意车辆、小心地滑、注意台阶、危险路段、水深危险、安全疏散通道、应急设施设备使用等）。

研学旅行基地安全教育制度、应急预案、投保制度

任务实操

撰写研学旅行基地数字化建设建议书

第一步，梳理本任务所学习的研学旅行数字化建设知识，总结研学旅行基地数字化建设的要求和内容。

第二步，选择本省或本市的一家研学旅行基地为调研对象。

第三步，实地调研该基地已经具备了哪些数字化设施，还应该建设哪些数字化设施。

第四步，为该基地撰写一份数字化建设建议书。

任务考核

在贵州研学期间，一名学生发现所参观的研学旅行基地安装了智能票务系统，而且在网络平台上也能搜索到该基地的课程内容价格体系、人流量等信息，该基地称自己为数字化研学旅行基地。请问他观察到的内容属于研学旅行基地数字化设施范围吗？

项目训练

测一测

测试题

答一答

1. 简述研学旅行基地规划的流程。
2. 简述研学旅行基地安全设施建设的要求。

参考答案

项目

三

开发研学旅行基地产品

全国中小学生研学实践教育基地——中国科学院华南植物园

项目导读

本项目讲述研学旅行基地产品开发的基础知识。研学旅行产品是研学旅行基地的核心，只有开发高质量的研学产品，基地才能保持高质量的发展。本项目需要完成三个学习任务，明确单元课程、研学旅行线路、研学旅行产品之间的关系。第一个任务是学习研学旅行基地单元课程设计的基本知识，能够在充分分析研学需求和基地资源的基础上，设计出符合学生身心特点的单元课程，撰写教学详案。第二个任务是明确研学旅行线路的定义、分类，能够合理规划研学线路。第三个任务是明确研学旅行基地产品的整体概念、基本分类、设计要求，能够编制研学旅行产品手册。

学习目标

知识目标	1. 掌握研学旅行基地单元课程的开发流程及组成要素 2. 了解研学旅行线路设计的要求，掌握研学旅行线路的要素和规划方法 3. 了解研学旅行产品的整体概念，梳理研学旅行产品的分类，掌握研学旅行产品设计的要素及研学产品手册的基本要素 4. 正确理解研学课程、研学线路与研学产品之间的内涵关系
能力目标	1. 能够根据学校的研学需求和基地资源特色设计单元课程，能撰写单元课程详案 2. 能够根据学校的研学主题，设计合理的研学旅行线路，并撰写研学旅行线路方案 3. 能够编制研学旅行产品手册
素质目标	1. 坚持守正创新，紧跟时代步伐，创新产品开发 2. 提炼展示中华文明的精神标识和文化精髓 3. 讲好中国故事，展现可信、可爱、可敬的中国形象

思维导图

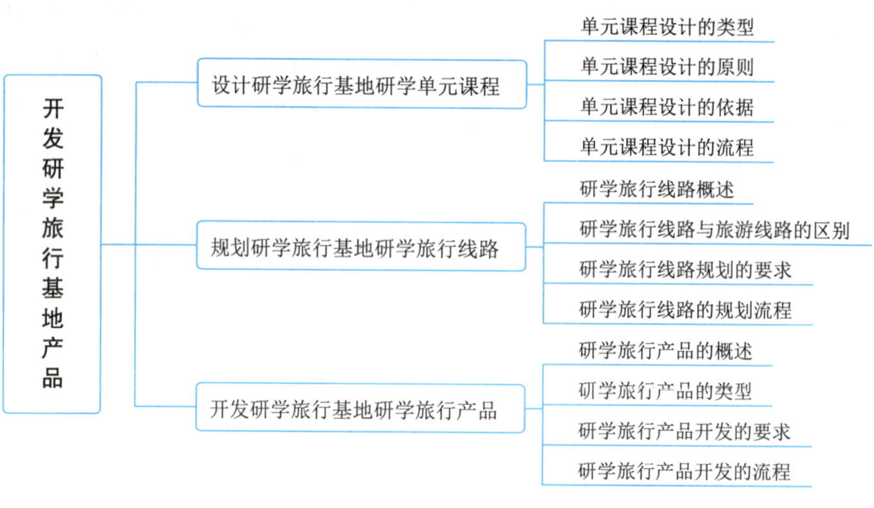

任务一　设计研学旅行基地研学单元课程

任务导入

某资源单位已成功申报为市级研学旅行基地，他们具备较好的接待条件，但缺乏配套的研学单元课程。该单位的刘总委托你帮他们基地设计不同学段的研学单元课程。请问你是否可以接受这个任务？接受任务后该怎么设计不同学段的研学课程？

任务分析

研学旅行基地是研学旅行活动开展的场所和依托，教育性是研学旅行基地的本质特性，应该按照相关研学政策，结合学校办学特色，深挖基地资源特色，开发出分学科分学段分主题的单元课程，满足中小学生研学需求。

基地研学课程在很多时候充当了单元课程的角色。比如，多日研学一般把一个研学旅行基地当成一个单元，设置半天单元课程。但在一日研学中，为了满足大规模研学需求，需设计多个单元课程，组合成一日研学课程。目前很多学校和很多基地都开设了一日研学活动，这个活动由几个单元课程构成，每个单元课程的质量直接决定研学活动的质量，所以我们重点讲单元课程的设计。

任务知识

一、单元课程设计的类型

研学旅行基地单元课程设计有基地主导型单元课程设计和学校定制式单元课程设计。

（一）基地主导型单元课程设计

基地主导型单元课程设计是指基地根据国家、省、市研学旅行政策，结合当地中小学生的研学需求，深挖基地课程资源，设计分学科分学段分主题的研学单元课程，构成基地研学课程体系（类似于餐厅的菜单），供旅行社、教育公司和学校自由选择单元课程，组成不同的一日或多日研学主题课程，如福建省三明市示范性综合实践基地就开发了生存体验、科学实践、素质拓展、专题教育 4 个主题的单元课程，共计 133 门（表 3–1）。

表 3–1　福建省三明市示范性综合实践基地课程体系

学段	课程类别	课程名称
小学（49 门）	生存体验（19）	陶艺彩绘、手绘、扎染、内务规范、感恩食育、消防体验、安全互动、安全骑行、迷雾逃生、地震逃生、夜间应急疏散演练、劳动实践、昆虫旅馆、帐篷搭建、植物拓印、古法造纸、晾衣架搭建、罗马炮架搭建、筷子桥搭建
	科学实践（2）	多米诺体验、万寿岩考古
	素质拓展（16）	队列训练、学唱军歌、军姿挑战、N 攀挑战、激情节拍、不倒森林、一圈到底、两人三足、无敌风火轮、牵线搭桥、电脑键盘、户外拉练、才艺展示、真人 CS 野战、互动晚会、篝火晚会
	专题教育（12）	安全教育、风雨人生路、感恩教育、礼仪教育、优秀传统文化教育、邮政文化体验、民俗文化体验、市情教育、眼健康、国防教育、国家安全教育、心理健康教育
初中（45 门）	生存体验（13）	定向越野（初级）、扎绳逃生、地震逃生、火灾逃生、夜间应急疏散演练、感恩食育、劳动实践、树屋搭建、工程搭建、秋千搭建、户外餐桌搭建、瞭望塔搭建、宣传板搭建
	科学实践（5）	无人机模拟飞行、无人机飞行体验、3D 打印、万寿岩地质考察、摄影技能
	素质拓展（14）	队列训练、军事内务、高尔夫体验、中空五连环、达·芬奇密码、牵线搭桥、场地历奇、驿站传书、汉诺塔、户外拉练、才艺展示、真人 CS 野战、互动晚会、篝火晚会
	专题教育（13）	民主与法制教育、毒品预防教育、禁毒法规与案例分析、风雨人生路、感恩教育、礼仪教育、优秀传统文化教育、民俗文化体验、省情教育、眼健康、国防教育、国家安全教育、心理健康教育

续表

学段	课程类别	课程名称
高中（39门）	生存体验（11）	陶艺泥塑、陶艺、定向越野（中级）、金工技能、木工技能、心肺复苏急救、地震逃生、火灾逃生、夜间应急疏散演练、感恩食育、劳动实践
	科学实践（4）	摄影技能、电商运营、机器人搭建、万寿岩遗址探秘
	素质拓展（13）	队列训练、军事内务、信任背摔、众志成城、盲人方阵、动力圈、穿越电网、毕业墙、高空攀岩、才艺展示、户外拉练、互动晚会、篝火晚会
	专题教育（11）	风雨人生路、感恩教育、优秀传统文化教育、礼仪教育、民主与法制教育、毒品预防教育、国情教育、眼健康、国防教育、国家安全教育、心理健康教育

（二）学校定制式单元课程设计

学校定制式单元课程设计是指旅行社、教育公司和学校先提出研学需求和研学主题，基地根据研学需求和研学主题来设计相应的单元课程。这种属于定制式研学旅行单元课程设计，只适合于某个学校，其他学校一般都要重新设计。如根据某学校提出的举行一日红色研学需要，某公司选择了宜宾李庄古镇研学基地，研学主题为“探访红色李庄　传承家国情怀”①，依据这个主题和李庄资源特色，设计了追忆李庄“事”、探访李庄“迹”、体悟李庄“义”、传承李庄“魂”四节单元课程。

单元课程设计案例

二、单元课程设计的原则

（一）教育性原则

研学旅行基地单元课程设计时，一定要把教育性放在第一位。充分挖掘资源特色，注重系统性、知识性、科学性和趣味性。根据学生的身心特点、认知水平，开发不同主题、适合不同年级的研学单元课程，为学生全面发展提供良好的学习场所，让学生在研学旅行过程中除接受各种知识与技能教育外，还学

① 该课程获得四川省旅学协会研学分会“第四届研学指导师大赛”一等奖，由成都纺织高等专科学校研学旅行管理与服务专业20级1班何霞设计。

习并体验解决问题的过程与方法，由此完善积极的情感态度与正确的人生价值观，这正是研学旅行要实现的育人使命。

（二）实践性原则

突出实践功能既是研学旅行的基本要求，也是研学旅行有别于校内教育的最大特点。因此，研学旅行基地在设计单元课程时，一定要强调实践性，尊重学生的主体地位，以学生为中心，多设计实践任务，以突出体验性，引导学生亲自动手、动口、动脑，出力流汗、勇敢探索，让学生运用触觉、嗅觉、视觉等各种感官进行学习，从而培养其实践能力和创新能力，真正起到实践教学的重要作用。

（三）综合性原则

任何一个基地都不是孤立的、单一的，都是由多种资源共同组成的综合体，因此在设计单元课程时，一定要突出其综合性和跨学科课程的特点，既要注意统筹协调多学科知识，也要充分整合研学资源，强化课程的综合效用；既要包容对应年级段的所有学科，又要能将这些学科的课程属性有的放矢地体现在不同的研学资源中。

（四）安全性原则

没有安全，就没有研学旅行。因此，在设计研学旅行基地单元课程时，应始终把握住“安全第一”的理念，确保课程顺利实施、学生安全旅行的根本任务。研学旅行又被称为“移动的课堂”，不管是实施课程的场地，还是课程执行的过程，都具有很强的开放性。而且，课程的设计还得考虑中小学生的生理特点，不同年级段设计不同的运动量，既要达到锻炼学生的目的，又要考虑学生的生理限度。因此，牢牢把握住安全性原则，建立安全保障机制，明确安全保障责任，落实安全保障措施，切实做到“活动有方案，行前有备案，应急有预案”，确保学生安全，才是研学旅行课程取得成功的重要前提。

三、单元课程设计的依据

（一）国家研学旅行相关政策

1.《关于推进中小学生研学旅行的意见》

2016 年 11 月，教育部等 11 部门发布的《关于推进中小学生研学旅行的意见》要求，将研学旅行纳入中小学教育教学计划。各中小学要结合当地实际，把研学旅行纳入学校教育教学计划，与综合实践活动课程统筹考虑，促进研学旅行和学校课程有机融合，要精心设计研学旅行活动课程，做到立意高远、目的明确、活动生动、学习有效，避免“只旅不学”或“只学不旅”现象。

2.《中小学综合实践活动课程指导纲要》

2017 年 9 月 25 日，教育部印发的《中小学综合实践活动课程指导纲要》明确指出：综合实践活动是从学生的真实生活和发展需要出发，从生活情境中发现问题，并将其转化为活动主题，通过探究、服务、制作、体验等方式，培养学生综合素质的跨学科实践性课程。它的培养目标是让学生能从个体生活、社会生活及与大自然的接触中获得丰富的实践经验，使其形成并逐步提升对自然、社会和自我的内在联系的整体认知，具备价值体认、责任担当、问题解决、创意物化等方面的意识和能力。研学旅行活动正好具备综合实践活动课程的考察探究、设计制作、社会服务、职业体验功能。研学旅行活动课程设计开发理应把《中小学综合实践活动课程指导纲要》要求作为参考要素之一。

（二）《中国学生发展核心素养》

2016 年 9 月 13 日上午，《中国学生发展核心素养》研究成果发布。中国学生发展核心素养以“全面发展的人”为核心，分为文化基础、自主发展、社会参与三个方面，综合表现为人文底蕴、科学精神、学会学习、健康生活、责任担当、实践创新六大素养，具体细化为国家认同、理性思维等十八个基本要点。研学旅行基地课程设计时，应树立以发展学生核心素养为导向的课程意识，将核心素养的培养贯穿于研学旅行活动的全过程。当然，不是每一次研学旅行都得体现所有核心素养，根据活动不同可以有所侧重。

（三）《义务教育课程方案和课程标准（2022 年版）》

2022 年 4 月 21 日，教育部重磅发布了《义务教育课程方案和课程标准（2022 年版）》，包括 1 个义务教育课程方案和 16 门义务教育课程标准。新修订的义务教育课程兼具思想性、科学性，立足世界教育改革前沿，描绘了中国未来十年乃至更长时间义务教育阶段学校的育人蓝图。2022 年版课程方案和课程标准是我们设计研学旅行基地课程的重要依据。在设计课程时，需要系统地学习课程方案和课程标准。

（四）学生身心特点

研学旅行基地在开发研学旅行课程时要考虑学生的身心，结合学校实际，从学生的兴趣爱好出发。具体到不同的学段，研学旅行活动课程开发侧重点也应该有所不同。小学生应侧重于旅行体验，让其在全新的情境中去体验、观察，获取一些感性的知识和情感认知，在活动中培养良好习惯与团队意识。初中生的课程应做到研学与旅行并重，通过游览、参观或主题活动，开阔其视野，丰富其知识，培养其自觉自律观念，树立其协作互助意识。高中生的课程则应侧重于研学，引导学生学会用所学知识解决一些实际问题，或通过旅行、参观、调查、拓展活动等，比较全面地认识旅行地的社会、人文、自然资源及特点，达到丰富学识、提高认识、培养综合能力的目的。

（五）基地可利用教育资源

基地要想充分发挥其教育功能，就必须深入挖掘自身可利用的课程资源，使资源课程化。课程资源是指课程要素来源及实施课程的必要而直接的条件。每个基地的资源不一样，课程资源也有差异。有些基地的课程资源种类相对较少，而有些基地则具备了多种课程资源。各地现有的爱国主义教育基地、公益性文化设施、公共机构、企事业单位、各类校外活动场所、专题教育社会实践基地等资源，都可以开发出不同主题的研学课程。历史博物馆、文物展览馆和非物质文化遗产地等可以开展中华优秀传统文化教育；革命纪念地、烈士陵园（墓）等可以开展革命传统教育；法院、检察院、公安机关等可以开展法治教育；展览馆、美术馆、音乐厅等可以开展文化艺术教育；科技类馆室、科研机构、高新技术企业设施等可以开展科普教育；军事博物馆、国防设施等可以开展国防教育。

四、单元课程设计的流程

（一）分析学生学情

四川宜宾赵一曼纪念馆研学基地课程资源分析

学情分析是设计单元课程的前提条件。基地在设计单元课时要考虑学生的学情，根据不同学段学生的年龄特征、身心特点、知识结构、学业水平等有针对性地设计不同学段的课程。小学阶段以乡土乡情为主，主要体现趣味性和故事性；初中阶段以县情市情为主，主要体现实践性和体验性；高中阶段以省情国情为主，主要体现探索性和研究性。

（二）调研课程资源

调研课程资源是单元课程开发的起点，需要收集研学旅行基地基本信息、遴选研学点位，对每个研学点位进行资源、风险评估，看是否可以用于开发单元课程。

调研基地的基本信息，主要包括基地所处地理位置、开放时间、接待数量、门票及讲解费用、内部交通运行、停车位、开营结营广场、厕所、洗手池等是否可以满足学生需要。调研结果可填入表 3–2 中。

表 3–2　研学旅行基地基本信息表

基地名称			开放时间	
地理位置			接待量	
门票调研	门票价格			
	讲解费用			
停车调研	位置		位置	
	停车位		停车位	
用餐调研	用餐方式			
	餐厅设施			
	就餐人数			
住宿调研	住宿地点			
	设施配置			
	入住人数			
厕所调研	厕所设施			
	厕所容量			
开营结营地	地点			
	容量			

（三）遴选研学点位

在对基地研学资源进行调研时，需要遴选研学点位。遴选研学点位的首要条件是没有安全隐患，凡是有安全隐患的点位不能选择。二是研学点位必须能够同时接纳 50 人以上的学生进行研学活动。如四川省对申报研学旅行基地的接待能力要求是具备同时接待 300 人以上的能力，基地内具备可容纳 40 人的研学点位 8 个。三是具有丰富的研学资源。调研每个研学点位原有的资源、设施设备、是否开发过单元课程、可以开发的研学课程、单批次接待量、相关费用等。调研结果可填入表 3–3 中。

表 3–3　研学旅行基地研学点位分析表

序号	研学点位	现有资源	现有设备	现有课程	还可开发课程	单批次容量	有无费用
1							
2							
3							
4							
5							

（四）确定课程体系

遴选好研学点位之后，分析每个研学点位可以开发哪些单元课程，然后围绕主题把相关单元课程组合在一起，形成该基地的研学课程体系。

相关链接

明月峡研学实践教育基地课程体系

昭化古城研学实践教育基地课程体系

通航研学旅行营地课程体系

（五）拟定课程大纲

研学旅行基地必须具有一个或多个研学主题的课程资源，针对不同学段学生开发多门课程单元（类似一个学校的课程总表，也类似餐馆的餐单）。遴选研学点位后，就可以在每个研学点位开发多门单元课程，确定单元课程名称、适用年级、上课地点、活动时长及课程内容等。大纲可以根据课程大类进行编排，也可以按年级进行编排。下面举 ××× 自然保护区一日研学课程（表3–4）的例子，其各个学段的所有单元课程均设计为 60 分钟，便于轮转。

表 3–4　××× 自然保护区研学课程大纲（部分）

序号	课程大类	单元课程名称	适用年级	活动时长	上课地点	单元课程内容
1	自然类	宣教馆探秘	通用	60 分钟	宣教馆	参观宣教馆，利用不同学段的研学旅行手册中的任务驱动，让学生在参观 ××× 自然宣教馆陈列的展品时，学习知识，培养保护自然与保持生物多样性的意识
2	体验类	趣味鸟禽操	1~2	60 分钟	宣教馆外平地	了解传统五禽戏的价值，将五禽戏中的鸟戏简化动作后，带领学生集体操练，感受自然保护区清新的空气，用韵律操的方式让同学们放松身心，享受大自然。最后将 ××× 山鹧鸪的典型动作简化后改编成独特的鹧鸪操，以班级为单位进行操练
3	自然类	鹧鸪涂色画	1~2	60 分钟	研学体验区	将 ××× 山鹧鸪的图案线描画成研学图片，让学生按照图片涂色，并标注出 ××× 山鹧鸪的身体构造与习性、食物与生存环境，同时学习如何保护山鹧鸪等鸟类
4	体验类	鸟窝装扮赛	3~4	60 分钟	研学体验区或步道观景台	参观景区，认识景区内鸟的种类，了解鸟的生活习性和鸟巢的由来，寻找适合鸟儿生活的鸟窝材料，老师给大家讲解鸟窝的由来，选择适合鸟儿居住的鸟窝材料，并用环保材料手工制作

续表

序号	课程大类	单元课程名称	适用年级	活动时长	上课地点	单元课程内容
5	自然类	植物拼贴画	3~4	60 分钟	研学体验区	了解植物的分类，学习植物主要分科的形态特征，如蕨类植物等，在纸板或白纸上，利用多种分科植物的落叶、落花、手工白胶等素材制作植物贴画，培养学生环保意识，激发学生创意

（成都纺织高等专科学校余宜娴老师提供。）

（六）构建教案框架

教案框架包括基本信息、教学环节和教学过程三个方面，用表格的形式展现出来便于使用，每个具体的内容采用解读或者范例的形式来说明撰写方法（表 3–5）。

表 3–5　单元课程教案模板

课程名称：　　　　　　　　　　　　　　撰写人：

课程名称						上课地点		
上课对象						活动时长		
参加人员						定点教师		
教学目标								
知识链接								
教学重点								
教学难点								
安全隐患								
教具清单	序号	教具名称	单位	数量	序号	教具名称	单位	数量
	1							
	2							
	3							

续表

教学方法		
教学方法	教师教法	
	学生学法	

学生分组	名称	组长	组员	任务

教学环节					
时间	环节	执行步骤	讲解要点	注意事项	物料
分钟	课前准备				
分钟	课程导入				
分钟	讲解新知				
分钟	体验探究				
分钟	成果展示				
分钟	复盘评价				
分钟	拓展延伸				

教学实施（逐字稿）	
课前准备	
课程导入	
讲解新知	
体验探究	

续表

成果展示	
复盘评价	
拓展延伸	

（该教案模板由本项目编者叶娅丽设计。）

（七）撰写课程教案

确定教案框架后，就需要精心编写课程教案。教案是给研学旅行基地研学旅行指导师使用的。每节单元课程的教学设计都会对研学质量产生直接影响，单元课程教案需要写得很详细，需要设计每个教学环节的具体操作细节，可以让研学旅行指导师拿到教案后在很短的时间内就能开展教学活动。教案的撰写要按照课程框架展开。

1. 课程名称

课程名称是指每节单元课程的名称，它一定要简洁明了，建议 4~6 字为好，如植物拼贴画、趣味鸟禽操、魅力陶艺世界、小小饲养员、小小讲解员等，同时建议单元课程名称不要采用对仗的两句话，要注意区别一日或者多日研学的主题，这类主题最好采用两句对仗为研学主题，如中学“秦岭探秘”研学主题线路的主题可以是“沧海桑田一挥间，时越千载山水在”。

2. 上课地点

写明本节单元课程的详细上课地点，让研学旅行指导师明白在哪个教室上课，如成都博物馆五楼民俗馆、成都武侯祠刘备殿等。

3. 上课对象

研学旅行的授课对象是小学 4~6 年级、初中 1~2 年级、高中 1~2 年级的学生，但是，在实际执行中，很多学校是把综合实践活动与研学旅行结合在一起进行的，研学对象就扩展到小学 1~3 年级，初中 3 年级和高中 3 年级的学生。还有一些研学旅行基地把课程开到了亲子游和冬夏令营。

4. 上课时长

单元课程的时长没有统一规定，需根据课程内容来设置。如果是一日研学，在同一个研学旅行基地完成，且人数较多的情况下，就需要进行轮转教学，所有单元课程活动时长一致，一般为 60 分钟（包含学生转场的时间，课程内容设计 40–45 分钟）。如果是多日研学，人数又比较少的情况下，研学是在多个研学旅行基地完成的，有时上午和下午都不在同一个基地，所以一般不需要轮转，单元课程的活动时长可以为 2 个小时、3 个小时等。

5. 参加人员

这里的参加人员主要是指参与本节单元课程的教师和学生，如某某学校初二 5 班 40 人，承办方研学旅行指导师 1 人，安全员 1 人。

6. 定点教师

对于本研学点位由哪位老师执教这一项目，设计教案时可以不写，但在执行本教案时就应写清。

7. 知识链接

（1）对接国家课程。研学旅行是学校教育和校外教育衔接的创新形式，是教育教学的重要内容，也是综合实践育人的有效途径。为此，研学旅行的教学内容要与学校教育紧密结合，最好的方式就是与中小学课本对接。

（2）对接地方课程。除对接国家课程以外，还可以对接本省地方课程或本市地方课程。例如，四川省研学旅行活动可以对接地方课程《可爱的四川》，宜宾研学旅行活动可以对接《浓浓宜宾味上下册》《悠悠三江情上下册》《宜宾一方水土上下册》等地方课程。

（3）对接课程课标。2022 年 4 月，教育部发布了 2022 版《义务教育课程方案和课程标准》，在设计教学内容时可以直接对接此标准。

8. 单元课程目标（教学目标）

单元课程的教学目标，指学习本节单元课程之后要达到的目标，是很具象的目标，要区别于一日活动研学课程的课程目标。

（1）课程目标的四个要素。一个完整的课程目标包括 ABCD 四个要素（表 3–6）。例如，通过观察衡水湖生态保护区内的珍稀动植物，了解生物的生存与发展，体会生命的意义和价值；通过探究完整生态系统，认识生物赖以生存的环境，培养保护生态环境的意识；通过“小小环保宣传员”的责任职业体验，热爱并尊重自然，培养绿色生活方式和可持续发展的理念及行动。

表 3–6　课程目标包括的要素

A（audience）	行为主体，意为学习者，这里指学生，是目标表述中的主语。规范的行为目标开头应当要清楚地表明达成目标的行为主体是学生，例如，“学生……”在撰写目标时可以省略行为主体
B（behavior）	行为动词，说明通过学习后学生应能做什么，是目标表述句中的谓语和宾语。这是目标表述中最基本的成分，不能省略。课程目标应采用可观察、可操作、可检验的行为动词来描述，如“能辨认……”“能背诵……”“能解释……”“能评价……”等

续表

C （condition）	行为条件，说明上述行为在什么条件下产生，是目标表述的状语，如“通过小组探究学习，制定……”“在网上收集材料，检验……”等
D （degree）	表现程度，规定学生达到上述行为的最低标准，用来测量学生学习的结果所达到的程度，例如，“能准确无误地说出……”“详细地写出……”“客观正确地评价……”等表述中的状语部分，正是限定了目标水平的表现程度，以便检测

（2）课程目标的陈述方式。课程目标可以从知识目标、能力目标、素质目标三个维度来确定，但这三个维度不是孤立的，而是有机联系的。不同目标水平，所使用的行为动词不同，目标分为结果性目标、体验性目标和表现性目标三类。知识目标分为了解、理解、应用三个级别，技能目标分为模仿、独立操作、迁移三个级别，体验目标分为经历、反映、领悟三个级别，表现性目标分为复制水平和创作水平两个级别，每个级别的行为动词不同，常见的行为动词见表 3–7。

表 3–7　知识目标、能力目标和素质目标常用的行为动词

领域		目标水平	行为动词
结果性目标	知识目标	了解水平：包括再认或回忆知识，识别、辨认事实或证据举出例子，描述对象的基本特征等	说出、背诵、辨认、回忆、选出、举例、列举、复述、描述、识别、再认等
		理解水平：包括把握内在逻辑联系，与已有知识建立联系，进行解释、推断、区分、扩展提供证据，收集、整理信息等	解释、说明、阐明、比较、分类、归纳、概述、概括、判断、区别、提供、转换、猜测、预测、收集、整理等
		应用水平：包括在新的情境中使用抽象的概念、原则，进行总结、推广，建立不同情境下的合理联系等	应用、使用、质疑、设计、解决、撰写、拟定、检验、总结、推广、证明、评价等
	技能目标	模仿水平：包括在原型示范和具体指导下完成操作，对所提供的对象进行模拟、修改等	模拟、重复、再现、模仿、例证、临摹、扩展、缩写等
		独立操作水平：包括独立完成操作；进行调整与改进，尝试与已有技能建立联系等	完成、表现、制定、解决、拟定、安装、绘制、测量、尝试、试验等
		迁移水平：包括在新的情景中运用已有技能，理解同一技能在不同情境中的适用性等	联系、转换、灵活运用、举一反三、触类旁通等

续表

领域	目标水平	行为动词
体验性目标	经历（感受）水平：包括独立从事或合作参与相关活动，建立感性认识等	经历、感受、参加、参与、尝试、寻找、讨论、交流、合作、分享、参观、访问、考察、接触、体验等
	反应（认同）水平：包括在经历基础上表达感受、态度和价值判断，做出相应的反应等	遵守、拒绝、认可、认同、承认、接受、同意、反对、愿意、欣赏、称赞、喜欢、关注、重视、尊重、爱护、珍惜、蔑视、拥护等
	领悟（内化）水平：包括具有相对稳定的态度，表现出持续的行为，具有个性化的价值观念等	形成、养成、具有、热爱、树立、建立、坚持、保持、确立、追求等
表现性目标	复制水平：按照指导师的提示重复某项活动；利用可得到的资源，复制某项作品、产品或某种操作活动；按指导师指令或提示，利用多种简单技能完成某项任务等	从事、做、说、画、写、表演、模仿、表达、演唱、展示、复述等
	创作水平：按照提示，从事某种较复杂的创作；按照自己的思想和可得到的资源完成某项任务；利用多种技能创作某种产品	设计、制作、描绘、涂染、编织、雕塑、拓印、收藏、表演、编演、编曲、扮演、创作等

9. 教学内容

教学内容指本单元课程教学的具体内容，应突出主要教学环节，如参观类单元课程主要介绍参观的几个主要场馆和内容，体验类单元课程介绍体验的内容和流程，研究类单元课程需要介绍研究的课题名称、研究方法和步骤。

10. 教学重难点

教学重点是在本单元课程中需要重点掌握的知识点、技能点或者素养点，也是本单元课程要解决的关键问题。

教学难点是在本节单元课程中教学难度比较大的知识点、技能点或者素养点，是完成本课程学习容易产生困难和障碍的知识与能力培养点。

11. 教学方法

教学方法包括教师的教学方法和学生的学习方法，两者是对应的，例如，教师的任务驱动教学法对应学生的就是自主探究学习法，教师的情境教学法对应学生的就是角色扮演法，教师的模拟实验法对应学生的就是实验操作法。

12. 学生分组

研学旅行需要分小组进行探究式学习和体验式学习，便于每个学生都有机会去实践和体验，组名和人数都可以根据课程内容来确定。

13. 教具清单

完成本单元课程的教学任务需要准备的教学工具，如花名册、扩音器、白纸、彩色笔、奖品、研学书册等。要求写明教具的单位和数量，便于提前准备。

14. 教学环节

教学环节是指完成本单元课程教学内容需要设计的几个教学环节，有课前准备、课程实施和课后总结三个阶段。

（1）课前准备。需要设计定位老师提前准备本节单元课程所使用的教具，并提前检查教室的安全隐患，在教室等待学生的到来。

（2）课程实施。课程实施需要设计课程导入、讲解新知、体验探究、展示成果、复盘评价等环节。课程导入可以设计游戏导入、故事导入、事件导入、案例导入等方式，让学生尽快进入上课状态；讲解新知需要把本节单元课程学习所涉及的新知识进行简单讲解，让学生明白应该怎样开展体验探究；体验探究环节就是根据讲解的新知，学生以小组的形式进行合作体验和探究；展示成果就是让学生展示体验探究的成果，促进学生相互学习；复盘评价就是对学生本节课的学习进行评价。

（3）课后总结。课后总结包括研学评价和反思问题两个方面。研学评价的维度包括学生的学习态度、合作精神、探究能力、社会实践能力、人际交往能力、收集信息能力、创新创造能力、设计与操作能力、反思能力等。研学评价的方法有自我评价法、同学互评法、指导师评价法、家长评价法、基地评价法、旅行社评价法等。反思问题指研学旅行指导师要从根本上反思自己的研学过程和方法，包括对课程目标的反思、对研学内容的反思、对学生情况的反思、对研学方法的反思、对研学资源的反思、对研学过程的反思、对方案执行的反思、对综合服务的反思。

15. 教学过程

教学过程设计就是要说明课程的内容、方法、步骤，以及研学旅行指导师怎么教、学生怎么学、详细步骤和安排、使用教具等。相当于把教学环节的每个细节都设计好，最好是写出逐字稿。主要教学过程包括课前准备、课程导入、讲解新知、体验探究、成果展示、复盘评价、拓展延伸及教学反思等 8 个环节，每个环节都需要精心设计。

案例参考：《东坡书法家》单元课程教案

案例参考：《体悟李庄“义”——李庄草龙舞》单元课程说课

拓展视频：单元课程讲课案例（四川省“第三届研学旅行指导师大赛”第一名周萍讲解）

任务实操

设计研学旅行基地单元课程

第一步，全班分成五组，每组选择一所学校附近比较熟悉的研学基地。

第二步，前往基地调研课程资源，遴选研学点位。遴选研学点位首先要保证安全，可以容纳 50 人同时研学。

第三步，每个小组分析研学点位的原有资源、原有设备、原有课程，现在可以开发的课程，每个研学点位的容量等。

第四步，设计单元课程，拟定基地的课程大纲，第一组负责 1~2 年级，第二组负责 3~4 年级，第三组负责 5~6 年级，第四组负责初中 1~2 年级，第五组负责高中 1~2 年级。

第五步，根据课程大纲，每位同学撰写一节单元课程的教案。

第六步，提交教案。

任务考核

如果某研学旅行基地邀请你去为他们设计单元课程，你应该采取哪些措施来完成这项任务？请你向小组成员汇报一下你的设计思路。

任务二 规划研学旅行基地研学旅行线路

任务导入

某小学于4月20日到某研学旅行基地参加2日研学旅行活动，请你帮他们设计2日研学旅行线路。请问你是否可以接受这个任务？接受任务后该怎么设计2日研学旅行线路？

任务分析

要接受上面的任务，就必须先了解研学旅行线路设计的相关知识。研学旅行基地是研学旅行活动的场所和依托，依据中小学的研学主题，结合基地自身资源特点，遴选研学点位，组合多节单元课程，提供研学保障，把多个研学点位按照一个主题串联成线，就形成了研学旅行线路。本任务就重点介绍研学旅行线路的界定、类型、规划的原则及流程等知识。

任务知识

一、研学旅行线路概述

（一）研学旅行线路的提出

2016年11月3日，教育部等11部门发布《关于推进中小学生研学旅行的意见》，该意见在工作目标中提出："打造一批具有影响力的研学旅行精品线路。"在主要任务中指出："要以基地为重要依托，积极推动资源共享和区域合作，打造一批示范性研学旅行精品线路。"该文件第一次提出研学旅行精品线路，并且要求以基地为重要依托，推动资源共享和区域合作。

各省、自治区、直辖市根据教育部等相关部门的要求，结合本省研学实际，提出了研学线路设计的具体要求。例如，四川省提出了开发四个主题研学线路的要求：利用森林草原、河流山川、世界自然遗产、生态保护区、地质公园、美丽乡村打造自然之美主题研学线路，利用历史博物馆、文物展览馆、图书馆、文化馆、名人故居、民间艺术之乡、物质和非物质文化遗产地打造人文之美主题研学线路；利用革命纪念地、伟人故里、将帅故居、烈士陵园、长征纪念地、军事博物馆、三线建设遗址等打造红色之美主题线路；利用科技类基地和馆室、科技机构、高新技术企业、水利工程、文创园区、产业发展示范区等打造发展之美主题研学线路。各地市州也积极响应省级相关部门的要求，开发了不同主题的研学旅行线路。例如，四川省广元市深入挖掘蜀道文化、三国文化、武则天历史名人文化、红色文化等资源，依托 A 级旅游景区、全域旅游示范区、红色旅游经典景区、天府旅游名县、全国乡村旅游重点村等品牌，精心打造了 20 余条主题研学线路。

（二）研学旅行线路的界定

研学旅行线路是中小学生进行研学旅行活动的引导和载体，是针对中小学校提出的研学主题，利用交通线串联多个研学活动地点及单元课程而形成的具有一定特色的一日或多日主题课程方案。研学旅行线路也称主题研学课程方案，研学旅行是“教育 + 旅游”的新业态，如果从旅游属性出发，一般称之为研学旅行线路；如果从教育属性出发，一般称之为主题研学旅行课程方案。研学旅行线路的核心是多个研学点位的多节单元课程，线路只是引导和载体。

（三）研学旅行线路的类型

1. 按照研学主题分类

按照主题来分，研学旅行线路可以划分为自然类、历史类、地理类、科技类、人文类、体验类等主题研学旅行线路，也可以根据本地资源划分为不同主题的研学旅行线路。例如，四川省泸州市根据本市研学资源特色开发了红色文化主题、白酒传统文化主题、自然教育主题、安全健康主题 4 个研学旅行精品线路。

2. 按照基地数量分类

严格说来，一条研学旅行线路应该由两个或两个以上的基地串联而成。但是，由于研学旅行活动规模很大，而且需要对一个基地进行深度探究与体验，所以目前在一个基地参与研学活动的情况比较多。按照研学旅行线路所包括基地数量可以分为单基地研学旅行线路和多基地研学旅行线路。

（1）单基地研学旅行线路。由一个基地的多个研学点位串联形成的线路叫单基地研学旅行线路，例如，四川省都江堰研学旅行基地就可以在本基地举行一日或多日研学活动，形成一日或多日研学旅行线路。

（2）多基地研学旅行线路。由多个研学旅行基地串联而形成的研学线路叫多基地研学旅行线路，例如，四川省眉山市串联三苏祠—中岩寺形成了三苏文化研学线路；串联国际竹艺城—中国泡菜城形成了劳动实践体验研学线路；串联玉屏山—瓦屋山—黑龙滩形成了生态科普教育研学线路；串联红色西山—郭祝山故居形成了红色教育研学线路等。

3. 按照研学天数分类

按照研学天数，研学旅行线路可分为一日研学旅行线路和多日研学旅行线路。研学天数为一日的就是一日研学线路，目前一日研学旅行线路比较多，它既可以在同一个基地进行，也可以上午在一个基地进行，下午选择另一个基地进行，但是两个基地的距离不宜太远。多日研学旅行线路的研学时间为 2 天及以上，可以在多个研学旅行基地进行。原则上省内研学可以选 2~4 日研学旅行线路，省外研学可安排 3~7 日研学旅行线路。小学生安排的研学旅行线路不出市，初中生安排的研学旅行线路不出省，高中生可以安排省外研学旅行线路。

二、研学旅行线路与旅游线路的区别

很多人误认为研学旅行线路就是旅游线路。其实，二者还是有很多差异的，不能混为一谈，其主要区别如下。

（一）依据和节点不同

1. 研学旅行线路是基于研学主题来选择研学旅行基地

任何一条研学旅行线路都会围绕一个主题展开，并基于研学主题来选择研学旅行基地。研学旅行线路的节点就在基地，是由一个或者多个基地组成的。研学旅行线路主题不同，所选择的研学旅行基地就不同。如以红色研学为主题，就选择红色研学旅行基地为节点；以自然研学为主题，就选择自然研学旅行基地为节点。

四川省“第三届研学旅行指导师大赛”主题研学线路节点选择

2. 旅游线路是基于游客偏好选择旅游景区（或旅游目的地）

旅游线路的节点就是指旅游景区或者旅游目的地，由一个或多个旅游景区（或旅游目的地）组成，选择景区的依据是游客偏好。游客喜欢自然风光，就将自然类旅游景区作为节点，喜欢了解人文类知识，就选择历史文化名城、古代工程建筑、古代宗教、古代园林等为节点。

（二）地域选择不同

1. 研学旅行线路要受地域限制

研学旅行线路的设计会受地域限制，小学生研学旅行线路的范围仅限于本县本市，初中生仅限于本省，高中生仅限于全国。

2. 旅游线路不受地域限制

旅游线路的设计不受地域限制，游客可以根据自己的偏好自主选择旅游景区，既可以选择本省的旅游景区和全国的旅游景区，也可以选择国外的旅游景区。

（三）目的和方式不同

1. 研学旅行线路以学习为目的，以探究式和体验式学习为主

研学旅行线路是以研学课程方式呈现的，由一节一节研学课程组成，突出教育价值，以学习为目的，强调探究式学习和体验式学习。

2. 旅游线路以游览为目的，以参观、游玩为主

旅游线路是以游览项目呈现的，由一个一个旅游景区组成，突出旅游价值，以游览为主，强调增强游客的愉悦性。

（四）接待量的不同

1. 研学旅行线路瞬时流量大，空间要求高

中小学生研学旅行是通过集体旅行、集中食宿方式开展的，一般都以年级为单位组织，少则几百人，多则上千人，导致研学旅行线路要满足瞬时大流量的人数需求，所以对空间要求较高。

2. 旅游线路流量较小，空间要求较低

旅游线路流量相对较小，对空间要求较低。景区都适合开展旅游活动，但并不都适合开展研学活动。

三、研学旅行线路规划的要求

2019 年 3 月，中国旅行社协会与高校毕业生就业协会联合发布的《研学旅行基地（营地）设施与服务规范》对研学线路提出了明确要求，具体要求如下。

（一）结合自身地理位置和周边资源设计

研学旅行基地在设计研学旅行线路时，一定要结合自身地理位置和周边资源。首先是要依托自身的地理位置，充分挖掘自身的资源优势和特色设计线路。其次是利用周边的研学资源，推动资源共享和区域合作，打造一日或者多日研学线路。最后是规划设计的研学线路要与所安排的研学课程相关。

（二）提供两条以上的研学线路

每个基地应提供两条以上的研学旅行路线，每条路线均应包括以周边资源和环境相结合的外部路线和以基地规划和配套设施相结合的内部路线，并保证路线设置便捷、合理，与基地研学主题协调一致。研学旅行线路应保证有较强的针对性、可操作性、安全性。

四、研学旅行线路的规划流程

研学旅行线路开发有两种情况，一种是基地根据自身开发的单元课程组合成多条主题研学线路，供各个学校和承办机构选择。另一种是由学校提出研学主题，承办机构和研学旅行基地据此共同开发主题研学线路。不管是哪种方式，基地研学旅行线路开发的流程都基本相同，主要步骤如下。

（一）调研研学需求

研学旅行基地在开发研学旅行线路时，必须研究中小学研学需求，结合学校校本课程和特色课程，将研学旅行活动内容和学校课程有机融合，合理安排研学旅行活动内容，充分考虑学生的身心特点，从学生的兴趣爱好出发，开发不同学段的研学旅行线路。小学阶段以乡土乡情为主，主要体现趣味性和故事性；初中阶段以县情市情为主，主要体现实践性和体验性；高中阶段以省情国情为主，主要体现探索性和研究性。

基地在设计研学线路时，首先要明确参与本次研学的是哪个年级的学生，有多少人，研学时间多长，什么时间出发，学校提出的研学主题是什么，想到哪个地方进行研学，对课程、交通、用餐、住宿、安全等有什么要求，能够承担的研学费用是多少，只有调研清楚这些最基本的情况才能设计出实用性强的研学旅行线路。

（二）选择单元课程

每个基地在开发单元课程时就已经确定了研学点位，现在是需要根据研学主题的要求，按照先整体后局部（也可以先局部后整体），以及知识的逻辑关系和学生思维发展过程，合理安排时间和空间的先后顺序，选择不同研学点位的单元课程，形成一日或多日研学旅行线路。例如，四川省成都道明竹艺村研学基地串联竹艺博物馆、竹艺体验馆、竹编操作室、非遗传承工作室四个研学点位的单元课程形成了“探竹编之源—寻竹编之谜—感竹编之美—传竹编之艺”一日研学旅行线路，如某东坡动漫馆选择多个单元课程，组合成了不同学段的主题研学线路（表 3–8）。

表 3–8　某东坡动漫馆研学旅行线路

线路名称	适用学段	单元课程
赏东坡美动漫　创东坡巧诗画	1~2 年级	动漫东坡传—东坡诗画社—东坡配菜师—东坡英雄扇 / 画
学东坡趣故事　做励志好少年	3~4 年级	东坡故事会—东坡书法家—东坡厨师长—东坡英雄扇 / 画
学东坡真全才　当美好生活家	5~6 年级	动漫英雄会—东坡小才子—东坡厨神赛—东坡美食家
探东坡多职业　担职场好能手	7~8 年级	动漫探分工—东坡文创师—东坡菜谱赛—东坡主播赛

（成都纺织高等专科学校余宜娴老师提供。）

（三）构建线路框架

研学旅行线路框架与一般旅游线路框架有很大区别，旅游线路重点突出旅游景区的选择和安排，研学旅行线路更强调的是单元课程的选择和实施。一条完整的研学旅行线路框架应该由课程概论、课程详解、课程保障三个部分组成。第一部分是对研学线路的基本情况进行简单说明，包括了研学背景、线路主题、线路亮点、研学对象、研学基地、知识链接、课程目标、研学课表等基本信息。第二部分是分别对每个单元课程的详解，说明每个单元课程的上课地点、上课时间、教学目标、学习方式、学习内容。第三部分是课程保障，主要包括行程安排、服务标准、课程费用等内容（表 3–9）。

表 3–9　主题研学旅行线路框架

<table>
<tr><td colspan="5">第一部分　线路概览</td></tr>
<tr><td>研学背景</td><td colspan="4"></td></tr>
<tr><td>线路名称</td><td colspan="4"></td></tr>
<tr><td>线路亮点</td><td colspan="4"></td></tr>
<tr><td>研学对象</td><td colspan="4"></td></tr>
<tr><td>研学基地</td><td colspan="4"></td></tr>
<tr><td>知识链接</td><td colspan="4"></td></tr>
<tr><td>课程目标</td><td colspan="4"></td></tr>
<tr><td>研学课表</td><td colspan="4"></td></tr>
<tr><td colspan="5">第二部分　研学课程</td></tr>
<tr><td rowspan="4">行前课程</td><td colspan="2">主题</td><td>内容</td><td>时长</td></tr>
<tr><td colspan="2">出行说明</td><td></td><td></td></tr>
<tr><td colspan="2">知识准备</td><td></td><td></td></tr>
<tr><td colspan="2">班级分组</td><td></td><td></td></tr>
<tr><td rowspan="13">行中课程</td><td colspan="4">第一天</td></tr>
<tr><td colspan="4">开营仪式</td></tr>
<tr><td colspan="2">上课时间</td><td colspan="2"></td></tr>
<tr><td colspan="2">上课地点</td><td colspan="2"></td></tr>
<tr><td colspan="2">教学目标</td><td colspan="2"></td></tr>
<tr><td colspan="2">学习方式</td><td colspan="2"></td></tr>
<tr><td colspan="2">学习内容</td><td colspan="2"></td></tr>
<tr><td colspan="4">单元课程 1</td></tr>
<tr><td>上课时间</td><td colspan="3"></td></tr>
<tr><td>上课地点</td><td colspan="3"></td></tr>
<tr><td>教学目标</td><td colspan="3"></td></tr>
<tr><td>学习方式</td><td colspan="3"></td></tr>
<tr><td>学习内容</td><td colspan="3"></td></tr>
</table>

续表

<table>
<tr><td rowspan="23">行中课程</td><td colspan="2">单元课程 2</td></tr>
<tr><td>上课时间</td><td></td></tr>
<tr><td>上课地点</td><td></td></tr>
<tr><td>教学目标</td><td></td></tr>
<tr><td>学习方式</td><td></td></tr>
<tr><td>学习内容</td><td></td></tr>
<tr><td colspan="2">单元课程 3</td></tr>
<tr><td>上课时间</td><td></td></tr>
<tr><td>上课地点</td><td></td></tr>
<tr><td>教学目标</td><td></td></tr>
<tr><td>学习方式</td><td></td></tr>
<tr><td>学习内容</td><td></td></tr>
<tr><td colspan="2">单元课程 4</td></tr>
<tr><td>上课时间</td><td></td></tr>
<tr><td>上课地点</td><td></td></tr>
<tr><td>教学目标</td><td></td></tr>
<tr><td>学习方式</td><td></td></tr>
<tr><td>学习内容</td><td></td></tr>
<tr><td colspan="2">第二天</td></tr>
<tr><td colspan="2">单元课程 5</td></tr>
<tr><td colspan="2">单元课程 6</td></tr>
<tr><td colspan="2">单元课程 7</td></tr>
<tr><td colspan="2">单元课程 8</td></tr>
<tr><td></td><td colspan="2">结营仪式</td></tr>
</table>

续表

行中课程	上课地点	
	上课时间	
	教学目标	
	学习方式	
	学习内容	
行后课程	研学旅行手册	
	研学评价	
	研学拓展	
第三部分　研学保障		
行程安排		
服务标准		
课程费用		

（该表由本项目编者设计。）

（四）编制线路内容

1. 线路概览的编写

（1）写清研学背景。研学背景要根据党的二十大精神和国家、省市相关文件精神，结合中小学的研学需求和基地资源特色进行撰写。要写清楚为什么要举行研学旅行活动，为什么要选择在这个基地举行。

（2）拟定线路名称。线路名称要体现研学旅行的主题，一个恰当、醒目的名称就是给研学旅行线路“点睛”，形神兼备，吸引力强，有利于研学旅行线路的推广与传播。线路命名应注意以下三点。

一是涵盖准确。名称要涵盖研学旅行课程的地点、性质、内容，突出研学旅行主题的独特性。研学旅行线路的名称一定要与单元课程的名称区分开。研学单元课程的名称一般为一句话、几个字为好，而研学旅行线路的名称是一次主题研学旅行活动的体现，要反映多个单元的内在联系。建议最好使用对仗式，如“走进古城西安　溯源历史文化”“探索嵩山地质公园　追溯地球沧海桑田”“感受双旗乡村振兴之美　体验剑山农夫劳动之乐”这种命名方式，句式对仗，富有意蕴，不但点明了地点，而且将研学旅行的方式方法、主题提炼也蕴含其中。当然除了对仗式，也可以采用一句话式、关联式等。一句话式如“红船精神代代传”“探秘农夫山泉水源”等，点明了研学旅行课程的地点、主题、活动方式。关联式如“慢调苏州 文化江南”“中国古都 天下大同”，这类命名方式上下句意思关联，层次明确。

二是名称醒目。名称用词要新颖，要能吸引学校和学生的目光，并且要能体现学生研学旅行的学习目标。例如，湖北省宜昌市青少年实践教育基地开发的研学旅行活动，线路名称为“追逐人文足迹 寻访人文三峡”；山东曲阜孔庙孔林孔府研学基地开展研学旅行活动，线路名称为“拜孔子、习六艺”。

三是主题突出。研学旅行线路的名称一定要涵盖且突出研学旅行的主题。例如，到我国1960年5月建成的第一条电气化铁路“宝成铁路”进行研学时，线路名称可以命名为“铁路穿越蜀道 宝成精神永存”；到四川省宜宾市李庄进行研学时，线路名称可以命名为“探访红色李庄 传承家国情怀”；四川省自贡市设计的研学线路名称为“探古绘今知盐业 承道创新促生态”。

（3）提炼线路亮点。提炼研学线路的特色是一个比较棘手的问题，需要对研学内容进行高度的概括和提炼。线路特色是研学线路的亮点和卖点，要突出体现与其他研学线路相比，你的优势是什么？在哪些方面有特色？提炼出的线路特色不宜太多，可以从基地本身特色进行提炼，也可以从开发的课程进行提炼，还可以从提供的研学保障进行提炼。

（4）明确研学对象。要求写明该研学旅行线路适合哪个年级、哪个学段使用。如果能够针对每个年级设计研学线路更好，如果不能保证就可以设计分学段的研学旅行线路。

（5）介绍研学基地。对研学基地进行简单介绍，200–300字为宜，介绍清楚基地的主要特色就可以了。

（6）知识链接。知识链接的编制可以采用单元课程设计中的知识链接方法。

（7）确定课程目标。研学旅行活动有一个目标体系，我们所说的课程目标是一次研学旅行活动的总目标。由于一次研学活动是由若干节单元课程组合而成的，每节单元课程都有具体的教学目标，所以总目标统领每节单元课程的教学目标，教学目标是对总目标的活动分解。教学目标更具体，课程目标包含单元课程目标。要根据学校的课程规划及研学旅行目标、学生的年龄特征等来设计课程所要达到的育人目标。目标构成与撰写方法与单元课程目标要保持一致。

2. 研学课程

课程详解就是要对课程实施的每个步骤进行详细的规划和说明。课程实施阶段最容易出现的问题是走马观花，这是之前研学活动中存在的最大问题，也是研学课程最需要改进的地方。这一阶段的主要内容是按照课程目标让学生到研学旅行基地参观、参与（体验）、发现问题、探究未知领域并整合思路。课程实施分为行前、行中、行后三个阶段。

（1）行前课程准备。向学校或者承办方提供课程资源详述、与主题相关的专题报告等资料、供学生学习的资料。行前课程包括研学前准备、前置课程、研学旅行手册等。

（2）行中课程实施。基地课程实施设计主要是为学生设计更多的模块化、个性化、微型化的探究性、合作性课程。重点是以学生为主体设计多种形式的教学活动，根据不同的教学内容可以选择观察、调查、文献研究、模拟体验、设计、体验等活动形式。需要对行中的每个课程单元进行详细说明，包括开营结营和每个单元课程的上课时间、上课地点、教学目标、学习方式、学习内容等要素都需要详细列出来（表 3–10）。

表 3–10 研学课程详解

开营仪式	
上课地点	南门广场
上课时间	9：30—10：00
教学目标	介绍本次研学活动的安排和目标，提升学生参与活动的积极性
学习方式	会议
学习内容	1. 活动总控致欢迎词 2. 校方代表进行动员 3. 总控带领学生进行宣誓 4. 破冰活动——限时作画。将学生分为 5 组，每组 10 名学生，学生按照题目轮流限时作画，最后一名学生猜测绘画内容 5. 讲解今天的行程安排 6. 强调安全注意事项
课程单元一 动漫探分工	
上课地点	东坡动漫馆
上课时间	10：00—11：00
教学目标	1. 参观学习，认识动漫行业产业链与动漫制作职业分工 2. 明确说出动漫制作基本分工和步骤 3. 培养对分工合作、精益求精的价值认同
学习方式	参观式学习

续表

学习内容	1. 通过讲解式参观东坡动漫馆，学习动漫产业链与东坡动漫制作的步骤与亮点 2. 观摩《少年苏东坡传奇》1 集精华节选，利用视频与 PPT 讲解动漫制作的步骤与职业分工 3. 学生分享参观收获与启发，指导师总结评价
课程单元二　东坡广告赛	
上课地点	研学餐厅体验教室 1
上课时间	13：30—14：30
教学目标	1. 了解网络主播广告团队的工作分工 2. 团队合作，完成模拟主播广告销售、宣传眉山文旅产品的直播视频的录制 3. 提升团队合作意识，体悟知识与技能学习对主播广告销售工作的价值，培养学生宣传家乡、服务家乡的责任担当精神
学习方式	体验式学习
学习内容	1. 引入时下的热门职业——主播，激发学生兴趣 2. 指导师为同学们讲解短视频的拍摄方式和技巧，发放广告视频录制任务卡 3. 根据任务卡，小组分工合作完成短视频的拍摄，任务分工内容有拍摄脚本制作 + 人员职责分工 + 台词撰写及现场录制等 4. 根据脚本进行视频拍摄，回校后完成小组剪辑，并评优和展演

注：本表由本项目编者设计。

（3）行后课程反思。这是基地研学旅行的评价总结阶段，也是非常重要的课程学习阶段。每次活动结束，都要设计总结分享环节，学生讲收获，老师做总结，从而明确活动的价值和意义。每个基地课程结束之后的评价都分为过程性评价和终结性评价。

3. 研学保障

课程保障有行程安排、服务标准、课程费用三个内容需要进行说明。

（1）行程安排。行程安排就是把本次研学活动的具体时间安排逐项列出来，以便学生明确活动的具体安排。下面以“感受双旗乡村振兴之美，体验剑山农夫劳动之乐”一日研学线路行程安排为例进行说明（表 3–11）。

表 3–11　双旗美村研学旅行活动行程安排

时间	主题	地点	内容安排
8：30–9：30	乘车前往基地，车讲环节	大巴车	乘车抵达双旗美村，车上开展安全教育、规则讲解和知识铺垫
9：30–9：40	集合整队	游客中心广场	集合整队，去卫生间

续表

时间	主题	地点	内容安排
9：40-10：00	开营仪式	游客中心广场	1. 举行开营仪式，校领导讲话，介绍研学目的，激发学生研学兴趣 2. 研学旅行指导师介绍全天研学活动流程，讲解纪律要求及安全注意事项，团队分组
10：00-10：30	魅力双旗	游客中心展厅	1. 参观展览馆，了解双旗村发展史，感受乡村振兴政策为双旗村带来的巨大变化 2. 有奖竞答
10：30-11：00	初识农具	游客中心展厅及广场	1. 认识农具 2. 了解农具在农业生产中的作用 3. 农耕体验
11：00-12：00	四季物语	植物花径	1. 学习二十四节气知识 2. 观察并记录植物 3. 绘制自然笔记并分享
12：00-13：30	午餐 & 午休		
13：30-14：30	保卫公粮	无动力乐园	1. 研学旅行指导师讲解公粮知识，介绍扁担、背二哥、鸡公车的使用方法 2. 按照游戏规则分组竞赛，评比优胜队伍
14：30-15：30	剑门豆腐	石磨坊	1. 介绍剑门豆腐的背景知识 2. 介绍豆腐的制作工艺、烹饪方法 3. 分小组动手实践
15：30-16：30	五谷丰登	多功能厅	1. 了解五谷知识，辨认五谷及各类种子 2. 制作五谷创意粘贴画
16：30-16：40	集合整队	游客中心广场	集合整队，清点人数，组织登车
16：40-17：40	乘车返校	大巴车	研学旅行指导师点评各班级表现

（本流程由四川省中国青年旅行社研学部提供。）

（2）服务标准。每个基地都要对其服务标准进行说明，特别是用餐标准、保险及师资情况，基地还需要说明住宿标准。

（3）研学费用。研学旅行基地的研学费用比较低，包含门票、用餐、师资、住宿、课程、保险、物资等费用，通常按总费用计算，然后分摊到每个学生身上。

相关链接

案例参考：研学旅行主题课程方案

拓展视频：自然科普文化主题研学旅行线路设计（四川省“第三届研学旅行指导师大赛”一等奖获得者吕睎梅讲解）

拓展视频：非遗研学旅行线路设计（校级“研学旅行线路设计大赛”一等奖获得者陈怡讲解）

任务实操

设计 2 天 1 晚研学旅行线路

第一步，全班分成 5 个小组，以任务一实训项目所选择的研学旅行基地为一个研学单元，再组合另外的研学旅行基地，设计 2 天 1 晚主题研学旅行线路。每个小组设计一条主题研学旅行线路。

第二步，第一组设计小学 1~2 年级研学线路，第二组设计 3~4 年级研学线路，第三组设计 5~6 年级研学线路，第四组设计初中 1~2 年级研学线路，第五组设计高中研学线路。

第三步，选择交通工具、住宿点和用餐标准。

第四步，搭建研学旅行线路框架，撰写 2 日主题研学旅行线路。

第五步，每个小组长提交一份 2 日主题研学课程方案。

任务考核

配对分享研学旅行线路与旅游线路的区别

第一步，请大家配对分享研学旅行线路与旅游线路的区别。

第二步，学生分享（个子高的同学先分享，搭档倾听）。

第三步，搭档分享（被选中的学生分享结束后，搭档再分享）。

第四步，结束示意（两人分享结束后，一起举手示意）。

任务三 开发研学旅行基地研学旅行产品

任务导入

某小学于4月20日到某基地参加2日研学旅行活动，请你帮他们开发2日研学旅行产品，并设计一张宣传海报。

任务分析

要完成上述研学任务，就需要掌握研学产品及海报设计的相关知识。我们需要明确单元课程、研学旅行线路与研学旅行产品之间的内在关系。单元课程是最基本的课程单元，研学旅行线路实质上是由多个单元研学课程组合成的研学课程，也是一条研学旅行线路。研学旅行线路与研学旅行产品是有区别的，研学旅行产品的内涵丰富得多。只有懂得了这种内涵，才能设计出更好的研学旅行产品。本任务将重点讲解研学旅行产品的定义、整体概念、类型、开发的原则、流程及包装的相关知识。

任务知识

一、研学旅行产品的概述

（一）研学旅行产品的定义

研学旅行产品就是研学旅行线路吗？答案是否定的。“产品”和“线路”是两个特别容易混淆的概念。很多研学人常常把“研学旅行线路”当作“研学旅行产品”来宣传，实际上“产品”不是“线路”，产品不等于线路。“产”就是生产、制造、策划，“品”就是优质的品牌。一句话，产品就是“策划的好商品+好的品牌理念及服务”。研学旅行产品就是经过精心策划、特别包装、具有独特性，且难以在短期内被复制和替代，或只是被局部复制和替代的主题研学课程方案。

2016 年 12 月国家旅游局发布的《研学旅行服务规范》提出：研学旅行是以中小学生为主体对象，以集体旅行生活为载体，以提升学生素质为教学目的，依托旅游吸引物等社会资源，进行体验式教育和研究性学习的一种教育旅游活动。按照国家旅游局的定义，研学旅行产品就是一种教育旅游活动，是旅游产品的一种类型，是“教育 + 旅游”的跨界融合。

（二）研学旅行产品的整体概念

产品整体概念是现代市场营销学的一个重要理论，它具有宽广的外延和深刻而丰富的内涵。以往，学术界用三个层次（核心产品、形式产品、延伸产品）来表述产品整体概念。近年来，运用的更多的是 Philip Kotler 等学者的五层次理论。产品整体概念的 5 个层次分别是核心产品、形式产品、期望产品、延伸产品、潜在产品。研学旅行产品也同样具有这 5 个层次。

1. 核心产品

核心产品是指向顾客提供的产品的基本效用和利益。从根本上讲，每个产品实质上都是为解决问题而提供的服务。开展中小学生研学旅行，旨在落实立德树人的根本任务，帮助中小学生了解省情国情、开阔眼界、增长知识，激发家国情怀，促进书本知识和生活经验的深度融合，培养学生适应未来的关键能力。研学旅行的核心产品就是课程、教学和服务。研学产品开发的重点就是要精心设计符合学生身心特点的研学课程，提供旅行服务保障，让学生在安全、真实的情境中高质量地完成研学任务。

2. 形式产品

形式产品是指核心产品借以实现的形式或目标市场对需求的特定满足形式。核心产品必须通过形式产品才能实现。研学旅行的形式产品就是向主办方提供的主题研学课程方案、供执行人员使用的研学工作执行手册、供学生使用的研学旅行手册、供基地定位研学旅行指导师使用的研学教案及研学结束之后的研学总结和反思资料。

3. 期望产品

期望产品是指购买者在购买产品时期望得到的与产品密切相关的一整套属性和条件。学校、家长、学生对研学旅行的期望是存在差异的，学校对研学旅行的期望是规范、丰富、微利，要求课程符合意识形态要求，课程内容丰富多彩，微利是希望研学旅行产品是一个准公益产品；家长的期望是平安、收获、互动，期望把安全放在第一位，让学生有所收获，能参与报名服务、全程拍摄并播报、建立家长群服务；学生的期望是趣味、热闹、出彩，期望在保证安全的情况下设计出的课程、提供的设施设备都具有趣味性，能满足他们的好奇心和新鲜感，让他们有张扬个性、出彩的机会。

4. 延伸产品

延伸产品是指顾客购买形式产品和期望产品时，附带获得的各种利益的总和，包括说明书、保证、安装、维修、送货、技术培训等。而作为研学旅行的延伸产品，一是在研学旅行结束后布置的一些开放性任务，可以让学生继续进行探究性学习。二是研学旅行结束后撰写的报道、制作的短视频，它们可以积极宣传中小学生开展研学旅行实践的重要意义、育人效果，及时宣传好典型、好主题、好案例，营造良好的社会环境和舆论氛围。

5. 潜在产品

潜在产品是指现有产品包括所有附加产品在内的，可能发展成为未来最终产品的潜在状态的产品。研学旅行潜在产品是指通过本次研学活动，能够促进中小学生健康成长，提高其社交活动能力，把研学旅行作为深化社会主义核心价值观教育、深化育人方式改革、深化“四史”学习教育、推进中小学素质教育的重要手段和载体，推进研学旅行健康快速发展的产品。

二、研学旅行产品的类型

研学旅行产品可以分为线路型研学产品和基地型研学产品。线路型产品较为普遍的是旅行社开发的、以旅行线路形式提供的研学旅行产品。它能满足“研究性学习和旅行体验”相结合的校外教育活动要求，需要串联多个研学旅行基地而形成。基地型研学产品主要是指基地自己内部开发的研学产品，本教材重点讲述基地型研学产品的开发。

（一）按照基地资源类型分类

2016 年 12 月原国家旅游局发布的《研学旅行服务规范》按照资源类型把研学产品分为知识科普型、自然观赏型、体验考察型、励志拓展型、文化康乐型 5 大类型。

1. 知识科普型研学产品

知识科普型研学产品是指利用各种类型的博物馆、科技馆、主题展览、动物园、植物园、历史文化遗产、工业项目、科研场所等资源开发的研学产品。例如，山东莱阳白垩纪国家地质公园是一处以白垩纪地层、古生物化石为鲜明特色，同时涵盖地貌景观、水体景观等多种地质遗迹的综合性地质公园，建有地质博物馆、张和国际树化石林、“新中国第一龙——棘鼻青岛龙”遗址馆、新发现的2号恐龙遗址馆，团旺、北泊子地质遗迹保护点及南北两条平原恐龙大峡谷等，为青少年深入挖掘现场，近距离接触了解古生物化石和地层提供了极其便利的条件。

2. 自然观赏型研学产品

自然观赏型研学产品是指利用山川、江、湖、海、草原、沙漠等资源开发的研学产品。例如，神农架生态旅游区（图3–1）重点围绕打造中国著名自然科普研学示范基地、国际知名研学目的地的目标，建成了官门山、神农顶、大九湖、神农坛、天生桥、天燕六大研学基地，设计了涵盖小学、初中、高中的生物、地理、人文三大学科，涉及综合专题、基地体验、主题活动三大类型的21门课程。

图3–1　神农架生态旅游区风光

3. 体验考察型研学产品

体验考察型研学产品是指利用农庄、实践基地、夏令营营地或团队拓展基地等资源开发的研学产品。例如，全国青少年北戴河活动营地是团中央所属唯一的青少年实践体验式活动场所，拥有团队拓展广场5000余平方米、拓展项目50余项，是拓展训练和青少年活动的理想场所。

4. 励志拓展型研学产品

励志拓展型研学产品是指利用红色教育基地、大学校园、国防教育基地、军营等资源开发的研学产品。例如，北京昌平砺志国防教育培训学校是一所集研学、国防教育、社会实践、户外拓展、紧急救援（生存教育）培训于一体的“综合基地”，可组织中小学学生研学、社会实践、军事和科技夏令营，开展野外生存训练，举办国防教育展览等活动。

5. 文化康乐型研学产品

文化康乐型研学产品是指利用各类主题公园、演艺影视城等资源开发的研学产品。例如，成都华侨城欢乐田园创新打造了川江草海、锦城花岛、古佛花溪、武阳茶谷、七彩森林、大河梯田、鹿溪牧场等七大主题区域，熔炼现代农业、艺术农业元素精华，让人们在欢娱中“认识乡村”“探索农业”“享受田园”，是对整个川蜀田园文化生活的一个全景展示。该园还针对青少年和儿童，设置了丛林穿越、森林冒险、鸟巢攀爬和多样化原木游戏等无动力游戏项目；配合科技感十足的蝶恋花艺术馆及科技综合农业展馆，将自然意趣与科技互动教育结合，为都市孩子注入缺失的“乡愁”。

（二）按照基地产品用途分类

1. 政策性研学旅行产品

政策性研学旅行产品是指根据国家研学旅行政策开发的满足中小学开展研学旅行活动需求的研学产品。研学旅行产品使用对象为小学 4~6 年级、初中 1~2 年级和高中 1~2 年级的学生，使用时间为周一到周五。

2. 亲子游研学旅行产品

亲子游研学旅行产品是专为亲子游家庭量身定做的亲子活动课程方案，有利于孩子身心健康成长，并能激发孩子的内在潜能。亲子游是由父母和未成年子女共同参与，以儿童出游需求为优先考虑因素，集认知、教育、体验、亲情、休闲等于一体的旅游方式。亲子游作为一种新型的、科学的行为教育模式，已经越来越广泛地受到家长和孩子们的好评和喜爱，倡导亲子游的目的是通过让父母与孩子一起参加各种活动，促进家庭环境和谐，从而推动亲子教育的发展。参加亲子游研学活动的对象一般是 3–12 岁的小孩及其家长，参加时间一般是周末、节假日和寒暑假。携程发布的《2022 年暑期亲子游报告》显示，2022 年 7 月研学游产品订单量环比 6 月增长 4 倍。携程联合陕西瀛湖景区，在瀛湖中心小岛上共建包含了自然教育营地、动物互动、无动力乐园、特色活动于一体的自然野奢帐篷营地。

3. 夏 / 冬令营研学旅行产品

夏 / 冬令营研学旅行产品是为了丰富儿童假期生活，增长知识，锻炼才干，发展个性，让孩子在漫长的假期有一个释放身心、开心学习、拓宽视野、发展特长的新天地，充分利用基地优质研学资源而开发的研学产品。它是提高未成年人思想道德教育的重要渠道，也是学校教育和家庭教育的良好补充。夏/冬令营研学旅行产品为孩子提供了一个优质的锻炼平台，这也是社会文化教育发展的必然产物。例如，都江堰红色众行国防教育基地开发的系列夏/冬令营研学产品，可以同时容纳 1600 人开展研学活动。2023 年暑假开展了战旗令“热血军魂　英雄联盟独立营”夏令营研学活动，营期有 6 天 5 晚或 11 天 10 晚两种。不同种类的夏/冬令营提供不同种类的研学旅行产品，如浙江横店教育大营地的影视文化探索营以影视文化核心开展横店影视之旅；青少年素质拓展营以训练体能和团队精神为主。

卧龙大熊猫科考夏令营研学旅行产品

三、研学旅行产品开发的要求

2016 年 12 月原国家旅游局发布的《研学旅行服务规范》规定：应根据主办方需求，针对不同学段特点和教育目标，开发研学旅行产品。

（一）小学 1~3 年级研学产品

小学 1~3 年级学生参与研学旅行时，宜设计以知识科普型和文化类型资源为主的产品，并要以乡土乡情研学为主。例如，成都中医药大学眼科学院研学基地开发的“眼绎睛彩　科求完美”视力防控一日研学旅行产品就属于视力保护知识科普型研学产品，成都博物馆开发的“观赏巴蜀魅力　领略巴蜀精髓”一日研学产品就属于文化型研学产品。

（二）小学 4~6 年级研学产品

小学 4~6 年级学生参与研学旅行时，宜设计以知识科普型、自然观赏型和励志拓展型资源为主的产品，并以县情市情研学为主。例如，成都植物园开发的“走进植物园　拥抱大自然”一日研学产品就属于自然观赏型研学产品；德诺·天府新区通航研学旅行营地开发的“探索航空世界·传播科学种子”一日研学产品就属于励志拓展型研学产品。

（三）初中研学产品

初中年级学生参与研学旅行时，宜设计以知识科普型、体验考察型和励志拓展型为主的产品，并以县情市情省情

初中研学旅行产品

研学为主。例如，四川省汶川县水磨古镇仁吉喜目谷景区开发的“解剖植物器官　探索养料运输”一日研学旅行产品就属于体验考察型研学产品；西南交通大学研学基地开发的“走进西南交大　感知交通强国”就属于励志拓展型研学产品。

（四）高中研学产品

高中学生参与研学旅行时，宜设计以体验考察型和励志拓展型为主的产品，并以省情国情研学为主。例如，成都即刻反应应急体验馆开发的“用体验感知生命　让安全伴随成长”一日研学产品就属于体验考察型研学产品；宜宾赵一曼纪念馆研学基地开发的“探一曼精神　担国家重任”研学产品就属于励志拓展型研学产品。

四、研学旅行产品开发的流程

（一）设计单元研学课程

开发一个研学旅行基地的研学产品同样需要分析学情，考察资源，遴选研学点位，确定研学主题，开发不同的单元课程，形成该研学旅行基地的课程体系。由于这部分知识已在任务一中讲述过，这里就不再赘述。

（二）规划研学旅行线路

确定课程体系之后，再根据不同学段的不同主题规划各学段的主题研学线路。这部分知识已经在任务二中讲述过，这里就不再赘述。现举一个古镇不同学段研学旅行线路案例来说明（表 3–12）。对岱崮镇考察之后，确定了 1~2 年级、3~4 年级、5~6 年级、7~8 年级的主题研学课程方案，并选择 5 个研学点位的单元课程，组成了一个主题研学旅行线路。

表 3–12　某古镇不同学段研学旅行线路

学段	1~2 年级	3~4 年级	5~6 年级	7~8 年级
线路名称	走进千年古城 热爱家乡文化	穿越千年古城 传唱经典文化	探访古城印记 赓续传统文化	寻踪古城遗迹 弘扬历史文化
第 1 节	开营仪式	开营仪式	开营仪式	开营仪式

续表

学段	1~2 年级	3~4 年级	5~6 年级	7~8 年级
第 2 节	探秘古城老街	探秘古城老街	探秘古城老街	探秘古城老街
第 3 节	小小绘画师	小小设计师	文物宣传者	文物修复师
午餐	美食时光	美食时光	美食时光	美食时光
第 4 节	寻找古城宝物	寻访客家足迹	探访客家建筑	传唱金江号子
第 5 节	祭孔拜读	祠堂训子	寻根问祖	同建家园
第 6 节	闭营仪式	闭营仪式	闭营仪式	闭营仪式

（资料由本项目编者团队提供。）

（三）编制研学产品手册

研学产品手册是对基地研学产品的整体介绍，也是基地向中小学校或承办机构推荐研学产品的重要媒介和基地展示研学实力的载体。一个研学旅行基地必须重视研学产品手册的编制。一份好的研学产品手册既要重视内容的教育性、科学性、适应性，也要重视文案的规范性和美观性。研学产品手册包括封面封底、目录、正文等几个部分。正文一般包括基地概况、场地展示、研学点位、课程体系、研学产品、服务保障、师资团队等部分。

通航研学旅行营地产品手册（部分）

1. 封面封底的设计

封面的设计要紧扣基地的特色，需要写上基地的名称和 LOGO，把基地的主要元素融入其中。封底的色彩要与封面吻合，封底可以印上基地公众号二维码、咨询电话、基地地址。

2. 目录的设计

目录设计比较简单，把产品手册的一级标题展示出来，便于阅读即可。

3. 正文的设计

研学产品手册正文一般包括基地概况、场地展示、研学点位、课程体系、研学产品、服务保障、服务团队、成功案例等部分。

（1）基地概况。需要把基地名称、地理位置、占地面积、地理优势、运营资质、平面图等内容在研学产品中介绍清楚。

（2）场地展示。需要对室内研学场地和室外研学场地进行展示。

（3）研学点位。研学产品手册要展示主要的研学点位，让学校和承办机构明白基地的研学活动是在哪几个区域进行的。例如，大连莫亚国际营地建设了三大主题研学点位，一是户外探险营地，二是水上运动营地，三是航空飞行营地，每个研学点位都开发了不同的单元课程。

（4）课程体系。研学产品手册需展示基地的课程体系，让学校和承办机构知道基地开发了哪些单元课程，便于有针对性地进行选择。

（5）研学产品。各研学旅行基地开发的产品差异很大，有的基地只开发了政策性研学产品，有的还开发了亲子游产品，很多基地开发了夏令营和冬令营产品。各个研学旅行基地在研学产品手册里展示的产品有很大的差异。每个基地都应该把自己经营的核心产品展示在手册里。例如，通航研学营地产品体系主要展示的就是政策性研学产品，涵盖从小学到初中各学段，而大连莫亚国际营地展示的就是所有产品，包括冬夏令营、周末营、亲子营、国内研学营、国际游学营、企业 / 学校定制营等在内。

（6）服务保障。服务保障部分需要说明基地的接待能力、住宿环境、餐饮服务、食品安全、交通措施、安全保障等。例如，都江堰红色众行国防教育基地建有独栋会议中心楼，拥有会议室及多媒体中心 17 个，能满足 50~800 人开展各类会议活动。拥有完善的后勤生活保障系统，独立就餐餐厅 3 个，可容纳 1800 人同时就餐，还可以同时接待对外团队餐和宴会标准餐，能够满足客户的多种需求。厨房用具每天消毒。现有公寓住宿楼 3 栋，寝室 180 余间，均配备独立卫生间与空调，可同时满足 1800 余人的住宿要求，住宿环境良好，配套设施齐全，并配有洗漱间和 24 小时开水供应区。拥有大型浴室供客户使用，24 小时供应热水，男、女浴室单次可容纳 160 人洗浴。基地拥有数个草坪训练场、综合活动场地与 6000 平方米硬化操场，能同时满足多个团队的训练及活动要求，可接待企业拓展、学校军训、成人军训、冬夏令营、社会实践等。其中综合活动场配备 50 平方米舞台，45 平方米背景墙。6000 平方米操场配备 120 平方米舞台，88.8 平方米背景墙。

（7）服务团队。服务团队可以从课程开发团队、课程教研团队、产品运营团队、研学旅行指导师团队四个维度进行介绍。要强调团队的专业性、资质、责任心、主要业绩和活动荣誉。

（8）成功案例。研学产品手册的最后，可以安排几个既往研学接待案例，用于展示基地接待能力和服务水平。

任务实操

撰写研学旅行产品手册

第一步，全班分成五个小组，每个小组任选一个熟悉的研学旅行基地。

第二步，归纳任务一中所设计的基地课程体系。

第三步，归纳任务实训项目中所规划的 2 天 1 晚研学旅行线路。

第四步，每个小组制定一份基地研学旅行产品手册。

第五步，按照基地概况、场地展示、研学点位、课程体系、研学线路、服务保障、服务团队几个项目来设计研学旅行产品手册，采用 PPT 形式编制研学产品手册。

第六步，设计目录和封面封底。

第七步，制作一份完整的研学产品手册，把 PPT 转换成 PDF。

第八步，每小组的组长在学习通上提交一份 PDF 版研学产品手册。

任务考核

发言卡

第一步，组长制作发言卡，并在每位同学发言时摆放在桌子中间。

第二步，请大家围绕研学产品手册编制这个话题，谈谈你对这项工作的建议。

第三步，小组的每位同学都要发言，发言时请其他同学保持安静，认真听讲。

第四步，每位同学分享结束后，组长归纳总结。

项目训练

测一测

测试题

答一答

1. 简述研学旅行基地单元课程设计的流程。
2. 简述研学旅行线路与旅游线路的区别。

参考答案

项目

四

推广研学旅行基地产品

全国中小学生研学实践教育基地——黄果树风景名胜区

项目导读

本项目介绍研学旅行基地产品推广的相关知识，是《研学旅行基地运营与管理》课程的第四个项目，讲述了研学旅行基地产品营销推广的对象和策略等基本知识，对研学旅行基地企业的经营发展起着至关重要的作用。本项目需要完成两个学习任务。第一个任务是要学习研学旅行基地产品推广对象分析、购买行为分析、目标客户分析的方法，找准目标客户。第二个任务是要搞清楚研学旅行基地产品推广的策略，熟悉各种营销渠道的特点和推广策略。

学习目标

知识目标	1. 了解研学旅行基地产品推广对象分析、购买行为分析、目标客户分析的基本知识 2. 掌握研学旅行基地产品目标市场定位的策略、依据和步骤 3. 熟悉研学旅行基地产品推广的主要渠道，掌握每种渠道的特点和推广策略
能力目标	1. 能够准确分析研学旅行消费者的购买行为 2. 能够细分研学旅行基地市场，找准目标客户，明确市场定位 3. 能够利用各种营销渠道进行研学旅行基地产品推广
素质目标	1. 具有诚信经营意识，实事求是地推广研学旅行基地产品 2. 具有用户思维、流量思维和产品思维

思维导图

- 推广研学旅行基地产品
  - 明确研学旅行基地产品推广对象
    - 推广对象分析
    - 购买行为分析
    - 目标客户分析
  - 掌握研学旅行基地产品推广渠道
    - 研学旅行基地产品推广步骤
    - 研学旅行基地产品线上推广方式
    - 针对不同对象的营销推广策略

任务一　明确研学旅行基地产品推广对象

任务导入

为了扩大研学旅行基地的客源，某研学旅行基地拟寻找合作伙伴，推广基地的产品。请你帮该基地推荐一家合作伙伴。

任务分析

中商情报网调查数据显示，全国参加研学旅行活动的学生主要由学校、研学机构、研学中介、旅行社等单位组织，其占比分别是45%、27%、14%、10%。要完成上述研学任务，就需要了解研学旅行的组织方有哪些，研学旅行基地产品的推广对象有哪些，它们各自有什么特征，如何确定研学旅行基地的目标客户。

中国研学旅行发展报告2022—2023

任务知识

一、推广对象分析

研学旅行基地产品推广的对象，是指研学旅行产品从生产企业向消费者转移过程中所经过的取得产品使用权，或帮助使用权转移的中介组织和个人，包括研学旅行主办方、承办方，研学旅行中间商，以及学生和学生家长等。

微课：研学旅行产品推广对象分析

（一）研学旅行主办方

1. 狭义的理解

狭义的研学旅行主办方是具有明确研学旅行主题和教育目的的中小学

校。一些地方标准，如山东省聊城市发布的《研学旅行服务规范》(DB 3715/T 30—2023)的术语和定义中明确提出，“主办方是具有明确研学旅行主题和教育目的的中小学校”。

2. 广义的理解

广义的研学旅行的主办方指的是具有明确研学旅行主题和教育目的的活动组织方，即各级各类学校，包含教育培训和辅导机构。国家旅游局发布的行业标准《研学旅行服务规范》(LB/T 054—2016)中提出，“主办方指的是具有明确研学旅行主题和教育目的的活动组织方”。

(二)研学旅行承办方

1. 狭义的理解

狭义的研学旅行承办方通常指的是与研学旅行活动主办方签订合同，提供教育旅游服务的旅行社。例如，国家旅游局发布的行业标准《研学旅行服务规范》(LB/T 054—2016)提出，“承办方是与研学旅行活动主办方签订合同，提供教育旅游服务的旅行社”；东莞市教育局等8部门联合发布的《东莞市中小学生研学实践教育活动工作指引》指出，“承办研学活动的第三方机构应取得旅行社业务经营许可证”。

2. 广义的理解

广义的研学旅行承办方指的是与研学旅行活动主办方签订合同，提供教育旅游服务的机构，包括学校、教育机构、培训机构、旅行社、行业协会、社会组织等。例如，山东省聊城市发布的《研学旅行服务规范》的术语和定义中明确提出，“承办方是指具备研学旅行相关资质，提供研学旅行教育服务的机构”。

(三)研学旅行中间商

中间商是指介于研学旅行企业和消费者之间，专门从事研学旅行产品转售或协助研学旅行产品转售的经济组织或个人。中间商一般分为经销商、批发商、零售商、代理商、俱乐部、经纪人及在线网络服务商等。这些中间商都代表生产研学旅行产品的研学旅行企业向消费者销售研学旅行产品，但每类中间商都以不同的方式运作。

1. 经销商

研学旅行经销商一般是指向研学旅行产品消费者出售包价研学旅行产品的中间商。为组织包价研学旅行产品，研学旅行产品经销商可能向许多不同的研学旅行产品供应商，如研学旅行基地大量购买研学旅行产品，也可能自己提供研学旅行产品。购买包价研学旅行产品的消费者不仅能得到便利，也能因研学旅行产品经销商的购买力而获得低价优惠。

2. 批发商

研学旅行批发商是指从事批发研学旅行产品业务的专业公司或旅行社，一般是一些实力比较雄厚的大型专业公司或旅行社。研学旅行批发商和研学旅行基地等研学旅行服务企业签订合同，购买一定数量的研学旅行产品，然后将这些单项研学旅行产品组合成多种价格、多种时间和多种研学旅行目的地的包价研学线路，并加入自己的服务内容，使之能够满足研学旅行消费者的综合需求，然后将其批发给研学旅行零售商，再由研学旅行零售商最终出售给研学旅行消费者。研学旅行批发商是连接生产者与零售商或最终消费者的桥梁，大多拥有较强的人、财、物及采购优势，采用集团化经营，有些批发商也拥有自己的零售网络，抗风险能力很强。

3. 零售商

研学旅行零售商是指直接面向研学旅行消费者，从事研学旅行产品零售业务的研学旅行中间商，一般为旅行社，与研学旅行消费者联系最为紧密。为适应研学旅行消费者的多种需求，研学旅行零售商要熟悉多种研学旅行产品的优劣、价格和日程安排，要了解和掌握研学旅行消费者的经济支付水平、生活消费需要和方式等情况，以帮助研学旅行消费者挑选适宜于其要求的研学旅行产品。同时，研学旅行零售商在市场营销活动中应具有较强的沟通能力和应变能力，要与研学旅行目的地的饭店、餐馆、研学旅行基地及车船公司等接待企业保持良好的联系，能根据研学旅行市场及研学旅行消费者的需求变化而相应地调整服务。

4. 代理商

研学旅行代理商包括研学旅行批发代理商和研学旅行零售代理商，其主要任务是销售研学旅行产品，并促成大量供应商与潜在顾客的直接联系。研学旅行代理商与传统零售商的一个重要区别是他们获得收益的方式不同。传统零售商向供应商购买产品或服务，然后加价再卖给顾客。而研学旅行代理商是把产品从供应商转移到研学旅行消费者手中，他们既不购买自己推销的研学旅行产品，也不标出高价推销，因此研学旅行企业支付给他们的是佣金。

5. 俱乐部

研学旅行俱乐部通常制订团体研学旅行工作计划，根据这一计划，俱乐部所有成员都以优惠价格获得研学旅行的机会。

6. 经纪人

研学旅行经纪人是一种特殊的研学旅行中间商，他们不拥有研学旅行产品的所有权，不控制研学旅行产品的价格和销售条件，只为研学旅行企业与研学旅行消费者牵线搭桥，促成交易后收取佣金。

7. 在线网络服务商

在线网络服务商是指能为研学旅行生产企业提供经营方案和经营管理服务，协助研学旅行生产企业在网络服务平台实现长期经营的第三方公司。例如，行阅研学是一家研学旅行企业一站式服务供应商，针对所有进入研学领域的B端服务商，通过“研学头条”自媒体帮助企业推广产品及树立品牌。

（四）学生和学生家长

学生和学生家长是研学旅行的消费者。研学旅行具有带动性，比如，学前教育及中小学生的研学旅行，一般会带动父母及整个家庭的一同出行。研学旅行具有出游主体与决策主体的分离性，这在越是年龄低的学生群体中表现得越是明显。经常是家长为了子女增长见识、增进学识的目的，安排带领子女一起开展研学旅行活动，在轻松快乐的氛围之中，边游边教，寓教于游。

二、购买行为分析

研学旅行基地产品购买行为是指在收集研学旅行基地产品有关信息的基础上，研学旅行消费者选择、消费、评估研学旅行基地产品过程中的各种行为表现。按照研学旅行消费者的不同主体，可分为学校（机构）决策型、家长（家委会）决策型、学生决策型购买行为。

（一）学校（机构）决策型购买行为

这类研学旅行消费者，头脑清醒冷静，经验丰富，对研学旅行产品的品质、用途、价格高低都有自己的见解，主观性强，不容易受外界因素的影响，很少感情用事。在选择研学旅行产品之前能够广泛收集信息，了解市场行情，进行认真分析，权衡各种利弊，然后才实施购买行为。这种类型消费行为会表现出反复性特征，形成一种习惯性消费行为，如固定合作机构、在特定的范围内选择研学旅行基地。

（二）家长（家委会）决策型购买行为

研学旅行活动大多针对未成年人，这部分人群几乎无自主收入和支付能力，监护人的决策权往往大于研学旅行消费者本人，再加上研学旅行的团队性质，所以单个家长的决策最终体现在家委会层面，因此这个过程也称为家委会决策型。家委会代表家长群体，不同家长在选择研学产品时思维方式多样，考虑的维度也较多，有的注重学生的学习收获，有的对价格敏感，有的注重产品的新颖程度，等等。

（三）学生决策型购买行为

无论是学校（机构）决策型还是家长（家委会）决策型，都需要参考研学者即学生的意见，甚至在一定情况下，学生可以直接起到决策作用。学生决策型的许多行为受现场情景激发，以直观感觉为主，比较随意和感性。学生喜欢追求新产品，常从个人兴趣出发，不大讲究产品的效能，易受研学旅行产品的外观、广告宣传的影响。

三、目标客户分析

（一）目标客户细分标准

1. 按研学市场地理因素细分

（1）按客源通常可将研学旅行基地市场细分为市内研学市场、省内研学市场、国内研学市场和国际研学市场。这种分类方法是根据政策文件中关于不同年级研学者可前往的研学地理范围而划分的。通常情况下，一个城市或者省份的消费往往具有许多相似性，而不同城市、省份和国家之间则有较多的差异性。

（2）按客源地和研学目的地的空间距离，可以将研学旅行基地市场分为远程市场和近程市场。远程研学需要的时间较长，研学者年级较高，研学消费也较高。近程研学市场一般比较活跃，具有旅途时间短、研学花费少的特点。无论是远程研学还是近程研学都很有潜力，不能片面地追求其中一方的发展，而应该在大力发展近程研学市场的同时，有针对性地扩大远程研学市场，挖掘潜在研学需求。

2. 按研学市场人口因素细分

从政策角度看，对于不同年级阶段的学生，其研学内容、方式、价格和时间都有着明显的差异，往往随着年龄的增大，研学旅行者的研学需求也会不断变化。学校也会充分考虑不同年级学生的不同需求。

3. 按研学市场心理因素细分

即按照研学旅行消费者的心理特征细分市场。心理因素十分复杂，包括个性、购买动机、价值观念、生活格调、追求的利益等。现在研学旅行基地越来越重视按照研学者的兴趣爱好和特长来细分市场。学生们外出研学主要追求的是一种精神和知识的享受，因此研学旅行者的研学活动主要取决于他们的性格特征与心理类型。研学旅行基地可以把具有相同个性、爱好、兴趣和价值取向相近似的消费者集合成群，并结合他们的行为方式有针对性地制定营销策略。

（二）目标客户细分程序

1. 选定市场范围

进入研学旅行市场首先要确定研学旅行基地的市场范围，选定市场范围要充分考虑企业的实力、优势、资源、特点等相关因素，确认企业自身大约属于哪一个档次，确定企业的大体经营方向。

2. 列举消费者全部需求

市场范围和大体经营方向确定之后，研学旅行基地可以根据地理差别、人口特征、消费目标等各方面因素，大致列举出在这一范围内现在和未来潜在的全部市场需求。例如，研学旅行基地已确定专门针对义务教育学段开展红色研学，之后列举出义务教育学段小学 1 年级到初中 3 年级的学生在红色研学方面的需求和潜在需求，井冈山精神研学、延安精神研学、沂蒙精神研学成为首选需求，符合当前国家红色旅游和红色教育的要求，同时军事教育研学、海洋教育研学、民族英雄研学等互动性强的研学需求也是学生的重要需求，其他的需求也要一一列举。

3. 分析消费者的不同需求

即将不同类型具有鲜明特点的消费者的潜在需求归纳分类，分析找出可能存在的适合本旅游企业的新的细分市场。例如，义务教育学段小学 1 年级到初中 3 年级的学生可分为 3 类人群：小学 1~3 年级，小学 4~6 年级，初中 1~3 年级。根据这三类人群的消费特点分别进行红色旅游研学方面的需求列举，同时将列举出的需求进行分类和归纳，在列举和归纳的过程中要充分考虑企业的实际情况，尤其是企业资源的占有度。

4. 找出潜在顾客的共同需求

在粗略划分市场的时候，潜在消费者的共同需求是一种参考，但在市场细分的时候不能作为标准，应该予以排除，研学旅行企业需要的是它们的差别，应该选择一些具有鲜明特征的需求作为市场细分的标准。

5. 划分相应的市场群

具有明显需求差异的几个顾客群，就是可能存在的细分市场，按照他们的特征予以定名。例如小学 1~6 年级的顾客群在研学过程中更加偏重和课本知识学习的结合，所以可以将他们专门作为一个特定的细分市场，同时结合红色研学的变量，来确定细分市场的名称。

6. 分析这些已经明确的各个细分市场的具体情况

即根据细分市场的特征，深入分析每一个细分市场的具体信息和特点，分析的过程应尽可能详细，这才有利于后面的市场容量的评估。

7. 评估各个细分市场的规模和容量

如需求量的多少、顾客群的人数、市场客群的稳定性、市场客群的可重复度、预期利润率的多少等，通过评估可以去掉没有前景的细分市场。

（三）目标客户定位的策略

1. 无差异目标市场营销策略

无差异目标市场营销策略是研学旅行基地将整体研学市场看作一个大的目标市场，只注重市场的共性，不考虑细分市场之间的区别，仅推出一种产品单一的营销组合来满足所有研学旅行者的需求，即关注顾客需求中的相同之处。这种策略认为：研学旅行基地面对的是一个同质市场，即研学者的需求是无差别的，或者说，研学者的需求即使存在差异，其共性也大于特性。通常来说，无差异目标市场营销策略主要适用于一般的公益研学项目或者是通识研学项目，研学旅行基地所设计的产品和营销方案，都是针对大多数研学旅行者的。

2. 差异性目标市场营销策略

差异性目标市场营销策略是研学旅行基地把整个研学市场划分为若干个细分市场，从中选择不止一个细分市场作为自己的目标市场，并有针对性地进行营销组合以适应研学旅行者不同的需要，凭借研学产品与市场同类产品的差异化，获取最大的销售量。例如，针对同一地区不同学校，设计不同研学方案；针对同一学校不同年级设计不同研学方案；针对同一年级不同地区学校设计不同研学方案等。目前，较为先进的研学企业大多采用这种策略。差异性目标市场营销策略是教育进步的结果，也是研学旅行基地之间激烈竞争的产物。研学旅行基地在采用差异性目标市场营销策略时，必须保证所选定的目标市场由于总销量扩大所带来的收益要大于营销总成本的增加。因此，实力相对弱小的研学旅行基地一般不宜采用此策略。

3. 集中性目标市场营销策略

集中性目标市场营销策略也叫密集性目标市场营销策略，是指研学旅行基地在研学市场细分的基础上只选择一种或极少数几种细分市场作为研学目标市场，集中研学旅行基地的全部营销力量实行高度的专业化经营，争取在这些子市场上占有大量份额。通常该策略适合小型研学旅行基地和一些研学资源独具特色、能吸引一定类型研学旅行者前往的研学旅行基地。集中性目标市场营销策略的缺点主要表现在研学旅行基地的经营具有很大的风险性。由于它设定的目标市场比较单一和窄小，一旦市场出现不利于研学旅行基地的情况，如发生较大变化或者有强大竞争者进入同一目标市场，都可能使研学旅行基地没有回旋的余地而陷入困境。

（四）目标客户定位的依据

1. 根据研学产品特色或是特殊用途进行定位

即根据自己研学产品和课程的某种或某些优点，或者说是根据目标研学者、学校所看重的某种或某些关注点去定位。

2. 根据“质量—价格”定位

“质量—价格”反映了研学者家庭对研学旅行基地产品实际价值的认同程度，即对产品性价比的分析判断。这种定位方法通常包括两种情况：强调质量与价格相符或者质高价低。

3. 根据产品使用者进行定位

是指研学旅行基地主要针对某些特定关键人物进行的促销活动，以期在这些研学者或者决策者心目中建立起研学旅行基地产品“专属性”特点，激发研学者的购买欲望。

4. 借助竞争者进行定位

是指一个研学旅行基地可通过将自己同市场声望较高的某一同行研学旅行基地进行比较，借助竞争者的知名度来实现自己的形象定位。

5. 根据研学市场状况来定位

可分为避强定位和迎头定位。避强定位要求研学旅行基地避开强有力的市场竞争者。优点是：采取这种定位方式的研学旅行基地能够较快地在市场上站稳脚跟，并可能在消费者心目中迅速地树立其自身形象。这种定位方式市场风险往往比较小，成功率比较高，因此通常为多数研学旅行基地所采用。迎头定位要求研学旅行基地与目前市场上占据支配地位的研学旅行基地采取对着干的定位方式。实施这种市场定位，研学旅行基地必须对自身及竞争环境有所了解，并且在采取进取态势的同时不失稳健。

（五）目标市场定位的步骤

1. 识别可能的竞争优势

研学旅行消费者一般都会选择那些给他们带来最大价值的产品和服务。因此，赢得和维护顾客的关键在于，比竞争者更清楚研学旅行消费者的需要和购买过程，并向他们提供更多的价值。通过提供比竞争者较低的价格，或者是提供更多的价值以使较高的价格显得合理。研学旅行基地可以把自己的市场定位为：向目标市场提供优越的价值，从而使研学旅行基地赢得竞争优势。这些价值可以是：研学课程的差异性，研学旅行基地可以使自己的课程区别于他人产品；服务差异，除了靠实际产品区别外，研学旅行基地还可以使其与产品有关的服务不同于其他研学旅行基地。因此，研学旅行基地可以通过树立形象使自己区别于竞争对手，从而获得研学消费者的青睐。

2. 选择合适的竞争优势

竞争优势主要是表明企业胜过竞争对手的能力，这种能力可以是现有的，也可以是潜在的。选择合适的竞争优势就是一个企业与竞争者各方面实力相比较的过程。比较的指标是一个完整的体系，主要包括经营管理、技术开发、采购、生产、市场营销、财务和产品等 7 个方面的要素，其中研学旅行基地的竞争优势往往主要是研学课程开发、研学产品设计、研学产品定价和研学服务能力。通过分析以上因素哪些是强项，哪些是弱项，并与竞争对手进行对比，研学旅行基地就可以发现自身潜在的竞争优势，并从中选择几个合适的竞争优势，然后据此建立起市场定位策略。

3. 显示独特的竞争优势和重新定位

这一步的主要任务是研学旅行基地要通过一系列的宣传促销活动，将其独特的竞争优势准确传播给潜在顾客，并在顾客心目中留下深刻印象。首先，研学旅行基地应使目标顾客了解、知道、熟悉、认同、喜欢和偏爱本企业的市场定位，在顾客心目中建立与该定位相一致的形象。其次，研学旅行基地通过各种努力强化目标顾客形象，保持目标顾客的了解，稳定目标顾客的态度和加深目标顾客的感情来巩固其与市场相一致的形象。最后，研学旅行基地应注意目标顾客对其市场定位理解出现的偏差或由于研学企业市场定位宣传上的失误而造成的目标顾客模糊、混乱和误会，及时纠正与市场定位不一致的形象。

4. 传播和送达选定的市场定位

一旦选择好市场定位，研学旅行基地就必须采取切实步骤把理想的市场定位传达给研学消费者。研学旅行基地所有的市场营销组合必须支持这一市场定位战略。给研学旅行基地定位要求有具体的行动而不是空谈。研学旅行基地必须谨慎选择能使其与竞争者相区别的途径。有效的差异化应满足下列原则：重要性，该差异能给目标研学者带来高价值的利益；专有性，竞争对手无法提供这一差异，或者研学旅行基地不能以一种更加与众不同的方法来提供该差异；优越性，该差异优越于其他可使顾客获得同样利益的办法；感知性，该差异实实在在，可为研学者感知；不易模仿性，竞争对手不能够轻易地复制出此差异；可支付性，研学者有能力为这一差异付费；可差异性，研学旅行基地能从此差异中获利。

任务实操

选择研学旅行基地产品推广的对象

第一步，通过查阅书籍和资料，了解研学旅行基地产品推广的对象。

第二步，通过市场调研，分析确定研学旅行基地产品购买者的决策类型和研学旅行基地产品推广的目标市场。

第三步，研学小组撰写一份调研分析报告，说出选择研学旅行基地产品推广对象的理由。

任务考核

汇报分享选择研学旅行基地产品推广对象的理由

第一步，老师布置汇报分享要求和互评要求。

第二步，研学小组代表进行 PPT 演示，分享小组成员的调研过程和调研结论。

第三步，研学小组互评。

第四步，老师总结点评。

任务二 掌握研学旅行基地产品推广渠道

任务导入

某新建设好的研学旅行基地拟对外承接研学旅行活动，为了让更多的研学旅行消费者了解其产品，请你帮该基地确定产品推广渠道。

任务分析

这是一次研学旅行基地产品推广渠道选择活动，完成本任务需要了解研学旅行基地产品推广的主要渠道有哪些，熟悉研学旅行基地产品不同推广渠道的特点、策略，针对研学旅行基地产品的特点，找到最佳营销推广渠道。

任务知识

一、研学旅行基地产品推广步骤

（一）选择产品推广对象

研学旅行基地产品推广的对象很多，在开展推广活动策划时，要根据不同情况确定不同的推广目标，是面对学生还是面对学生家长，是面向研学旅行主办方还是面向研学旅行中间商或者研学旅行承办方。这些都需要研学旅行基地经过全面的考察来确定。对推广对象范围的控制，可以使研学旅行基地选择正确的主攻目标，从而顺利实现产品推广的目标。选择推广对象的范围应该合适，范围太大会使推广效率下降；范围划定得过小，不利于研学旅行基地开发新市场。

（二）确定产品推广规模

推广规模的大小要根据推广对象及自身的资金条件综合考虑，研学旅行基地产品推广在具体实施时应重点考虑推广规模。规模太大、时间较长会使推广效率降低，并且成本增加；而规模太小，又起不到应有的刺激作用，因此研学旅行基地要根据推广对象和预期效果来确定最佳的推广规模。通常，研学旅行基地可以通过考察各种产品推广活动销售与成本增加的相对比例，来确定最佳推广规模。

（三）选择产品推广方式

研学旅行基地产品推广的方式包括线上推广和线下推广。

1. 线上推广方式

线上推广方式主要包括 OTA、微信、微博、今日头条、短视频、网络直播、小红书等营销方式。它不受地理位置、时间、空间的限制，具有大数据、流量、渠道等优势，使研学旅行过程更加便利，研学旅行基地产品的预订和购买更加便捷、更贴近研学旅行消费者的需求和习惯，因此线上推广方式在研学旅行市场上占据重要地位。与传统线下推广方式相比，线上推广方式因开展时间较短，品牌知名度、用户体验感与信用度、区域性资源等都存在一定差距，客户投诉率相对较高。

2. 线下推广方式

（1）推广对象。一般而言，开展研学旅行业务的基地，其客户主要源于 C 端直客、学校或其他渠道，包含了旅行社、教育培训机构、媒体平台、社群机构等。虽然现在很多基地既可以直接对接学校获取研学旅行生源，也可以通过自己的媒体渠道招生以获得生源，但中间渠道商作为一种批量获客的方式，在现阶段的作用仍不容小觑。一是现在很多省（市）政府仍鼓励研学旅行由旅行社承接；二是目前的研学旅行市场区域分隔仍非常明显，很难直接跨区域销售。如陕西省的一所中学如果需要到浙江开展研学实践活动，一般会选择陕西当地的旅行社作为承办方，浙江的研学旅行基地若想要这样的学校成为自己的客户，那么就应对接好陕西的旅行社，将其作为自己的渠道方。另外，一些非直接研学类机构也有很多待转化生源，如媒体报社、教育培训机构、少年宫等。所以，开展面向渠道端的线下销售是很有必要的。

（2）推广措施。主要包括广告宣传、活动宣传，以及发放名片、宣传单、赠品等推广措施。最常见的是研学旅行基地销售人员到不同学校、不同研学旅行承办机构、家长委员会等进行直接销售，宣传本基地的研学旅行产品，提供研学旅行产品手册、进行研学旅行产品宣讲。

3. 线上线下混合推广

当前，研学旅行基地产品推广的方式多是线上线下相融合，以研学旅行消费者为核心重组研学旅行基地的行为和研学旅行市场行为，整合优势资源，组成优化系统，综合协调使用各种形式的传播方式，以统一的目标和统一的传播形象，传递一致的研学旅行基地产品信息，实现与研学旅行消费者的双向沟通，迅速树立研学旅行基地产品品牌在研学旅行消费者心目中的地位，建立研学旅行基地产品品牌与研学旅行消费者的长期密切关系，更有效地达到广告传播和产品行销的目的。

二、研学旅行基地产品线上推广方式

（一）OTA 营销推广

OTA 一般指在线旅游代理商（Online Travel Agency），是旅游电子商务行业的专业术语。从研学旅行市场的产品营销来说，OTA 是研学旅行消费者通过网络向研学旅行服务提供商预订研学旅行产品或服务，并通过网上支付或者线下付费的一种营销推广方式。OTA 渠道目前主要有携程、去哪儿、美团、同程、飞猪、亿客行、途牛、马蜂窝、驴妈妈等。直营渠道主要有微信商城、自建官网、App 等。

微课：研学旅行产品线上推广方式

1. OTA 的合作模式

OTA 主要有代理模式、批发模式和广告模式三类合作模式，其中代理模式为主要盈利模式。

（1）代理模式。OTA 企业作为连接研学旅行消费者与研学旅行产品供应商的平台，能帮助研学旅行企业销售研学旅行单项或套餐产品，并按比例抽取佣金。佣金由研学旅行企业提供，但是最终仍然会转嫁到研学旅行消费者身上。这一模式下 OTA 企业的参与度不高，实际参与交易的是研学旅行企业和消费者。

（2）批发模式。OTA 企业以批发价格向研学旅行产品供应商采购产品，然后加价卖给用户，从而赚取差价。批发模式下，OTA 企业先行买断部分服务（如研学课程、研学营地、机票、酒店或整套研学旅行产品等），再加价卖给消费者，从中赚取差价，这种模式较代理抽佣的回报率更高，但风险也更高。这一模式下 OTA 企业的参与度很高，实际交易发生在 OTA 企业和消费者之间。

OTA 企业提前买断存货并承担经营风险，消费者预付零售价款给 OTA 企业，OTA 企业在用户完成服务后按批发价款付给研学旅行企业。这一过程中 OTA 企业既赚取价差收入还占用用户资金，一举两得，回报率更高，但由于存货风险更高，所以一旦需求不达预期则可能产生亏损。

（3）广告模式。OTA 企业为研学旅行供应商提供展示广告服务并收取广告费用，按标准不同收费方式又可细分为 CPM（按展示付费）、CPC（按点击付费）、CPS（按销售付费）。广告模式针对的是揽客需求大的研学旅行企业，OTA 企业为他们提供营销平台，目前广告收入占比最小。客源压力大的研学旅行企业为了吸引更多有效客户，会选择在 OTA 网站或者移动平台上做广告，OTA 企业多以效果收取广告费用，赚得广告收入。目前，OTA 企业的广告收入占比最小，随着平台价值的增强，其广告收入占比也有望提升。

2. OTA 营销推广策略

（1）关注热点内容。从研学旅行消费者的需要出发，多用研学旅行消费者搜索的热词，并联系研学旅行基地产品相关的热点词，提高被搜索的概率。研究研学旅行消费者在 OTA 上写的评论内容，可作为展示内容的延伸和补充。

（2）确保价格一致。坚持价格一致性，确保其他直销渠道的价格与 OTA 价格一致，防止价格倒挂。

（3）分析客源特点。OTA 上的客源在不同研学旅行产品类型、不同年龄段的消费群体、不同的研学地点、时间长短和其他消费等方面，都有着不同的特点。研学旅行企业可以通过分析 OTA 客源的喜好、消费习惯等，采取不同的营销策略。

（4）突出图片特色。研学旅行企业做宣传时应选择高像素、高清晰度、最新的照片，突出研学旅行产品的特色，不能选用几年前的图片，更不能选择效果图。另外，还可以精选一些往期其他研学旅行线路的照片，以增加信任感。

（5）做好互动管理。及时回复研学旅行消费者在 OTA 上的点评，回复时间最好不要超过 24 小时。及时感谢他们的赞许，对研学旅行消费者的投诉积极采取补救措施，做好客户关系修复工作。回复和处理方式要个性化、人性化，不要程序化、刻板机械。要想办法把写点评的研学旅行消费者，尤其是写好评的研学旅行消费者转化为直订客。

（6）多家合作。合作的 OTA 越多，研学旅行企业在互联网上的曝光率就越高，广告牌的作用就越大。只与一两家 OTA 合作，容易丧失竞争力。

OTA 营销推广的作用是广告牌、引流、补充客源等。研学旅行基地的产品营销不能过分依赖 OTA，且要确保定价权和库存分配权不被其控制，要让

OTA 带来更多额外的客源。研学旅行基地要研究 OTA 客源的特点，制定相应的流程和绩效考核标准，努力把 OTA 客源转化为直客，努力提高研学旅行消费者对直销渠道的忠诚度。

（二）微信营销推广

1. 微信平台的特点

（1）用户量大且黏性强。随着我国互联网的发展及智能手机的普及，微信越来越大众化，用户基数也越来越大。腾讯控股公布的 2022 年第四季度及全年财报显示，微信月活跃用户总数达到 13.13 亿。作为一款即时沟通的社交软件，微信逐渐成为用户日常沟通交流的主要工具。

（2）微信朋友圈为熟人社交。微信朋友圈是用户社交的私密“领地”，用户在不添加对方为好友的情况下，无法完整查看对方的微信朋友圈动态，同样无法通过搜索功能查看他人的微信朋友圈动态（除非对方将朋友圈设置为完全对外开放的状态），因此微信朋友圈逐渐成为熟人社交平台。

（3）微信生态强链接。微信朋友圈、微信公众号、微信小程序、微信视频号等功能的开通与联动，进一步加强了微信生态的建设，为微信用户的留存提供了强大助力。微信小程序的用户总量已达到 9.28 亿，而微信公众号的注册量也已超过 1300 万。微信视频号成为 2020 年的新风口，其他新媒体平台的知名账号主理人和“大 V”纷纷尝试微信视频号，以期扩大自身的影响力。微信平台试图用平台内的多种功能打造强大的微信生态，成为企事业单位及个人的信息入口和宣传平台，让用户在微信生态内实现社交、娱乐、生活服务、支付、电商等多方位的链接。

（4）广告系统成熟。微信的广告业务由腾讯社交广告负责，可以实现基于人口属性、商业兴趣、地理位置、使用设备、天气环境等信息的精准投放，广告的精准性降低了广告本身对微信用户的干扰。除腾讯社交广告之外，第三方广告公司也掌握着类型丰富、粉丝众多的微信公众号，以及有影响力的微信个人号。企业可以通过这些有影响力的微信公众号和微信个人号的朋友圈投放广告，以实现产品的曝光和销售。

2. 微信平台的营销渠道

（1）微信公众号。不管是企业还是个人，都可以开通微信公众号。研学旅行基地可以在微信公众平台上申请应用账号，然后，与特定群体以文字、图片、语音、视频等形式进行全方位的沟通与互动，从而形成一种主流的线上线下微信互动营销方式。通过微信公众号推送文章及提供用户需要的其他服务，可以传播企业文化，进行产品的推广和营销。研学旅行基地的营销人员可以直接针对账号的关注用户进行精准的信息推送，从而大幅提高研学旅行基地的用户管理和运营效率。

（2）微信朋友圈。研学旅行基地的营销人员可以将微信朋友圈作为信息发布和产品推广的渠道，发布“带货”文案，转发与产品或服务相关的文章、海报等推广信息。目前，微信朋友圈的营销方式主要有两种，一种是在朋友圈中植入广告，即研学旅行基地企业利用微信朋友圈本身的流量进行商业推广。另一种是个人用户在朋友圈发布个人广告，即产品销售信息或广告软文，进而吸引目标用户与其一对一私聊，促成研学旅行产品转化。

（3）微信小商店。微信支持企业和个人用户在微信平台上开店，通过微信小商店销售自己的产品和服务。

（4）微信小程序。微信小程序是微信打造的一款帮助企业和个人用户实现线上开店、“引流”获客、开展数据化营销和管理的工具，其特点是“无须下载，即用即走”，大大降低了企业和个人的软件开发成本，有助于线下企业和零售商进行线上转型，也成为众多企业和个人连接微信用户、进行产品营销和宣传的重要途径。

（5）微信广点通广告。微信针对中小型企业推出了广点通业务，企业开通广点通的账户后，就可以在微信公众号文章底部插入商品广告链接，有实力的企业还可以尝试在朋友圈投放广告。

3. 微信公众号营销策略

（1）微信公众号内容推送策略。

一是选择合适的推送形式。微信公众号的推送形式主要是文字，但如果长期推送文字信息，很容易使用户产生视觉疲劳，所以要试着采用多样的内容形式，如文字、图片、视频、音频和互动游戏等。可以以文字形式推送笑话、故事或对研学旅行基地品牌的总结等内容，可以以图片形式展示研学旅行基地精彩的画面，如名人海报、风景图画、专业的精修图及表情包等。其中，专业的精修图和表情包可以通过幽默的效果产生强大的传播效应。在图文消息中插入一段短视频作为补充，用户不仅可以有效地接收信息，同时还可以减轻阅读压力。微信公众号文章中可以插入的视频长度不得大于 1 小时，如果超出限制，就需要在腾讯视频平台上传该视频，再把腾讯视频的链接地址复制到微信公众号文章中。可以在微信公众号文章中插入与文章风格相适应的音频作为背景音乐，或者插入朗读文章的音频，还能为用户带来多元化的视听感受。还可以在微信公众号文章内插入相应的互动小游戏，激发用户的积极性，提高互动率。

二是选择适当的推送时间。晚上 7 点到 11 点，微信公众号内容的阅读量普遍高于晚上 7 点之前的任意一个时间段的阅读量。大多数用户更喜欢利用晚上的空闲时间阅读微信公众号内容。如果微信公众号的名称上带有时间提示的字眼，如“晨读”“十点”“午间”“夜话”等，而且运营者已经将用户的阅读习惯培养好，就不要改变推送时间，坚持原来的习惯就好。如果微信公众号推送的是常识、笑话等轻松、休闲轻内容，适合用户利用碎片化时间进行快速阅读，运营者就要考虑在全天合适的时间点发布，以有效利用用户的碎片化时间。微信公众号的内容如果属于深度阅读内容，最好在晚上 9 点以后发布，这时夜深人静，最适合用户进行思考。

三是选择合适的封面图。运营者在运营公众号时虽然每天只能群发一次消息，但一次可以发布多篇文章，这就涉及多图文的封面图设置。多个图文内容中，只有第一个图文内容的封面图是大图模式，其他图文内容的封面图都是小图模式。如果封面图细节较多，会被严重挤压，不容易被用户看清，所以对于第二个及后边的图文，封面图最好选择精练的“背景 + 文字”形式，让用户可以快速锁定内容。如果是图片，要保证缩小后图片不模糊，让用户可以看清具体内容。

四是提高推送效率。在微信公众号的后台，运营者可以选择新建图文消息，或直接选择已编辑好的素材并保存、群发。因此，运营者可以提前规划文章内容，把创作好的内容放在素材库中，等到推送内容时直接选择素材即可。有时运营者没有随身携带电脑，但又不能停止更新，这时就可以使用订阅号助手，在手机上群发消息，从而节省时间和精力。

（2）微信公众号的营销活动方式。

一是留言抽奖。运营者可以根据当下热点、近期活动、时间节点等准备一个互动话题，让用户在微信公众号文章的留言区留言互动，进而随机抽选或按点赞数排名选取中奖用户。

二是邀请好友关注。运营者通过奖品吸引用户参与活动，用户邀请特定数量的好友关注后即可获得奖品。

三是红包抽奖。运营者可设置关注抽奖或线下扫码抽奖，这样用户将有机会获得现金红包或实物礼品。

四是投票评比。投票一般是比赛制，运营商通过提供物质或精神方面的奖励，吸引用户报名参加活动，然后用户可以利用微信公众号平台自带的投票功能进行拉票，运营者将根据最终票数决定获奖者。

五是答题猜谜。这种活动形式是指运营者通过文字、图片或视频设计谜题，用户将答案发送到微信公众号后台参与互动，答对谜题即可获得奖品。

六是有奖调研。根据微信公众号的定位，运营者有时需要结合合作方的需求，利用第三方工具或自身的调研系统设置调研问卷，号召用户参与调研并填写信息，然后随机抽取中奖用户。

七是征文征稿。运营者设定主题，让用户参与创作，筛选出的内容可以在微信公众号上发布和推广，并给予作者一定的奖励。

（3）微信公众号的“涨粉”策略。

粉丝的数量在一定程度上也决定了微信公众号的获利能力，因此运营者要吸引足够多的粉丝。常用的微信公众号“涨粉”策略有以下六种。

一是大号“互推”。大号“互推”是指建立微信公众号营销矩阵，两个或两个以上的微信公众号达成协议，互相推荐对方的账号，以达到共赢的目的。大号“互推”主要表现为运营者在自己的微信公众号文章中推荐一个或几个微信公众号。需要注意的是，“互推”的微信公众号尽量不要与自己的微信公众号为同一类型，以免让双方形成竞争关系，而应寻找具有互补关系的微信公众号，这样获得的粉丝才是有价值的。大号“互推”是一种快速“涨粉”的方法，可以帮助运营者在短时间内获得大量的粉丝。

二是策划活动“引流”。研学旅行基地可以通过策划一些有趣的活动来调动用户的积极性。在活动策划中，最重要的一个环节就是对目标群体和活动目标进行分析，例如，企业的目标人群有哪些？他们最需要什么？什么最能吸引他们？本次活动的最终目的是什么，是为了增强用户黏性，还是增加销售额？研学旅行基地只有对自己的目标用户和营销目的进行专业而精准的定位分析，才能策划出吸引用户的活动方案，进而留住用户，增强黏性。

三是官方网站“引流”。随着微信使用率的提升，二维码扫一扫活动越来越多，但二维码可能存在安全风险，这就引起了用户的警惕。如果研学旅行基地通过官方网站等正式渠道发布微信公众号的二维码，可以大大消除用户的疑虑，促使微信公众号“涨粉”。

四是通过原创吸引用户。运营者在微信公众号上发布文章并声明原创以后，如果将文章授权给其他微信公众号推送，文章来源就会显示在其他微信公众号中，用户点击可以直接查看原创作者的微信公众号，很多喜欢某篇文章的风格的用户会沿着这个路径关注原创作者的微信公众号。

五是内部引导用户关注。这是指运营者在文章的开头和结尾提醒用户关注微信公众号，形式有纯文字样式、图文样式和底部引导样式。纯文字样式使用纯文字制作的静态或动态的样式，具有很好的表达能力，可以彰显微信公众号的宗旨，起到烘托和宣传的作用。图文样式一般是指把引导标语和微信公众号的 logo 结合起来，做到图文并茂，趣味性更佳，更吸引人。底部引导关注样式一般为二维码，用户在看完文章以后可以及时扫码关注微信公众号。

六是外部导流。由于通过内部引导关注来“涨粉”的速度比较缓慢，很多微信公众号会通过外部导流的方式来“涨粉”。常见的外部导流渠道有腾讯社交广告、门户类网站、论坛、问答类平台、视频类平台、直播平台、微博等。

（三）微博营销推广

微博营销是指研学旅行基地以微博作为营销平台，通过更新内容、策划活动、与用户互动等方式传播企业信息、产品信息，树立良好企业形象和产品形象。

1. 微博平台的特点

微博的出现具有划时代的意义，它以强互动性、强聚合性、强裂变性的优势，极大地拉近了名人与普通用户的距离。

（1）内容形式多样。早期用户在微博平台发布内容时有 140 个字的字数限制，如今微博平台已取消该条规则，在发布内容和形式上给予用户更多选择。用户在微博平台可以发布包括文字、表情、图片、视频、话题、头条文章、直播、点评、音乐、投票、微公益等在内的多种内容，并且可以针对以上内容使用定时发布功能。

（2）平台开放。微博平台具有很强的开放性和交互性。通过微博平台，用户可以根据关键词搜索想要了解的微博账号和内容。在博主未设置内容分享范围的情况下，用户仍可以浏览该博主微博账号的基本信息和所发布的内容，并且在未受限的条件下可以对其内容进行转发、评论、点赞。

（3）推广资源丰富。微博平台有着丰富的广告资源和变现渠道。微博平台自身的广告位资源十分丰富，企业和个人用户可以利用“微博头条”“微博粉丝通”等工具进行广告投放。同时，第三方的传媒公司在微博平台上也有着较强的策划能力及广告推广能力。在商业变现方面，微博平台推出的微博小店功能也为企业和个人用户提供了一个便捷的电商推广渠道。

2. 微博平台的营销策略

研学旅行基地可以通过微博加强与用户的沟通、互动；根据自身的需求策划微博营销活动，吸引用户购买商品：借助微博热点来打造企业形象，提升企业知名度。

（1）打造账号“人设”。因为在微博平台上可以较为容易地实现用户导流，所以研学旅行基地营销人员在策划和执行微博营销活动时，更倾向于利用研学旅行基地自己的官方微博账号开展营销活动，打造用户认识产品、了解活动、下单购物、留存复购的闭环。从传播互动角度来看，研学旅行基地和品牌可以为自己的官方微博账号打造一定的“人设”，令账号本身更加人性化、更具亲和力。例如，“故宫淘宝”的官方微博账号头像就是一个卡通版的皇帝形象。

（2）注重账号认证。微博的“V认证”主要有两种，一种是“橙V／金V”标志，属于个人认证的标志；另一种是“蓝V”标志，属于企业、机构认证的标志。随着微博的普及和网络舆论的开放性越来越强，微博“大V”已不仅仅局限于艺人群体，而是开始延展至权威媒体、自媒体、企业家、学者及其他拥有专业背景或一技之长的机构和个人。

（3）打造账号矩阵。入驻微博平台的企业一般以企业品牌宣传及产品销量增加为目的。除了官方微博账号，企业通常还会注册多个相关账号，共同打造企业的微博账号矩阵，形成合力以增强企业品牌的影响力。企业的新媒体营销人员在开展微博营销活动时，一方面要做好宣传和用户维护工作，注意培养自己的忠实用户群体，做好内容定位，多与用户交流、互动，多发布用户喜闻乐见的内容；另一方面要做好公关、带动产品销量，注重维护与商品相关的“大V”的关系，如为品牌代言的艺人等。企业开展微博营销活动时，借助“大V”在粉丝中的影响力推广产品，往往可以取得很好的效果。

（4）高效利用平台强互动、强裂变的传播特性。企业通过微博营销不仅可以进行产品和品牌宣传，还能够直接引导用户在线支付和购买，实现完整的业务闭环。微博平台的开放性和强互动性使平台上的信息能够快速传播。当一条微博内容触发平台用户的好奇、惊喜、意外、愤怒等情绪时，它便可以极快的速度成为微博平台的爆点，在用户的互动与转发之下，该条微博内容会不断扩散，在短时间内实现互动人数的高速增长，相关话题甚至会登上微博热搜榜。因此，企业可以请有合作关系的名人主动帮助转发企业发布的微博内容，让自己的品牌活动借助名人在微博平台上的能量迅速扩散，为更多用户所了解。此外，通过微博头条、微博粉丝通等广告平台，企业也可以进一步推动微博活动的曝光。

（四）短视频营销推广

短视频是一种时长较短，主要依托于移动智能终端实现快速拍摄和编辑，可以在社交媒体平台实时分享与无缝对接的一种视频方式。短视频营销以场景化、创意性的视听内容开展营销活动，可以满足用户的感官需求，直击用户的内心，增强营销内容的真实性和震撼力，强化用户对产品或品牌的体验与印象，从而获得更加精准的营销效果。短视频营销是新媒体营销的重要方式，是新媒体流量的重要入口和发展风口，其最大优势是可以灵活地传达品牌形象，扩大企业的品牌影响力。目前主流短视频营销平台主要有抖音、快手、美拍、哔哩哔哩、小红书等。

1. 短视频平台的特点

（1）用户基数大。短视频和直播是当前两大热门的新媒体传播形式，抖音、快手等短视频平台聚集了数亿的用户，同时，短视频“带货”与直播“带货”也成为热门的产品营销方式。短视频平台帮助大量的企业和商家进行一站式的产品营销，大大提高了企业和商家的产品营销效率。

（2）用户转化率高。短视频平台上带有营销属性的短视频内容，往往采用的是软广告的方式，具有一定的趣味性，掩盖了“广告”本身的属性，降低了产品广告引发用户反感的风险，让品牌推广更加自然、用户的接受度更高。

（3）品牌认知广泛。短视频是一种更碎片化、更具视觉化的内容传播形式，它填补了微信、微博等更偏向图文传播的新媒体平台的短板，迎合了用户娱乐化的视觉偏好。随着短视频和直播形式的火热，微信、微博等平台也逐渐在短视频领域加大了投入力度。

2. 短视频营销推广的策略

（1）聚焦用户需求，提高用户关注度。具体可以从以下 6 个方面入手。

一是营造愉悦氛围，满足用户的快乐需求。在快节奏的生活中，人们喜欢看有趣的、欢乐的内容来缓解压力、放松心情。如果一个短视频账号能够持续带给用户快乐的感受，那么获得他们的持续关注就不是一件难事了。

二是探索未知领域，满足用户的好奇心。好奇心是人们共同的天性。要想激发用户的好奇心，短视频创作者就要制造认知上的反差，例如，可以打破刻板印象来设置反转剧情，不让用户轻易猜到结局。当然，短视频创作者不能一味地标新立异，最容易激发人们好奇心的是那些贴近现实生活、既在情理之中又在意料之外的内容。这些内容能够让用户产生情感共鸣，吸引用户持续关注。

三是确定学习目标，满足用户的学习模仿需求。

在日常生活中，人们见到好的技巧和行为总是会不知不觉地模仿。例如，喜欢书法的人在看到优秀的碑帖、字帖时会认真临摹；喜欢折纸艺术的人在看到相关内容时会按照提示一步步去操作，期待能实现令自己满意的效果。而短视频的出现为用户提供了更真实、生动的学习模拟平台。那些能刺激用户产生学习和模仿需求的短视频内容，在吸引用户关注方面有着显著的效果。

四是提供工具化内容，满足用户解决问题的需求。能够帮助用户解决问题的短视频内容一般具有工具化特点，拥有较长的生命周期。当用户遇到相关问题时就会想到这类短视频，并会重新浏览自己收藏或者搜索到的短视频。它满足了用户在生活中的实际需求。这种工具化内容传播的知识是人们会在生活中反复用到的，所以工具类短视频账号的用户黏性很高，这对研学旅行企业做深度营销非常有利。

五是使用第一人称，提升用户信任感。短视频的画面生动，信息丰富，短视频内容使用第一人称的表达方式不仅能增强用户的信服感，还有利于构建人格化形象，塑造个性鲜明的角色，吸引更多用户关注，从而增强传播和营销效果。

六是指引方向，给予心灵慰藉。无论在什么时候，人们都需要心灵安慰，需要自我激励。若短视频创作者能在这方面抓住目标用户的心理，提供他们想要的、能改善心理状态的内容，就能吸引更多的用户来关注自己的账号并自发地传播短视频。

（2）巧用技巧，增强短视频推广效果。如何增加短视频的流量是短视频营销的关键问题之一。流量在很大程度上代表着企业品牌的影响力，掌握并运用一些推广技巧可以有效增强短视频的推广效果。研学旅行企业可以从以下推广方法中选择适合自身的推广技巧。

一是借助名人效应，快速“引流”。名人的知名度高，影响力巨大，一些名人发布的短视频往往会被其忠实粉丝大量转发，让更多的用户也看到相关内容。这样一来，企业想传递的信息就被推广出去了，但这种推广方式投入的成本比较高。一个人的知名度越高，其代言费也就越高。企业付出大量成本，能否赚回预期的流量收益是一个在策划阶段就需要考虑的问题。因此，一些新媒体营销人员会另辟蹊径，不选专业演员出镜，而走“草根化”路线，这样可以节省大量成本，凭借巧妙的剧情构思吸引流量。

二是利用热点话题，引发热议。热点话题是指登上新媒体平台热搜榜单的话题。这些话题一般会被平台优先推广，让更多的用户看到。一方面，短视频创作者借助热点打造话题性强的内容更容易引发用户的热烈讨论，其传播速度更快，传播范围更广；另一方面，热点可以助推短视频登上热搜榜单，使其借助平台推广获得巨大流量。许多营销号、自媒体为了“蹭热度”也会纷纷参与热点话题讨论，促使该话题在热搜榜单上的人气和排名更高。由此可见，利用热点话题引发用户热议是一个非常有效的推广手段。

三是打造品牌人设，增强用户黏性。凡是给用户留下深刻印象的短视频，其中的人物通常都具备较高的识别度。个性鲜明的人设能使短视频作品在无形中产生品牌影响力，从而被人们追捧和推广。研学旅行企业要想成功进行短视频营销，就要通过建立人设来进行推广“引流”。如果能够打造别具特色的、专属的人设，形成固定的风格，那么这在引导用户群体关注和提高用户忠诚度方面都是非常有效的。

四是发起挑战赛，扩大传播范围。短视频挑战赛能够扩大短视频的传播范围，快速聚集流量，是一种独特的短视频营销模式，极易提高品牌认知度，获得用户的好感。人们天生对带有激励机制的活动感兴趣，区别在于每个人喜欢的类型不尽相同。挑战赛是一种典型的带有激励机制的游戏活动，能够激发人们的好奇心与好胜心，并促使人们将相关的消息迅速传播出去。

五是策划创意广告，优化视觉观感。随着短视频的发展，许多企业推出了精心制作的短视频创意广告，开辟了新的流量增长点。不同于普通人随手拍摄的生活类短视频，创意广告一般由专业的广告公司制作，其剧情设计、拍摄、剪辑、制作等方面都精雕细琢，企业力求通过这种方式提高短视频内容的品质并优化用户的视觉观感。

（3）多平台推广，提高曝光率。研学旅行企业要做好营销推广，只有覆盖更多的新媒体平台，让更多的用户看到短视频，才能保证短视频的曝光率，才能最大限度地实现短视频的目标。例如，可在“@”好友、微信推广、微博推广、线下推广（社区电梯广告、地铁广告、城市大型商场内外的大型广告屏、公交候车厅、线下店）等多种渠道分享短视频，在今日头条、门户网站、媒体客户端等多个平台同步推送信息，尽可能扩大短视频的覆盖面。

（五）直播营销推广

直播营销是指在现场跟随事件的发生、发展，同步制作节目并实时播放的营销方式，直播营销活动以直播平台为载体，以企业品牌形象的优化或产品销量的增长为目的。这种营销方式是顺应当下直播热潮的一种创新，并且能体现出互联网的即时、交互的信息传播特征。

1. 直播平台的特点

（1）实时双向互动。与其他营销方式相比，直播营销是指企业通过视频直播的形式开展的营销活动，更具真实感和及时性，视频直播的形式能够满足用户直观感受产品特性、参与其他用户的互动，以及与主播进行实时互动的需求。不同于电视直播的信息单向性传播及互动延迟的情况，在新媒体平台的直播活动中，用户可以随时参与直播，以文字或视频连线的形式与主播团队进行实时双向互动。

（2）娱乐属性强。直播平台的内容以娱乐、生活等领域的内容分享为主。同时，视频与文字相比，其信息含量与密度相对更低。受早期直播平台氛围与视频直播自身特点的影响，目前视频直播的内容更偏向于娱乐化、生活化。

（3）平台众多，特色分明。各个直播平台在定位和内容上都存在差异，直播分类包括综合类、秀场类、电商类、会议类等。例如，抖音、快手等平台以综合类直播内容为主，点淘、蘑菇街等平台以电商类直播为主，钉钉、腾讯会议以会议类直播为主。企业通过直播开展新媒体营销时，可以根据所营销产品的属性来选择合适的平台。

2. 直播营销推广策略

（1）推销式。推销式营销是指主播运用一定的方法与技巧，通过沟通、说服与帮助等手段，使用户接受其建议、观点、愿望、形象等信息的活动总称。推销式直播营销有几个关键性的营销步骤。

一是提出问题。挖掘用户的痛点与需求点，提出场景化的解决方案，促使用户产生购买行为。主播通过日常的聊天抛出问题，并引导用户对问题进行讨论，以此活跃直播间的氛围，为后续自然带出推荐的产品做铺垫。

二是放大问题。通过典型的场景和案例，突出用户的痛点与需求点。

三是引入产品。以解决问题为出发点，通过引入产品，解决上述提出的问题。

四是提升高度。详细地讲解产品，并在行业、品牌、原料、售后等方面突出产品的附加值。此时，主播应尽力展示产品丰富的文化底蕴与自身的专业性，促使用户对自己和产品产生信任。

五是降低门槛。直播营销过程解决了“用户为何要买”的问题后，主播还需要解决“用户为何要在此时此地购买”的问题，当用户明确自己的需求，且对主播及其推介的产品产生信任后，主播若想让用户快速做出购买决策，可以尝试提供一定的福利，以促成用户下单。

（2）体验式。体验式直播营销是指主播通过看、听、用及各种参与手段，充分刺激和调动用户的感官、情感、联想等感性因素和理性因素的营销方式。电商的兴起和直播的风靡，对体验式直播营销提出了更高的要求和更新的挑战。

一是增强主播与用户的互动性。互动即情感交流，主播应多了解用户的需求点与关注点，增强关于用户体验的信息反馈。直播营销团队和主播要与用户积极互动，耐心解答用户提出的问题，在互动的过程中了解用户的消费需求，满足用户的情感需求。

研学旅行新媒体运营工具

二是换位思考，引导用户感性消费。直播过程中，主播应多了解用户需求，并围绕用户关心的问题展开讨论。

三是提供个性化的传播内容和消费场景，满足用户多元化的需求。主播可以提供个性化的传播内容，搭建个性化的消费场景，帮助用户更快地找到自己的兴趣点，增加忠实用户的比例，为用户提供更加长效的视频直播服务。

（3）植入式。植入式营销是指将产品及服务中具有代表性的视听品牌符号融入影视或舞台作品中的广告方式，力求给用户留下深刻印象，以达到营销目的。它是随着电影、电视、游戏等媒体形式的发展而兴起的，由于用户对广告有天生的抵触心理，把产品融入这些视听内容的做法往往比硬性推销的效果好得多。在直播环境中，主播可以在介绍直播场景中的人、事、物时，自然插入商家的产品或服务信息，以达到潜移默化的宣传效果。

个人研学旅行品牌案例

三、针对不同对象的营销推广策略

（一）针对研学旅行消费者的营销推广策略

1. 免费试用

研学旅行基地可以邀请某一学校或教育机构的学生参与免费的体验活动，并及时收集用户反馈，利用试用主体的影响力扩散辐射范围。这一做法主要适用于研学旅行新产品的推广。

2. 赠送优惠券

研学旅行具有公益性的特点，研学旅行的发展需要政府、学校、社会三方面的合力支持，以使学生个人的负担达到最低。赠送优惠券一方面能够在一定程度上减轻学生的经济负担，另一方面可以增加回头客的概率，有利于研学机构积累稳定客源。

3. 赠送研学旅行纪念品

研学旅行企业可通过向团队客人赠送太阳帽、遮阳伞、文化衫、旅行包等研学旅行纪念品的方式进行营销推广。

4. 有奖竞赛或抽奖

消费者购买一定额度的旅游产品可以参加抽奖，例如，规定每月抽奖一次，中奖者可以免费享受研学旅行基地某项活动或产品等。

（二）针对研学旅行中间商的营销推广策略

1. 价格折扣

研学旅行基地根据与研学旅行中间商签订的协议，在房费、餐费、交通、门票等方面给予一定的减免。

2. 研学旅行广告津贴补助

研学旅行基地补贴研学旅行中间商一部分广告费用，或以广告津贴的形式激励研学旅行中间商进行一定的广告宣传。

3. 研学旅行宣传品

提供宣传品的目的在于让研学旅行中间商建立起品牌意识，树立品牌形象，激励中间商销售或推广某一研学旅行产品或项目。另外也可以方便中间商宣传研学旅行产品，向中间商提供音像视频、宣传册等资料。

4. 赠品

研学旅行基地向某些重要的研学旅行中间商赠送一定的赠品，以示奖励。

5. 展销会推广

研学旅行基地参加研学旅行产品展销会，这是为研学旅行中间商提供宣传促销的一种常用方法。

（三）针对研学旅行主办方的营销推广策略

1. 树立专业管理形象

研学旅行基地要对外树立专业管理形象。研学旅行中一旦出现安全问题，将会造成不可估量的损失。研学旅行基地对内要修好安全管理的内功，对外要通过各个展示窗口向主办方展示专业管理的形象。首先，研学旅行基地在企业内部思想上要强化安全问题的重要性，行动上要建设横向关联、纵向衔接的研学旅行安全应急预案和健全的应急队伍，提高反应速度，增强处理能力。安全应急预案的设计应当自下而上开展，要从研学旅行活动的终端层面开始梳理、排查安全问题，归集整理安全应急、处理和善后方案等。

2. 采用三方合作推广模式

研学旅行基地可采用“基地—机构—学校”三方合作的模式进行市场推广。基地、机构、学校三方合作开展研学旅行活动，能够突破研学旅行活动中的一些瓶颈。研学旅行基地要充分考虑基地是否具有旅行价值和科研价值，是否有自己的特色。

研学旅行基地要积极推进学校和研学旅行基地、社会机构开展三方合作，签订协议，明确各方的责、权、利。一般来说，研学旅行基地负责提供研学旅行场地，在学校的指导下准备一些具有科学研究价值或学习价值，同时又具有地方特色的活动项目，以及师生在当地开展活动时的后勤服务；学校教师可以带领学生到本地的研学旅行基地开展综合实践活动，也可以在社会机构或外地学校的牵头下到外地研学旅行基地开展研学旅行活动，或者接待外地师生前往本地的研学旅行基地开展研学旅行活动，自己扮演中介或志愿者的角色；社会机构充当研学旅行基地和学校的联络员，还可以负责经费的收缴管理、旅行活动的组织、课题的申报等工作。

3. 定制化服务提升质量

研学旅行基地要从为主办方提供定制化的研学旅行产品角度打造市场口碑。市场上的研学旅行产品良莠不齐，有的甚至打着“研学旅行”的幌子，进行单纯的景点堆砌，最终使研学旅行变成单纯的观光游。在谈及研学旅行活动时，学校和家长最关注的问题是研学旅行的安全性、活动组织者的专业性及研学旅行产品的教育性问题。定制化研学旅行产品比一般研学旅行产品更着重考虑教育目标、学生年龄层次差别、需求差别等因素，更能保证研学旅行产品的质量，同时还可以结合不同学校的文化特色定制研学旅行产品。

4. 依托互动平台协助主办方

研学旅行基地可依托网络媒介建立校园互动交流平台，方便主办方组织研学旅行工作。研学旅行基地依托网络媒介建立校园互动交流平台，一方面可以协助主办方对研学旅行产品开展前期的宣传和推广，另一方面还可以让学生、家长更深入地了解研学旅行产品，同时学生还能利用校园互动交流平台分享其在研学旅行时的感受，达到交流、反馈的目的。

任务实操

推广研学旅行基地产品

第一步，分析确定研学旅行基地产品推广对象和目标用户。

第二步，分析研学旅行基地自身情况，确定产品推广规模。

第三步，通过查阅资料，完成不同营销推广方式的特点和策略分类表格填写（表 4–1）。

表 4–1　不同营销推广方式的特点和营销策略

营销推广方式	特点	策略
OTA		
微信		
微博		
短视频		
直播		

第四步，确定研学旅行基地产品营销推广方案。

任务考核

超级连连看

第一步，老师事先根据不同的研学旅行基地产品推广的方式和不同推广对象的营销推广策略制作卡片并打印。

第二步，指定一名同学将不同产品推广方式的特点和策略进行匹配，并归类整理上述卡片。

第三步，再指定一名同学将不同推广对象的营销推广策略进行匹配，达到完美契合的效果。

第四步，大家自由讨论，在纸上画出研学旅行基地产品营销推广思维导图。

项目训练

测一测

测试题

答一答

1. 简述研学旅行基地目标客户细分程序。
2. 简述微信公众号的营销活动方式。
3. 简述微博平台的营销策略。
4. 简述针对研学旅行主办方的营销推广策略。

参考答案

项目

五

研学旅行活动实施准备

全国中小学生研学实践教育基地——延安革命纪念馆

项目导读

本项目讲述研学旅行活动实施准备的内容。研学旅行主题课程方案对于整个研学课程来说只是“纸上谈兵”，如何顺利落地执行才是最关键的环节。落地执行前还需要完善教学细节、落实服务保障、部署接待事宜，只有这样才能做到万无一失。因此，本项目需要完成两个学习任务。第一个任务是完善教学细节。在课程实施前落实研学课程方案、制定研学旅行手册和储备课程相关知识。第二个任务是部署接待事宜。制定研学旅行工作手册、落实服务保障、召开工作部署会、落实接待人员名单、培训执行人员、做好相关准备。

学习目标

知识目标	1. 明确研学旅行实施准备的具体内容和环节 2. 根据研学旅行课程方案，落实各项内容 3. 熟悉研学旅行手册和研学旅行工作手册的结构和内容 4. 掌握召开部署研学接待工作会的方法 5. 掌握研学接待人员的培训内容和方法
能力目标	1. 能够协助基地负责人落实各项教学和服务工作 2. 能够制作研学旅行手册和研学旅行工作手册 3. 能够召开研学工作部署会
素质目标	1. 在接待准备中坚持问题导向，及时发现问题和解决问题，提前做好各种接待准备 2. 具有全局意识，通盘考虑各个环节的准备工作，做到万无一失

思维导图

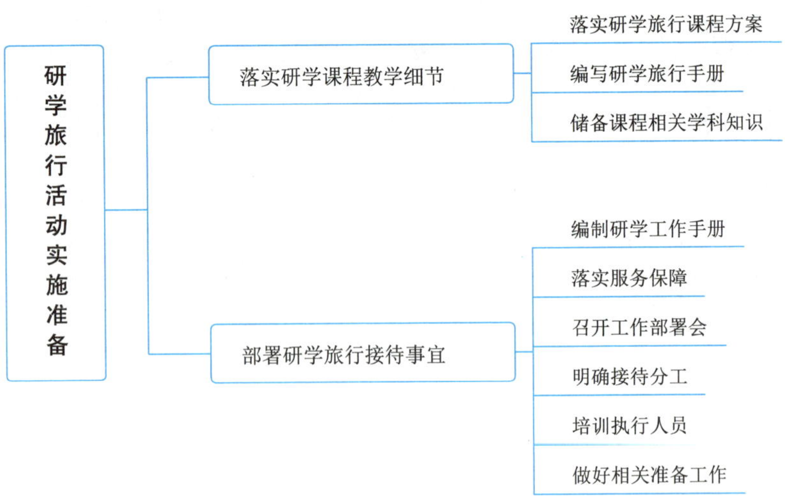

任务一　落实研学旅行课程教学细节

任务导入

某学校已经与研学旅行基地签订研学旅行活动合同，合同上注明了学校参加研学旅行活动的时间。作为研学旅行基地的一名执行负责人，请问你应该做好哪些准备？

任务分析

该基地想要圆满完成课程教学任务，就需要落实教学细节。首先，落实研学旅行主题课程方案，审核课程内容、落实授课教师、强化备课环节、检查课程场景、预演课程流程、准备课程展示资料。其次，编制研学旅行手册。本任务就重点讲解课程教学细节的落实。

任务知识

一、落实研学旅行课程方案

（一）审核课程内容

根据研学旅行基地与学校或者承办机构签订的合同，认真审核课程方案，看课程方案与合同上的方案是否一致。

1. 审核研学目标

看研学课程方案的课程目标与学校提出的研学目标是否一致，如果不一致，需要及时调整，必须保证两个目标的一致性。

2. 审核研学内容

看研学课程方案的课程内容是否符合本次研学学段学生的身心特点和能

力，是否适合学生的年龄特征，是否与学校知识相关联。

3. 审核评价内容

看本次课程方案的评价是否针对课程目标，是否有过程性评价和终结性评价。评价内容是否科学，是否能反映本次来参加研学的学生的实际成长状况。

4. 审核线路规划

审核线路规划的时间是否合理，线路轨迹是否科学、是否符合知识的逻辑关系等。

5. 审核组织结构

根据学生人数和学校安排，审核研学接待组织机构的科学性、人员配备的合理性、后勤保障的有效性等。

6. 审核安全保障

审核本次研学活动制定的安全保障措施和应急预案内容是否考虑全面，应急预案和处置方法是否得当；交通安排是否合理和安全；住宿酒店是否能满足本次研学活动的住宿要求和安全管理需求，能否在夜间实现闭门管理或楼层封闭管理；学生用餐方案中，餐厅能满足一次就餐需求，还是需要翻台完成用餐等。

（二）落实授课教师

研学旅行基地每个研学点位均要配备授课教师授课，授课教师的教学水平直接决定研学质量的高低。专业的老师是传播知识的关键因素，在研学课程中，场馆讲解员、大学教授、工程师、学校老师、研学旅行指导师都可以是知识的传授者，都承担着教学任务。在课程准备阶段，需要事先确认每一个课程单元的授课教师，并且沟通确认具体的课程内容，以保证教学活动顺利进行。需要与授课老师核实的信息主要有以下 4 点。

1. 授课教师资质

研学课程授课教师身份不同，要求的资质也不同，比如研学旅行指导师应具有导游证、研学旅行指导师培训证书，场馆讲解员需要官方工作证明等，正规的人员资质是保证研学课程正规性的重要因素。

2. 明确授课内容

研学课程的授课内容主要来源于两个方面：第一，来自授课教师，这是指我们聘请的授课教师按照研学课程方案的课程目标而特意准备的授课内容；第二，我们依据研学课程目标设计的课程内容，需要聘请授课教师或者研学旅行指导师来执行。不管是哪种方式，在课程准备阶段，授课教师都需要对授课内容进行确认，这里说的授课内容应该至少精确到课件或者教案，最好能确认到逐字稿。

3. 授课教师要求

（1）责任心。研学课程的授课教师需要对工作认真负责，这是完成工作的基础。

（2）专业知识基础。指授课教师是否有足够的知识基础支撑完成课程内容的教学。

（3）课堂组织能力。指授课教师是否能进行有效的课堂组织，培养学生研究学习的能力。

这三种能力都达到优秀的授课老师无疑能帮助我们顺利地完成课程目标。

4. 授课教师对接方式

在确定授课教师之后，需要明确课程实施当天与授课教师的对接方式，以保证课程的顺利实施。

（三）打磨单元课程

1. 分头备课

基地与学校（承办方）分别组织相关人员围绕主题进行备课，包括内容设计、研学流程、人员分工、安全预案等。

2. 对接备课

基地与学校（承办方）课程研发团队对接各自的课程设计方案，并进行深度沟通，取长补短。

3. 现场备课

邀请学校或研学服务机构到现场按照联合开发的教案，模拟学生进行全流程的研学体验，查漏补缺，完善课程教案。

（四）检查课程场景

1. 安全排查

要对每个单元课程的安全隐患进行排查，一旦发现问题，及时排除，如果不能及时排除，则应更换上课地点。

湖北省十堰市郧阳区青少年活动中心安全管理制度

2. 内外环境

检查每个单元课程场景的内外环境是否有利于教学，这是指除了安全因素外的其他一些不利因素，如人员密集，特别是一些名胜古迹类的研学资源地，很容易存在这样的问题，从而影响学生完成学习任务。如环境过于嘈杂则不利于教学效果的达成，太多的干扰因素也会对教学活动产生影响。

3. 容纳人数

根据团组研学对象的人数情况，落实课程场景的人员承载规模，从而确保每位团员得到相同的教育条件。

4. 设施设备

根据课程内容落实执行课程时所需的硬件设施，如扩音设备、讲解设备、屏幕、教具等，如果课程场景没有提供则需提前协调或者另行准备。

（五）预演课程流程

为了使课程方案能够顺利、完整地执行，达到预期效果，执行总控应带领执行人员到各个研学点位进行课程全流程演练，不符合要求的要重新整改，保证每个环节都不出现问题。

（六）准备成果展示

课程内容在设计时，通常都会有学习成果展示这一环节。目前，许多学习成果已不再单单是一篇作文或者游记，而可能是一件手工作品、一段视频或者几张摄影照片、一幅手绘画或者一段舞蹈。这些各式各样的教学成果，在落实课程内容时都需要提前准备，如“学生通过对汉俑的学习了解了汉朝的衣饰文化，以小组的形式制作设计一件汉服作为成果进行展示”。那么，制作汉服这个成果展示的材料、工具、场地及负责人，就需要提前准备，这样才能保证课程的完整性。

二、编写研学旅行手册

研学旅行手册是学生研学旅行过程中最重要的学习资源，其使用贯穿整个研学旅行的过程，包括研学旅行活动基本信息、研学旅行学习工具资源、研学旅行项目学习记录、研学旅行活动成果汇报等，实际上就是学生的研学教材，是学生参加研学旅行不可或缺的重要学习载体，它是研学旅行准备阶段的“预习卡”、实践探究中的“学习单”、总结评价中的“成绩册”。一份研学旅行手册包括课程概览、单元课程设计、感悟与评价、排版设计4个部分。

微课：研学旅行手册设计

（一）课程概览

课程概览包括前言、行程安排、学习目标、出行指南、安全须知、知识准备、行前任务等内容。

1. 前言

前言一般包括学校寄语、教育理念、课程背景、研学目的、研学旅行手册的使用方法等，其作用是向参加研学的同学说明研学目的，提出期望或者要求。前言部分并不是研学旅行手册的核心，却具有一定的实用功能，所以用较少的篇幅展示即可。

2. 行程安排

把主题课程方案里的行程安排提取出来放在研学旅行手册里，便于学生了解本次研学旅行的具体安排，说明每个时间段的主题、内容设置和地点。

3. 学习目标

本次学生研学需要达到的目的，是指本次研学的总学习目标，可以从知识、能力、素养三个维度进行设计。

4. 出行指南

学生出行前应该准备的生活资料和学习资料，可以采用列表的方式，让学生自行对照，哪些已经准备好了，哪些还需要准备，从而做到心中有数，不遗漏主要资料。

5. 安全须知

研学旅行手册中的安全须知，是指从学生自身角度考虑，针对学生主观产生的、可能发生的错误行为带来的安全隐患，做出提醒和警告，并给出一些应急处理办法。其内容可以从不同角度展开，但都要以保障学生安全为前提，一般包括安全注意事项、组织纪律要求、出行常识、应急处理办法等内容。

6. 知识准备

知识准备的目的是引导学生在出发前对研学课程进行预习，提前熟悉研学资源地点。知识准备分为生活知识和文化知识两个维度，生活知识一般指研学目的地的天气情况等。文化知识一般指基地的文化、历史、地域特点，可以通过推荐阅读文字和书目、视频等方式，获取文化知识。

7. 行前任务

出发前给学生布置的研学任务，检查学生是否完成此项任务。

案例参考：研学旅行手册任务单设计

（二）单元课程设计

单元课程设计是研学旅行手册最重要的组成部分，涉及每个单元课程的学习内容。具体包括：①上课地点。写明本节单元课程的上课地点，便于学生直接找到。②上课方式。写明本节单元课程是参观式学习、体验式学习或研究性学习中的哪一种。③上课时长。写明本节单元课程的上课时间。④学习目的。写明本节单元课程的学习目标。⑤课程解析。对本节单元课程的学习内容进行简单说明。⑥学习资料。提供一些本节单元课程学习的参考资料。⑦探究任务。设计每节课的任务单，让学生完成探究任务。

（三）感悟与评价

感悟与评价实施于研学旅行结束之后。研学感悟形式多样，可以是研学小日记、大作文、绘画、填空、问答，甚至是选择等形式。

研学旅行手册里重点是对学生本次研学旅行活动的评价，包括行前、行中、行后的评价。行前可以从物资准备、课程预习等方面开展评价；行中可以从组织纪律、团队合作、文明意识、安全意识、自我管理、环保意识、沟通能力、学习状态等方面进行评价；行后可以从作业完成情况、表达能力、成果交流等方面进行评价。

（四）排版设计

1. 设计要求

（1）美观。标题文字最好占一行，最多不要超过两行。标题的字号一定要比正文的字号大，可以通过变换颜色和字体粗细将标题与其他内容进行区分。

（2）目录。一般采用三级标题。标题的文字应规范、简明，能概括标题下的所有内容。标题风格应统一。

（3）字体相对统一、规范。所使用的字体不能过多，不然就会显得很杂乱，通常情况最好不要超过 3 种字体。

（4）图文要匹配。图片一定要与文章的整体内容相匹配，色调搭配要合适。

（5）尽可能表格化、图文化。适当增加二维码链接拓展阅读范围。

2. 设计内容

（1）封面封底。标明研学主题、研学线路、学生信息栏等内容，还可增加学校或研学服务机构等相关内容。

（2）目录。研学旅行手册页数较多，需要设计页码，方便使用。

3. 纸张设计

考虑到在研学过程中，同学们会经常使用研学旅行手册，所以封面及封底的纸张应该选用 200 克左右的铜版纸，以增加手册的耐磨性，但不需要覆膜，这样才能方便学生填写个人信息。内页可以使用 80 克左右的普通双胶纸，既不反光又比较轻薄。整本手册尽量彩色印制，以增加手册的美观度。

4. 装订设计

可以采用骑马订法装订，既便于翻阅又不容易掉页还节约成本。需要注意的是，骑马订装订时尽量保证整本手册的页面数量为 4 的倍数。研学旅行手册以 A5 大小（210 毫米 ×148 毫米）最佳。同学们在研学时，携带的背包一般是较轻便的双肩包，所以研学旅行手册太大既不方便携带也不方便在研学时记录内容。

相关链接

重走长征路研学手册（中学版）

走进历史 走进圆明园——家国情怀精品课程实践手册（中学版）

文以载道 成风化人——浙江线文学之旅研学旅行手册

三、储备课程相关学科知识

（一）准备学科知识

授课教师多次打磨教案之后，明确了需要准备哪些相关学科的知识，特别是学生在研学课程中所用到的学科知识。研学旅行指导师可以通过对学生教材对应教案的学习，掌握这些学科知识，学习时一定要注意对这些知识内容进行拓展并且结合研学课程，不要仅停留在教材中，这样才能传授给学生新鲜的知识。譬如，“鱼米江南 荟萃人文——江南研学课程”，研学对象为 8 年级学生，结合课程内容进行学情分析，得出学生应该具备的语文学科知识集中在语文教材《苏州园林》《兰亭集序》《社戏》《从百草园到三味书屋》等课文中，通过对这些课文教案的学习，掌握相关的语文知识，并且对这些知识进行拓展，比如不仅要了解《从百草园到三味书屋》这篇文章的文学价值，更要对作者鲁迅先生的生平、作品、贡献进行全方位学习，以便在研学课程中对学生进行指导。

准备学科知识，不仅要对单一学科知识进行拓展，还要对相关知识进行关联。特别是在研究性学习课程当中，同学们的选题可能涉及各个学科，如果不进行全面充足的知识准备是很难完成指导工作的。还以“鱼米江南　荟萃人文——江南研学课程”举例，在研究性学习的课程单元里，学生的选题为“以鲁迅故居为例，分析基于名人文化的旅游产业的开发模式”，这个选题涉及语文、历史、地理、数学等学科的相关知识，如果事先没有对这些内容做足准备，则不可能对学生进行有效的辅导。

（二）储备课程文化知识

这里的文化知识指研学课程涉及的除了学科知识以外的知识，研学旅行指导师需要根据此次研学课程的内容和目标，梳理、归纳这些知识，再结合学情选择需要掌握的知识内容进行学习。我们主要筛选三个维度的知识。

1. 人文知识

人文知识泛指研学资源地的文化、艺术、哲学、美学等相关知识。人文知识是最富魅力、最能代表地方特点的存在了。研学旅行指导师应当注意收集这些知识中适合学生情况、兼具趣味性与教育性的内容，在研学课程中给同学们讲解，引导学生学习如何去了解、分析、欣赏一个研学资源地的人文特点，从而增长学生见闻，陶冶学生情操。

2. 地理知识

地理知识指研学资源地的区域地理位置特征、在国家的地理位置、地理标志、气候特点等内容，是研学课程活动中最具现实意义的部分。地理知识能够帮助学生将研学活动看得更清晰，对研学资源地认识得更深刻。地理知识研究的是人员环境的相互作用，可以引导学生从地理的角度去研究人文的形成与发展，从而培养学生分析问题的能力。

3. 历史知识

研学旅行指导师还应具备相关研学资源地的历史知识，主要指：研学旅行指导师能够识别课程资源地的历史遗迹，并能讲解其所处的历史环境及其相关的历史事件；能够辨别文物与非物质文化遗产，讲解文物与非物质文化遗产的历史背景与文化传统；能够带领学生了解研学资源地点纪念场所的历史价值和意义。

任务实操

根据研学旅行主题课程方案编制研学旅行手册

第一步，全班分成 5 个小组，每个小组负责编制一份研学旅行手册。

第二步，每个小组认真阅读本次主题研学旅行课程方案，细化每个单元课程的内容。先集体讨论，然后分工，每位同学负责一个单元内容的设计。

第三步，确定研学旅行手册课程概览编写内容。

第四步，确定每个单元课程编写内容，每人负责一个单元课程的编写。

第五步，确定感悟与评价编写内容。

第六步，排版设计。

第七步，提交 PDF 格式的研学旅行手册。

任务考核

两人同时写轮流说

第一步，两人自由组合成一组，如果班上人数是单数，单出来的那位同学就和老师一组。

第二步，老师布置任务。请每位同学写出研学旅行手册设计的内容，时间 3 分钟。

第三步，老师宣布时间结束。小组一位同学先宣读自己的答案，另一位同学指出对方的答案是否正确。

第四步，两位同学交换角色，一位宣读自己的答案，另一位分析。

任务二 部署研学旅行接待事宜

任务导入

某日，一所小学四年级学生400人将到你所在的基地举行研学旅行活动，假如你是该基地本次接待活动的负责人，你应该怎样部署接待工作？

任务分析

中小学生研学团队至少是整个年级，人数较多，且包含吃住行教学等多个方面，涉及的工作人员众多，怎样让工作人员有序工作、协同配合？本任务重点介绍部署接待工作。

任务知识

一、编制研学旅行工作手册

研学旅行课程的活动主导是相关服务人员，研学旅行工作手册是工作人员组织和实施活动的依据，涉及大量的信息、数据和流程。主要包括信息汇总表、物料清单表和工作执行表。

微课：研学旅行工作手册设计

（一）编制信息汇总表

信息汇总表包括课程信息、出行人员信息、车辆信息、用餐信息、住宿信息、服务保障提示等内容（表5-1）。

表 5–1 研学信息汇总表

<table>
<tr><th>项目</th><th colspan="11">详细信息</th></tr>
<tr><td rowspan="3">课程信息</td><td>课程名称</td><td colspan="6"></td><td colspan="3">研学地点</td><td></td></tr>
<tr><td>学校名称</td><td colspan="6"></td><td colspan="3">研学年级</td><td></td></tr>
<tr><td>出发时间</td><td colspan="6"></td><td colspan="3">返回时间</td><td></td></tr>
<tr><td rowspan="6">出行人员</td><td>学生信息</td><td colspan="2">总人数</td><td colspan="2"></td><td colspan="2">男</td><td></td><td colspan="2">女</td><td></td></tr>
<tr><td>学校教师</td><td colspan="2">总人数</td><td colspan="2"></td><td colspan="2">男</td><td></td><td colspan="2">女</td><td></td></tr>
<tr><td>承办方人员</td><td colspan="2">总人数</td><td colspan="2"></td><td colspan="2">男</td><td></td><td colspan="2">女</td><td></td></tr>
<tr><td rowspan="3">重要负责人</td><td colspan="9">学校项目负责人姓名及电话</td><td></td></tr>
<tr><td colspan="9">承办机构项目负责人姓名及电话</td><td></td></tr>
<tr><td colspan="9">基地课程执行组组长姓名及电话</td><td></td></tr>
<tr><td rowspan="4">车辆信息</td><td>车号</td><td colspan="3">学生人数</td><td colspan="3">教师人数</td><td colspan="4">承办方研学旅行指导师姓名及电话</td></tr>
<tr><td>1 号车</td><td colspan="3"></td><td colspan="3"></td><td colspan="4"></td></tr>
<tr><td>2 号车</td><td colspan="3"></td><td colspan="3"></td><td colspan="4"></td></tr>
<tr><td></td><td colspan="3"></td><td colspan="3"></td><td colspan="4"></td></tr>
<tr><td rowspan="4">用餐信息</td><td>日期</td><td colspan="3">人数</td><td colspan="3">午餐餐厅名称</td><td colspan="4">晚餐餐厅名称</td></tr>
<tr><td></td><td colspan="3"></td><td colspan="3"></td><td colspan="4"></td></tr>
<tr><td></td><td colspan="3"></td><td colspan="3"></td><td colspan="4"></td></tr>
<tr><td colspan="11">用餐分配：全程　　次早餐　　次正餐，师生共安排　　　桌
用餐标准：正餐为　　餐，　　人一桌，　　菜一汤，餐标　　元 / 人
注意事项：</td></tr>
<tr><td rowspan="4">住宿信息</td><td colspan="2">入住时间</td><td colspan="4">入住酒店</td><td colspan="3">师生共用房间数</td><td colspan="2">离店时间</td></tr>
<tr><td colspan="2"></td><td colspan="4"></td><td colspan="3"></td><td colspan="2"></td></tr>
<tr><td colspan="2"></td><td colspan="4"></td><td colspan="3"></td><td colspan="2"></td></tr>
<tr><td colspan="11">房间分配：
学　　生：　男生　　间标间（与男老师拼住）+ 女生　　间标间 =　　间
学校教师：　男教师　　间标间 + 女教师　　间标间 =　　间
研学旅行指导师：　男指导师　　间标间 + 女指导师　　间标间 =　　间</td></tr>
</table>

续表

项目	详细信息
服务保障提示	1. 每人每天赠送 2 瓶矿泉水（并多备水） 2. 为每位同学准备 2~3 样小礼品，以备研学途中开展知识竞赛活动（或总结晚会使用），请确保每人能得到一件奖品（共计　　件） 3. 横幅一条：自备 4. 酒店电子欢迎牌内容："欢迎 ××× 学校 × 年级师生抵 ××× 研学" 5. × 日晚上生日及总结会，请备舞台、音箱、话筒、生日歌等。另备生日蛋糕 × 个

（资料来源：邓德智，王亚超 . 研学旅行课程设计与实施［M］. 北京：高等教育出版社，2021.）

（二）制作物料清单表

物料清单表主要包括在研学过程中要使用的基础保障资料、文件资料和课程资料（表 5–2）。每种物料的名称、单位、数量都需要详细说明，便于精准采购。

表 5–2　研学物料清单表

课程名称			学校名称			
学校负责人			出行日期			
学生人数			交付时间			
物品类别	序号	物品名称	单位	数量	备注	准备情况
基础保障	1	对讲机	台	3		
	2	对讲机充电器				
	3	发射器				
文件资料		研学旅行手册				
		研学旅行工作手册				
课程资料		课程工具包				
		活动奖品 1				
		活动奖品 2				

（三）制作研学执行表

研学执行表，是根据可行的研学课程方案制作的，用来帮助或指导工作人员准确把握研学课程的流程和进度的重要工具。研学执行表的意义在于指导使用者在计划的时间段做对应的工作，同时提出具体的工作流程供执行者参考，可以说行中研学执行表是实现研学课程内容的关键，是把研学课程从方案变成现实的桥梁。研学执行表一般包括活动时间、活动地点、活动内容、责任人、物料、注意事项等（表 5–3）。活动时间单位应该精确到小时，如果不满一小时的活动则需要精确到分钟。作为研学旅行基地的时间规划主要是到达时间、活动时间、用餐时间、休息时间、离开时间。活动地点也需要写清楚每个环节具体的上课地方，精确到每个教室。活动内容需要分解成一个个可以执行落地的步骤，并且这些步骤分解得越详细越有价值。比如，研学方案对于用餐这一工作环节，可能只会写两个字“午餐”，但在工作指导手册里，就要写清楚：在哪里用餐，需要多长时间，如何分桌，吃什么菜，需要注意什么问题等。在实际工作中如果明确了这些细节，就可以顺利地完成用午餐这一工作环节。必须明确地将具体工作分配给每一个人或者每一个角色，确保每个环节都有具体执行人。在研学活动中容易出现纰漏的地方需要在表中提出来，引起大家的重视。

表 5–3　×××小学 17—19 日三天两夜国防研学执行表

日期	时间	研学内容	工作内容 / 物资准备	负责人	场地
17 日 第一天	6：30	基地出发	接车名单、分房表、班级名单、对讲机、晕车贴、晕吐袋、急救箱、应急车一辆	活动总控	基地
	7：40—8：00	车辆摸排	摸排自己所负责车辆位置，车牌与号码牌是否吻合，如果不吻合及时调整更换号码牌	各班主带	学校
	8：00	到达学校	学校门口列队整合，齐步进入学校	活动总控	学校
	8：00	学生集合	在学校操场集合，提醒学生上厕所，行李统一放在右手边，等待学校领导讲话	各班主带	学校操场
	8：30—8：50	登车	1 班到 4 班依次有序出校园登车，主带在前，班级老师在后，谨防奔跑，请主带帮忙装行李，最后检查行李、车门是否关好	各班主带	操场—大巴车

续表

日期	时间	研学内容	工作内容 / 物资准备	负责人	场地
17 日 第一天	8：50—10：20	出发—车上	①核对人数；②检查安全带；③询问晕车情况，发呕吐袋；④行车安全讲解；⑤提醒司机依次排队行驶，禁止超车；⑥询问是否有特殊用药，做好登记并及时上报，后面监督用药	各班主带	车上
		车上互动	①研学旅行指导师自我介绍；②简要介绍 3 天活动流程；③车上游戏互动（参考：雨点变奏曲、菜园果园动物园、唱军歌），放音乐给学生听		
	10：20	到达基地	到达基地，待车及旁边车停稳以后下车，主带 / 安全员帮忙拿行李，学生到主席台集合，女左男右分开站队，学生行李放右手边，和学生确认自己房间号	主带 安全员	水泥操场
	10：20—10：40	入营训话	安全（用水用电）、室内安全（断水断电）、上下楼梯禁止奔跑	活动总控	水泥操场
	10：40—11：20	入住营房	①主带 / 安全员有序带学生到营房进行入住；②指导他们套被子，铺床单；③行李箱统一放床底（现场分寝室）	各班主带 安全员	水泥操场—营房
	11：20—12：50	开营仪式	①校领导讲话；②学生宣誓；③负责教官介绍活动和营规，热身 物资准备：大音箱、手举牌	活动总控	水泥操场
	12：00—13：00	午餐	① 10 人一桌，依次列队站好进入餐厅，从 1 班到 4 班，让学生记好自己位置，后面不做变动；②餐前礼仪，背诵《悯农》，小值日洗碗，凳子按“334”方式摆放	活动总控	餐厅
	13：00—14：30	午休	主带 / 安全员有序带学生到宿舍休息，禁止吵闹	各班主带 安全员	营房
	14：30—17：00	队列训练	各班主带带领本班学生进行队列训练和站军姿。 物资准备：水，矿泉水、桶装水，压水器	活动总控主带	水泥操场
	17：00—18：00	内务教学	两个班一起分两个教学点同时进行 物资准备：内务教学用具两套	主带后勤人员	水泥操场

续表

日期	时间	研学内容	工作内容 / 物资准备	负责人	场地
17 日 第一天	18：00—19：00	晚餐	按中午吃饭的队列及顺序有序进入餐厅就餐（背诵《悯农》），小值日洗碗	所有人	水泥操场
	19：00—20：10	小组团建游戏	①选出组长、副组长；②确定队名、口号；③设置队旗；④讲解营规、集合时间；⑤展示班级文化展示；⑥开展“我们是最棒的团队”练习 物资准备：队旗、马克笔	所有人	餐厅
	20：10—21：30	内务整理	主带及安全员进入营房，挨个房间进行考核指点，教授学生叠被子，要求生活用品及个人用品规范摆放整理	各班主带安全员	营房
	21：30—22：00	洗漱	洗漱休息，22 点以后禁止交谈，轮换守夜	值班人员	营房
18 日 第二天	7：00—7：30	起床	洗漱、穿衣整理内务、叠被子	各班主带安全员	营房
	7：30—8：00	早操	做热身操、跑步，活动总控带队，主带培训	各班主带安全员	营地内
	8：00—8：30	早餐	按前一天吃饭的队伍及位置入场就餐，小值日洗碗（换人）	各班主带安全员	餐厅
	8：30—9：00	队列训练	站军姿，稍息、立正、跨立、停止间转法、蹲下、起立（视情况而定）	各班主带安全员	水泥操场
	9：00—10：00	专项活动	起步行进与立定：各班主带带着学生分点进行练习，活动总控把控训练进度和成果	活动总控各班主带	水泥操场
	10：00—12：00	军体拳	活动总控进行军体拳教学，各班主带进行配合指导练习	活动总控各班主带	水泥操场
	12：00—13：00	午餐	按前一天吃饭的队列及顺序有序进入餐厅就餐（背诵《悯农》），小值日洗碗（换人）	所有人	餐厅
	13：00—14：30	午休	主带 / 安全员有序带学生到宿舍休息，禁止吵闹	各班主带安全员	营房

续表

日期	时间	研学内容	工作内容 / 物资准备	负责人	场地
18 日 第二天	14：30—15：30	专项课程	正步行进与立定：各班主带带着学生分点进行练习，活动总控把控训练进度和成果	各班主带 安全员	水泥操场
	15：30—18：00	专项课程	活动总控进行手语操教学，各班主带进行配合指导练习	活动总控各班主带	水泥操场
	18：00—18：40	晚餐	按中午吃饭的队列及顺序有序进入餐厅就餐（背诵《悯农》），小值日洗碗（换人）	所有人	餐厅
	18：40—19：30	节目准备	每班最多两个节目，进行节目排练，挑选主持人，负责串词	各班主带 安全员	澡堂
	19：30—21：00	篝火晚会	学生节目表演，自我主持，主带带着跳两支舞蹈。 物资准备：音响、两个话筒	各班主带 安全员	地震大厅
	21：00—22：00	洗漱	洗漱休息，22 点以后禁止交谈，轮换守夜	值班人员	营房
19 日 第三天	7：00—7：30	起床	洗漱，穿衣，整理内务，叠被子	各班主带 安全员	营房
	7：30—8：00	早操	做热身操、跑步，活动总控带队，主带培训	各班主带 安全员	营地内
	8：00—8：30	早餐	按前一天吃饭的队列及位置入场就餐，小值日洗碗（换人）	各班主带 安全员	餐厅
	8：30—10：00	队列训练	站军姿，稍息、立正、跨立、停止间转法，蹲下、起立（复习）	各班主带 安全员	水泥操场
	10：00—12：00	专项课程	复习军体拳 / 手语操	活动总控各班主带	水泥操场
	12：00—13：00	午餐	按前一天吃饭的队列及顺序有序进入餐厅就餐（背诵《悯农》），小值日洗碗（换人）	所有人	餐厅

续表

日期	时间	研学内容	工作内容 / 物资准备	负责人	场地
19 日 第三天	13：00—14：00	午休	学生收拾个人用品，主带、安全员指导学生打扫房间，将行李统一放到车上	活动总控各班主带	营房
	14：00—15：00	汇报排练	彩排流程、单个军人动作、军体拳、手语操	活动总控各班主带	水泥操场
	15：00—15：40	汇报表演	正式汇报表演，学校领导表彰总结	活动总控各班主带	水泥操场
	15：40—17：00	返程	清点人数，安全行车，在学校操场交接学生	活动总控各班主带	基地—学校

（资料来源：都江堰红色众行国防教育基地研学部负责人李晓林。活动总控：本次活动的总负责人。主带：研学旅行指导师。）

案例参考：研学旅行活动执行流程

二、落实服务保障

（一）落实用餐服务

用餐是研学旅行课程中不可或缺的组成部分。提前落实用餐服务，不仅可以保证研学旅行课程的顺利开展，还能起到调节学生情绪的作用，从而提升课程实施效果。接待负责人应严格执行合同，按照合同要求，提前与餐厅确认本次研学活动的用餐信息，对用餐地点、时间、人数、标准、形式、菜单及特殊要求等要逐一核实并确认。

1. 确定用餐信息

（1）用餐地点。需要落实到某一个具体的餐厅（图 5-1）。该餐厅是否可以提供舞台、话筒等设备，通常用于在餐厅举行的生日会、总结会等，这都是安排在用餐环节的仪式，需要提前准备。

（2）用餐时间。需要具体说明是哪一天？是午餐还是晚餐？这些都要落实清楚。

（3）用餐人数。需要落实用餐的具体人数，看餐厅是否有相应的接待能力。

（4）用餐标准。需要落实用餐标准，需要多少个菜，一般不安排凉菜。

（5）用餐形式。是桌餐还是自助餐。如果是桌餐有多少桌，师生是否可以拼桌用餐，如果有回族学生可以单独安排一桌。

图 5–1　都江堰红色众行国防教育基地餐厅　来源：巫和勇

2. 菜品质量要求

菜品质量指菜品的搭配、质量及风味，在选择菜品时一定要注意菜品的营养均衡，并且避免菜品中出现鱼和扁豆，避免辛辣的食物，避免出现凉菜。同时，菜品的设计既要满足团组成员的口味，还要通过一些特色风味菜品来体现当地的饮食文化。

3. 学生特殊要求

在用餐过程中，如果学生因特殊信仰、牙齿受伤、口腔患病等原因，需要特殊安排用餐的，如果人数较多，可以在制作分餐表时特别标注，并要求餐厅进行特殊安排。如果人数较少，则可以安排小桌就餐。

（二）落实住宿服务

良好的住宿环境不仅是一种安全保障，也是实施研学课程的重要场所。在研学旅行过程中，学生有很大一部分时间是在住宿地点度过的，其间不仅要安排学习课程、完成作业，还要自理内务、进行社交。所以住宿的落实是服务保障中最受关注的环节，经常被认为体现了服务的品质。

1. 确定住宿信息

（1）住宿时间。需要具体说明某学校学生入住的具体时间，哪一天到达酒店入住、哪一天离开酒店都要一一落实清楚。

（2）住宿人数。需要落实入住酒店的具体人数，看酒店是否有这个接待能力。

（3）入住楼层。学生住宿安排应选择较低楼层，楼层选择应较为集中，每个楼层尽量不要安排其他社会人员入住，这样便于集中管理，避免产生安全隐患。

（4）入住房型。需要落实入住房型，所提供的房间非特殊情况下，一般以双人标间房型为准；如房间数量有限，另提供有特殊房型，必须提前告知对方。

2. 入住设施要求

（1）房卡。每个房间按照成人两张 / 间，学生一张 / 间的原则配发房卡，这样既可防止学生随意串房，又便于后期退房管理。

（2）阳台。房间如有开放性阳台，必须从内部锁死，并逐一核查，避免学生私自打开造成安全问题。

（3）消防。每个房间必须贴有消防路线图，必须按照相应入住人数配备防毒面具。

（4）撤掉不合适物品。房间内如有成人用品或自费商品必须全部撤掉，房间内不得悬挂有争议性的壁画。

（5）提供矿泉水。房间内必须提供两瓶（含）以上免费矿泉水，如入住学生年龄较小，则需撤掉房间内的热水壶，工作人员有必要提醒学生可帮助接打开水。

3. 落实早餐方式

确认叫醒服务时间及方式，早餐地点、时间及楼层，早餐厅容纳人数、用餐形式（桌餐、自助），用餐要求（房号、房卡、餐券、着装），入住地点周边环境等。

4. 确定入住登记方式

提前与入住地点负责人落实入住登记方式：证件录入登记；人、证比对登记；刷脸比对登记。便于办理入住时，提前确认证件是否发放，从而做好相应准备。

三、召开工作部署会

工作部署会是行前准备阶段的重要任务，需要所有参与本次研学课程的工作人员参会。其目的在于，一是对本次研学课程的详细内容进行介绍，统一认识；二是对本次研学课程工作流程进行梳理，统一行动；三是明确每位工作人员的岗位分工和工作职责；四是让工作人员彼此熟悉，以便协同完成工作。工作部署会是为了更好地传达信息，进行工作安排，所以一般要求全部执行人员到场，开线下会议，由总负责人主持，按照会议内容依次进行。会议议程如下。

（一）介绍研学背景和注意事项

由本次研学旅行的总负责人，负责组织和主持会议，并介绍本次研学旅行的背景及注意事项。

（二）解读《研学旅行课程方案》

研学课程设计人员负责解读《研学旅行课程方案》。该方案是整个研学课程的设计图纸，由需求调研出发，展现了研学课程的设计初衷，并详细介绍了每一堂课程的设计思路和具体内容。解读方案，能够帮助工作人员了解学生的学情及研学课程的具体内容，借此让参与课程实施的每个工作人员统一对研学课程的认识。同时，还能让大家了解研学课程的内容，从而提前对研学地点深入研究，进行相关知识的准备，并顺利实现课程目标。

（三）解读《研学旅行手册》

研学课程设计人员负责解读《研学旅行手册》。该手册是整个研学活动中学生的行动指南，是站在学生视角为研学课程提供的学习材料，其中的内容需要学生在学习过程中自己完成，很多时候需要老师引领学生在学中悟，在悟中明，明后激发思考力和行动力。解读该手册，能够明确研学课程里哪些内容是需要重点讲解的，哪些内容是需要学生去感悟、去理解、去体会的。这样研学旅行指导师在教学过程中才可以做到有的放矢地指导，合理地掌握研学课程实施的时间分配；另外，解读研学旅行手册还能够帮助教师判断学生在研学旅行过程中可能遇到的问题，从而提前准备并给予学生有效的帮助。另外，研学旅行手册还有对学生在研学旅行期间行程安排和生活保障的指导作用。这些内容是针对学生学情设计的，站在学生的角度来理解研学课程，对这方面内容进行解读，有助于工作人员了解学生的状态，以便在研学旅行过程中引导学生进行自我管理，提升学生个人能力。

（四）解读《研学旅行工作手册》

本次研学旅行组长负责解读《研学旅行工作手册》，为研学旅行指导师分配具体任务。该手册是研学课程组织实施的工作指南，特别是对研学旅行指导师来说，就像教案对老师一样重要。解读该手册的目的是让工作人员了解团组信息和工作流程安排，比如，通过“信息汇总表”，掌握团组的人数、分组、车次、集合地点等重要信息；通过解读各种工具表掌握分车、分房、酒店信息等，从而可以把握工作细节；通过“研学工作安排表”，掌握具体的工作流程等。

四、明确接待分工

（一）项目组长

应至少配置1名研学旅行指导师作为项目组长，全程跟随项目活动，负责统筹协调研学旅行过程中的各项工作。项目组长应清楚地知道项目组存在的意义、使命、目标及如何达成目标工作任务。要带领团队做正确的事，正确地做事。

（二）研学旅行指导师

应为每个研学旅行指导师教学组配置数量适宜的专兼职研学旅行指导师。研学指导教师是指在研学旅行过程中，具体制订或实施研学旅行教育方案，指导学员开展各类研学活动的专业人员。原则上，学生与研学旅行指导师配置的比例不低于20∶1。

（三）研学旅行安全员

应至少为每个研学旅行团队配置相应数量的研学旅行安全员。研学旅行安全员是指在研学旅行过程中，具体负责安全和应急管理的专业人员。原则上，学生与安全员的比例不低于30∶1。

（四）医护人员

研学旅行基地可单独设立或统筹利用社区医疗卫生资源，配置与研学活动接待规模相匹配的医务人员，医务人员与学生的比例不低于 1 ∶ 1000，有具备资质的自有或驻点医务人员一名。

五、培训执行人员

（一）培训对象

参加研学项目的所有工作人员，包括研学旅行指导师、研学旅行安全员、后勤保障等其他工作人员等。需要注意的是，在培训时，每个工作组的人员数量都应该适当增加 1 至 2 人，避免出现当天由于某些特殊情况而无法到岗或在紧急突发事件某岗位相关工作人员需要补充人员的情况。

（二）培训目的

目的在于各部门负责人明确项目责任。明确工作分工、各岗位职责、负责事项及需达到的服务标准；传达本次研学旅行的背景、内容、时间、地点、服务要求等，让参与研学旅行的工作的人员明白本次研学旅行的宗旨；明确工作完成的时间节点，确保圆满完成本次研学旅行的各项任务；明确研学旅行工作各环节的主要负责人，并和学校明确督办组的人员。

（三）培训形式

培训分为两个部分，一部分是在培训室举行的全员理论知识培训，另一部分是组织一线工作人员进行路演培训。至少组织各工作组负责人进行实地路演培训，其余人员应结合沙盘和情景组织模拟路演培训。讲解培训的形式可以是单独培训，根据工作职责，在相应的地点完成，如餐饮组在餐厅培训，检票组在园区出入口培训。也可以是集中培训，将所有人员集中在会议室进行培训。

（四）培训内容

培训内容包括本次研学活动的背景、实施方案、应急预案、研学课程、服务流程、人员分工、岗位职责、安全管理细则等，重点是梳理活动的流程。

与参加本次研学活动服务的所有工作人员一起梳理研学服务流程，共同学习整个研学活动的行车线路图和地理分布图，熟悉每个教学场景的位置及其周围设施，重点掌握卫生间的分布情况，强化团队意识，尽快进入接待状态。

（五）效果评估

没有评估的培训很容易就变成了“走形式”，无法达成预先设定的培训目标，培训评估工作要做好，就一定要进行考核，且要有淘汰机制，没有考核、没有淘汰机制的培训，会使参训人员没有学习压力，容易得过且过，甚至滥竽充数；分阶段进行培训效果评估，不能等到培训最后才知道培训效果不理想。分段进行效果评估，确保学员合格上岗，不合格者还可以进行补充培训；对培训效果的评估要全面，可以从按照实际需要赋予不同的权重进行评估。

评估的方式灵活多样，前期可多采用反应评估，了解参训人员对培训的满意度；后期可多采用学习评估，通过笔试、现场操作、模拟演示等方式了解参训人员对知识、技能的掌握程度；必要时还可采用行为评估，即了解培训后的参训人员在工作中应用的行为状况等。

六、做好相关准备工作

（一）物料准备

研学活动要使用的物料主要包括基础保障资料、文件资料和课程资料，每种物料都需要提前采购。按照研学旅行工作手册中设计的物料清单进行采购，提前准备好各种物料，并检查这些物料是否能够正常使用。研学旅行指导师在接待前要准备好研学旅行指导师证、入园凭证（门票或手环等）、讲解器、对讲机、音响等；学生所需物品清单一般包含：研学旅行手册、研学旅行小红帽、学生奖状、矿泉水（按照每天一人一瓶的原则，也可以在教学点预备饮水处）、课程教具（包括学生体验带走的一次性材料）等。

（二）形象准备

1. 仪容仪表方面

研学旅行指导师要做到着装得体、整洁大方，符合研学旅行指导师身份，讲究个人卫生；服饰、妆容和发型要适合自己的身体特征和年龄，不要浓妆艳抹、花枝招展，也不能衣冠不整、邋里邋遢；应统一佩戴工作证件，着装总体上要方便工作。

2. 言谈举止方面

注意教师身份，注重文明素养；如产生分歧，不得发生任何语言及肢体冲突，须及时上报主带研学旅行指导师，积极沟通，协商解决；统一研学旅行指导师称谓，使用名字或职位名称，或者“研学旅行指导师”“老师”等称呼，要使用礼貌用语；规范公共场合文明行为，一举一动符合师德规范，真正做学生的表率、社会的楷模。

（三）心理准备

1. 准备面对艰苦复杂的工作

作为整个研学活动的主要执行者，研学旅行指导师的工作内容贯穿活动的准备、实施、总结阶段，包括制订研学旅行课程方案，实施教育服务项目，提供交通服务、住宿服务、餐饮服务、导游讲解、安全管理，以及服务改进、投诉处理等众多项目。在流程提到的标准工作之余，还有一些需要特殊照顾的对象、无法预料的复杂问题和突发事件等，为保证服务质量，研学旅行指导师要做好充分的心理准备，迎接各种工作挑战。

2. 准备面临综合性、全能型的工作

较传统教师和导游而言，研学旅行指导师的工作职责更加综合和全面，研学旅行指导师不仅要具备传统的导游能力，还要具备教育教学能力；对待学生要有爱心、耐心和强烈的责任心；要能够科学引导学生自主、合作完成探究课题，形成成果；更要具备意外事故应对的安全知识和急救能力。作为复合型人才，研学旅行指导师要未雨绸缪，做好心理准备，努力提升教育素养和教学技能，实现自身知识化、专业化、系统化的转型与蜕变。

3. 准备承受抱怨和投诉

研学活动中，难免出现学生及其家长无视研学旅行指导师的付出，抱怨产品和服务，甚至提出投诉的情况。为此，研学旅行指导师要学会管理自己的情绪，以积极乐观、认真负责的健康心态对待学生、对待研学工作，冷静、沉着地面对各种不公正待遇，真正把研学当作一份快乐而有价值的工作。

任务实操

模拟编制研学旅行工作执行表

第一步，全班分成 5 个小组，每个小组负责编制一份研学旅行工作手册。

第二步，假如下周三某小学四年级有 200 名学生将到某基地参加一日研学旅行活动，中午在基地餐厅用餐，用餐形式为自助餐。研学安排如下。

上午 9：30 到达某基地

9：40–10：00　在基地广场举行开营仪式

10：00–11：00　在 A 研学点位上第一节课 ×××

11：00–12：00　在 B 研学点位上第二节课 ×××

12：00–13：00　在基地餐厅用自助餐

13：00–14：00　在 C 研学点位上第三节课 ×××

14：00–15：00　在 D 研学点位上第四节课 ×××

15：00–15：30　在基地广场举行结营仪式

15：30 离开基地，结束一天的研学旅行活动

第三步，根据以上行程安排制定研学旅行工作执行表。

第四步，提交 PDF 格式的研学旅行工作执行表。

任务考核

研学旅行指导师的心理准备

第一步，同学自主组合，两人一组。

第二步，老师布置任务。相互讲述研学旅行指导师带团前应该如何做好心理准备。

第三步，小组中头发长的同学先向头发短的讲解研学旅行指导师带团前的心理准备，头发短的同学认真听讲，并对长头发同学的讲解进行点评。

第四步，交换角色。头发短的同学开始向头发长的同学讲解研学旅行指导师带团前的心理准备。头发长的同学认真听讲，并对短头发同学的讲解进行点评。

项目训练

测一测

测试题

答一答

1. 简述召开接待工作部署会的目的。
2. 简述研学旅行信息汇总表的主要内容。

参考答案

项目

六

研学旅行基地教务管理

全国中小学生研学实践教育基地——中国人民革命军事博物馆

项目导读

本项目介绍研学旅行基地教务管理的相关知识。研学旅行是一种教育活动，基地教务管理在《研学旅行基地运营与管理》课程中占有重要地位。基地教务管理是一个目标性、连续性、计划性、规范性很强的育人过程管理，基地管理只有以教务管理为中心，全面妥善地安排好各项工作，才能保证整个基地研学活动有条不紊地开展。因此，本项目需要完成三个任务。任务一了解研学旅行基地教务管理的内涵，需要了解教学活动的特点、学习过程的特点、教学管理的特点和理念。任务二明确研学旅行基地教务管理的内容，基地教务管理包括教务组织管理、研学课程管理、教学团队管理、教学质量管理等。任务三掌握基地教务管理的方法，即从行前、行中、行后三个环节来掌握基地教务管理的主要方法。

学习目标

知识目标	1. 了解教学活动的特点、学习过程的特点 2. 能说出基地教务管理的特点和理念 3. 熟悉基地教务管理的内容 4. 掌握基地行前、行中、行后教务管理的方法
能力目标	1. 能够协助基地教学部负责人落实各项教学任务 2. 能够对照研学课程方案，检查教学文件、教学人员、教学场地的准备和执行情况 3. 能够对课程实施中的迎接、引领、开营、教学、拍照、安全、结营、送行等环节进行有效管理
素质目标	1. 坚持立德树人，树立质量意识，把人才质量放在第一位 2. 具有全局意识，能通盘考虑行前、行中、行后教务管理 3. 坚持守正创新，顺应实践发展，不断拓展基地教务管理的广度和深度，推动基地教务管理走向规范

思维导图

- 研学旅行基地教务管理
  - 了解研学旅行基地教务管理的内涵
    - 研学课程实施的特点
    - 研学课程实施的偏差
    - 基地教务管理的特点
    - 基地教务管理的理念
  - 明确研学旅行基地教务管理的内容
    - 基地教务组织管理
    - 基地研学课程管理
    - 基地教学团队管理
    - 基地教学质量管理
  - 掌握研学旅行基地教务管理的方法
    - 行前教务管理
    - 行中教务管理
    - 行后教务管理

任务一　了解研学旅行基地教务管理的内涵

任务导入

疫情之后，某基地研学团增多，接待量加大，想聘请你去该基地教学部从事教务管理工作，你可以胜任这份工作吗？

任务分析

基地教务管理是基地根据活动方所委托的教学目的，周密地制定活动规划，通过一定的途径和方法，充分发挥基地的课程资源、人才优势、社会统筹能力来实现育人目标的组织过程。基地教务管理与学校教务管理一脉相承，既有着紧密的联系和高度的相似性，也有着很大的差异。要从事基地教务工作，首先需要了解基地教学活动的特点，学习过程的特点及教务管理的特点和理念。熟悉基地教务管理的内容、掌握基地教学管理的方法后，才能从事这份工作。本任务主要介绍基地教务管理的内涵，帮助学生掌握基地教务管理的基本知识。

任务知识

一、研学课程实施的特点

基地研学课程的实施具有自身的特点，主要表现在以下几个方面。

（一）教学活动的特点

1. 活动时间长

2016 年 11 月 30 日教育部等 11 部门发布的《关于推进中小学生研学旅行的意见》提出，“把研学旅行纳入中小学教育教学计划，实施研学旅行活动的对象是小学 4~6 年级、初中 7~8 年级、高中 10~11 年级。研学旅行时间安排，原则上定为小学阶段 2 天 1 夜，初中阶段 3 天 2 夜，高中阶段 4 天 3 夜。在实际的课程实施中，教师应根据活动主题，设定活动环节，并结合各个环节的探究与实践的时长，制定教学实施计划。研学旅行活动采用弹性课时制，教师可以根据不同的活动内容对时间进行灵活有序的分配：有的活动内容简单，知识单一，实践过程短，需要的时间就少；有的活动内容复杂，对知识与技能的要求较多，对团队合作的形式要求较高，实践体验过程较长，所需要的时间也就多。总体来说，研学旅行活动课程的实施具有活动时间长、弹性大的特点，教师应根据实际情况进行计划和安排。

2. 活动场所多

研学旅行基地活动课程与传统的学科课程的课堂教学不同，在实施过程中，其范围不局限于单一的活动区域，而是呈现出开放性特点，将“课堂”延伸到基地中与活动主题的探究实践相关的各个区域，拓展了学生的学习与实践范围，激发了学生的探究兴趣，为学生的身心发展开辟出了多样性的空间。研学旅行基地活动区域的建设具有多样性，甚至是不可复制性，有知识认知与探究区域，有技能学习与体验区域，还有实践操作与活动区域等，教师可以充分利用这样的场地优势，为活动实施提供多功能的教学场景，让学生乐于参与、积极参与各个活动环节。

3. 管理难度大

研学旅行基地活动课程在开展的过程中并没有统一的教学内容，也没有常态化的师生关系，教师的教学具有较大的自主性，即包括教师“教”的自主性和学生“学”的自主性。研学旅行活动课程的实施有既定课程计划，但教师还应根据活动主题、学生特点和年段自主选择活动的实施场所，自创组织形式和教学方法，认识到自己既是课程的实施者，也是课程的开发者和设计者。同时还要关注和激发学生的主体意识，充分尊重学生的自主权利，让学生有更多的机会自己去设计、开发、体验、创造。研学旅行活动课程无绝对固定的指导教师和固定不变的活动场所，也无固定的活动模式，加之课程实施涉及的因素较多，学校、家庭的重视程度不同，所以活动课程实施的管理难度也很大。

4. 安全要求高

研学旅行基地活动课程实施的场所多，学生不再局限于一个区域教室与书本，而是与各种各样的工具、设施及形形色色的人打交道，他们走出教室，走向社会，接触自然，因此面临的不确定因素也就增多了。另外，中小学生的身心发展均未成熟，判断是非与应对突发事件的能力还不是很强，所以课程的组织者应当以高度重视、高度负责的态度对待之，以细致严密、一丝不苟的工作实施之，基地管理者与教育工作者应当对研学旅行活动课程实施的安全问题有正确、全面的认识，应当注重调动一切社会有利资源为学生的学习生活和安全健康提供切实的保障。

（二）学习过程的特点

1. 情境理解

情境依赖是研学旅行活动的基本属性。引导学生进入活动情境、理解活动情境，是研学旅行活动的起点。在各个课程项目实施的过程中，情境理解是提高学生实践活动的效率和质量的基础。

（1）进入活动情境。研学旅行基地的活动情境是开放的、多样的。一般来说，基地活动情境大致有社会情境，包括社区、特定的社会机构、村庄、工厂、农场等，有精心规划设计的功能场馆，如安全教育馆、地震体验馆、机器人馆、家政厨艺体验馆、素质拓展场等。指导教师要引导学生有序地进入活动情境。

（2）认识活动情境。无论是室内情境，还是开放的社会情境，活动情境所涉及的因素都是复杂的。活动开始之前，指导教师要指导学生认识和理解活动情境：认识和理解活动情境的空间特征、认识和理解活动情境中的工具和设施、认识和理解活动情境中的事物、认识和理解活动情境内含的各种基本关系、认识和理解活动情境中人与人之间的关系。

（3）发现问题和提出问题。任何活动情境都包含着一定的理解性问题、知识性问题、方法性问题。指导教师应引导学生发现问题，提出个人在情境理解环节中的疑惑或问题。

2. 过程体验

过程体验是学生运用一定的方法、工具或手段，在实践情境中开展实践操作与活动体验的过程。在此过程中，学生手脑并用，利用特定的工具、方法和手段，开展实践学习。过程体验是学生研学旅行活动由情境理解走向情境参与的基本过程。实践过程中学生的体验并非仅仅是简单地经历一种活动的过程。一般来说，研学旅行活动中的过程体验有如下基本类型。一是程序体验，即在实践情境中经历问题解决的基本过程：发现问题、分析问题、解决问题。在问题解决的过程中，经历论证问题、提出假设、制订活动方案、验证假设、得出结论的程序性规范。二是工具体验，即在实践情境中学习利用各种问题解决的工具和手段。在实践活动中，工具和手段的选择、安排、使用，都会直接影响问题解决的效率和活动结果。三是方法体验，即在实践情境中学习和经历问题解决的各种实践方法或科学方法。

3. 反思感悟

对行动和经验加以理性反思，是研学旅行活动升华的基本保证。反思感悟，要求学生对自己的言行进行总结、思考、内省，是自我比较，也是对自己言行、处事方式、行动策略及思维方式做的追溯性思考。反思的意义在于发现问题，明辨事理人伦，提升自我修养，完善自我为学、为事、为人之道。反思之所以能够促进人的发展，是因为通过反思，人们能够意识到自己与价值标准、行为规范之间的差距，发现自己的不足之处，发扬自己的优点。通过反思，人们能够自主地觉醒，并形成正确的观念。实践的根本目的不在于实践，实践是认识的深化，因而，引导学生对实践过程、实践经验或体验、实践认识进行总结性反思、解释性反思，都有助于将经验和体验上升为感悟，上升为学生的个人理解和个人知识。

二、研学课程实施的偏差

研学旅行活动课程的设计与实施，一定要符合其综合性、实践性、开放性、生成性和自主性等基本特点，一定要正确认识研学旅行活动课程的性质，任何把研学旅行活动当作“旅游”或一门具有知识体系的学科来“教”的做法，都是不符合课程的基本规定的。为此，要防止和纠正以下几种偏差。

（一）以旅游为重点，忽视教育性

由于基地和服务机构的认知偏差，研学旅行中一直存在“只旅不学”的现象，整个过程都是“旅游观光”或者“休闲玩耍”的状态。研学旅行要做到“学”与“旅”的深度融合，若过度强调学，那么学生便会背着包袱去研学；如果只强调旅行、旅游，便会失去课程的本质意义。

基地教师需要逐步提高课程开发能力，以典型引路、团队协作的方式推进园本课程开发，以专业的活动指导，带领学生在研学旅行活动中感受学习是一种旅行、旅行也是一种学习的实践方式，让学生领略这种方式的新奇美妙，进而引发学生探究兴趣，使学生产生实践无限好、探索真奇妙的追求。这种方式有利于推动全面实施素质教育，创新人才培养模式，引导学生主动适应社会，促进书本知识和生活经验的深度融合。

（二）以书本为中心，忽视实践性

以书本为中心，是指实施教学时，把学生局限于一些所谓的“教材”，按部就班地“教”研学旅行活动。这样，学生的学习方式依然是接受性学习和简单的模仿性学习，必然缺乏研究性学习、社会参与性学习、体验性学习等学习活动方式。这与课程的性质是相背离的，也难以发挥课程价值。因为研学旅行活动是实践性的课程，它要求具有开放的实践情景和适当的开放的活动空间。研学旅行活动课程的实施没有现成的“教材”，它要求基地教师具有明确的课程资源意识，注重引导学生关注生活、关注现实，从现实生活中发现问题、提出活动主体、开发利用广泛存在的课程资源。

（三）以教师讲解为主，忽视自主性

“自主实践”是研学旅行活动课程的基本特征，它强调学生的实际经历和动手实践。基地教师在活动过程中起着指导、组织、协助、评价等作用。教师适当的讲解和指导是必要的，但绝不能以基地教师的传授和讲解为主，而忽视学生自主性的发挥。应把大量的时间留给学生自主思考、自我发现、自主实践、自我反思。这样才符合研学旅行活动课程的性质。

（四）过于关注书面结果，忽视过程性

研学旅行活动课程的目标不是刻意要求学生获得某项研究性结果，而是在于为学生提供亲身体验，经历“研究”的过程。如果过于强调活动结论的获得和书面结果的呈现，就会误导学生花费大量时间和精力去整理文字资料，而忽视了思辨、畅想、感悟的探索过程。学生的个性发展和实践能力也将难以实现。

（五）学科化倾向严重，忽视综合性

在研学旅行活动实施过程中，有的将活动课程的目标与学科课程的目标、内容等一一对应，并且内容的组织套用学科课程的逻辑，从而把活动课程的目标定位在获得系统的书本知识上。有的开设一些专题知识讲座，这并不符合研学旅行活动课程的本质要求，因为研学旅行活动不是一种学科本位的课程，它是以增强学生对自然、社会、自我的整体认识，发展学生的实践能力和创新精神及合作、交流、社会责任感等良好的情感和价值观为基本目的。这正是研学旅行活动课程之所以存在的独特价值。

上述问题，都没有正确认识和准确体现研学旅行活动课程的学科性质与特点，所以只有掌握了它的本质，才能较好地实施这门新型课程。

三、基地教务管理的特点

（一）教学方法更注重学生的实践性和探索性

基地的教学属于综合实践活动教育的范畴，综合实践活动是我国新课程方案中规定的九年义务教育阶段和普通高中阶段开设的一门必修课，是以培养学生的综合素养为导向，通过探究、服务、制作、体验等方式设计教学活动，而非在学科知识的逻辑序列中构建和实施课程。它改变了学校教学接受性的学习方式和获取知识的单一认知，是一种经验性课程和实践性课程。就如杜威指责传统学校是“静听的学校”那样，他主张开展有利于儿童生活的各种类型的活动，“从做中学”，通过学生主动的活动与探索取得知识与经验。

（二）教学目的更注重学生的生活性和社会性

基地教学是让学生走进自己的生活世界和社会实际，接触自然环境，以获得关于自我、社会、自然的真实体验，从而让学生学会学习、学会生活，建立活动与生活的有机联系，培养学生的创新精神和社会实践能力，以便更好地适应现实生活的需要。所以，基地要以学生的日常学习生活、社会生活、与大自然的接触来设计活动主题，比如开设公共安全教育课程、社会实践课、生活生存技能课程、研学旅行等活动。

（三）教学过程更注重知识的分享和生成

合作意识与能力在研究性学习和综合实践活动开展中表现得尤其突出，研究性学习立足于个性化基础之上，兼顾群体合作与交往。学生在学习的过程中，既要主动参与活动，独立思考问题，又要与同学们互帮互助、并肩前进，能积极主动地处理好各种人际关系，主动与同伴交流沟通、分享活动成果。综合实践活动的价值就在于学生能在活动过程中不断地形成良好的行为意识、情感、态度和价值观，并不断地构筑自我的整个精神世界，发展实践能力。学生参与综合实践活动的过程，就是自我生成的过程。总之，基地教学是一个由经验操作到实践体验，再由实践经验到形成知识，最后由知识延伸到学会应用的过程。

（四）教学管理更注重风险预见和安全管理

基地是“行走的课堂”。学生走出学校，走向社会和自然，他们面临的安全设施和安全防范与校内有很大差距，意外发生的可能性也大大增加，所以基地要加强风险预见，学生要进到的每个活动场所都要提前模拟演练，做好安全预案。基地对于学生来说是一个全新的场所，学生探知欲很强，基地管理人员对每一个学生的个性又不熟悉，若管理缺位，意外发生率会大大增加。安全管理必须关注到每一个学生、每一个环节、每一个方位，从学生起床、吃饭、活动、睡觉等每一个环节的交接过程都需要紧密对接，因为安全事故往往发生在管理的交接处，并且要做到24小时全天候管理，若基地管理人手不充裕，那么每个环节最好做到学生集体行动，这本身也是学生学会集体生活的一个方面。

（五）教学效果更加注重育人属性和相互交往

基地教育是校内教育的补充和延伸，必须认真落实党的教育方针，与生产劳动和社会实践相结合，引导学生深入理解和践行社会主义核心价值观，把立德树人作为基地教育的根本任务。要认真落实学校的教学目标，做好活动评价，并反馈给学生、学校和老师。不仅能让学生“游”“玩”“看”“乐”，更要注重让学生“做”“思”“探”“知”，把握教育的本质属性。

教学过程必须围绕活动目的，通过更加广泛的师生之间、学生之间的问答、讨论、交流、互助，启发学生，让学生进行思想碰撞与反思，集思广益与加深理解，并学会应用，使活动进行得更加生动活泼而有效。

四、基地教务管理的理念

（一）充分利用资源优势，发挥资源教育属性的理念

近年来，不少旅游景区挂牌研学教育基地，但旅游的色彩依然很浓，教育的属性还没有展现出来。旅游接待是一个提供服务、迎合客人的过程，而基地教育是一个主动施教、传授知识和灌输思想的过程（虽然注重学生的体验、制作、服务、探究等方式，却是在围绕一个特定课程目标的前提下，由指导老师指导开展的教育活动），这就要求基地要做好从旅游行业到教育行业的角色转换，要把旅游资源转化为教育资源，要在旅游服务的基础上增加教育功能。研学指导老师不仅是一个导游身份，还是一个老师身份，并且教学方法比老师更加灵活，掌握课堂局面的能力更强。基地一定要加强研学指导老师的配备和培养。

（二）理解综合实践课程内涵，树立学生一切活动皆课程的理念

无论是公共安全教育课、素质拓展课、社会实践课，还是研学实践教育课，都有其鲜明的活动主题。基地在管理中，往往只是把学生的衣食住行做了行为要求和规范，没有作为课程内容来实施。综合实践课的概念指出，“从学生的真实生活和发展需要出发，从生活情境中发现问题”；研学旅行的概念提出，“通过集体旅行、集中食宿方式开展”；国家旅游局发布的《研学旅行服务规范》也要求，“每个研学旅行团队安排一名安全员，安全员在研学旅行过程中随团进行安全教育和防控工作”。这些都提出了让学生学会生活、学会集体生活、学会适应社会的要求，要把学生进入基地的一切行为全部纳入课程范围，包括衣食住行。安全员不再只是学生行为的强化者，而是学生行为的教育者、是有温度的系统管理，所以要把学生的安全管理当作一门课程来落实。

（三）做好全方位安全预案，树立筑牢安全底线的理念

基地的教学是开放的，活动组织过程比较复杂，安全风险无处不在。基地一定要健全防交通事故、防食物中毒、防意外伤害、防火灾、防踩踏、防中暑（感冒）、防地质灾害、防虫叮咬、防摔伤等安全预案；做好教学设施的定期和不定期检查、教学环境的安全隐患排查；做好教务工作者的行为规范管理、学生生活指导等，活动组织的过程一定要做到全方位紧密对接，建立完善的人、财、物、事管理制度，落实岗位责任制，增强基地领导、研学指导老师、安全员等各个岗位工作人员的责任感。

任务实操

研学旅行基地课程实施调研

第一步，老师提前与一家研学旅行基地联系，观摩学习其课程实施过程，并对课程实施进行调研。

第二步，按照约定时间到达研学旅行基地，每个小组观摩一个班级的教学活动。

第三步，分组观摩，在观摩的同时，请大家做好观察记录，观察课程实施的主要环节、每个环节的教学步骤、每个环节有哪些地方做得好、值得借鉴，有哪些环节还存在问题？

第四步，假如你是该基地的教务管理人员，你应该采取哪些措施来改进基地的教学管理？

第五步，每个小组提交调研结果。

任务考核

请每位同学拿出笔和纸，写出研学旅行基地教务管理的特点和理念。写好之后，同学和桌友结对，交换答案，相互批改作业，检查各自对本节课知识的掌握程度。

任务二 明确研学旅行基地教务管理的内容

任务导入

10月21日，某学校初二年级学生200人，教师12人到某基地研学旅行，时间为一天。假如你是该研学旅行基地教学部负责人，请问你应该抓好哪些方面的教务管理工作？

任务分析

作为一家研学旅行基地教学部负责人，只有全面掌握基地教务管理的内容和相关知识，才能更好地进行基地教务管理。基地教务管理包括教务组织管理、研学课程管理、教学团队管理、教学质量管理等。本任务讲解学习基地教务管理的内容。

任务知识

一、基地教务组织管理

建立高效的教务组织系统，充分发挥各职能部门的作用，是基地教务管理的基础，也是实现基地有效运转的根本保证。

研学旅行基地教学管理办法

（一）设立研学教学部

研学教学部是落实基地教学计划的核心部门，是基地教学管理的枢纽和调度室，一定要确立研学教学部的核心地位，必须由基地业务能力强的主要领导分管研学教学部或亲自兼任研学教学部主任。

1. 明确研学教学部的职责

研学教学部主要负责研学课程的实施。具体包括：建立基地与学校和家长的信息沟通渠道，完成课程计划、班级建设、课程落实、服务接待安排、完成学生评价等，并协调好学校、基地、交通部门、课程资源、食宿等相关部门的关系，安排好具体事宜。

2. 精心挑选研学教学部主任

教学部主任是基地领导管理课程的主要助手，以及基地教学管理的首席执行者，也是教学管理的领导者。校外活动虽然是按一定课程方案进行的，但受外界因素干扰较多，这就要求教学部主任不仅要业务水平高，还要有很强的工作协调能力、事情发展的预见能力和应对突发事件的应变能力，能够围绕完成研学课程目标来协调基地内外关系，并根据活动现状及时调整活动方案。因此，基地一定要加强教学部主任的挑选和培养工作。

3. 研学教学部人员配置

教学部要工作岗位健全、职责明晰，人员配备应个个是精兵强将，每个人都要能够担当起每一方面工作的重任，保证活动的任何一个环节都不脱节。教学部一般设主任、副主任、课程计划、督导、联络、器材保管、医务、文员等岗位，根据基地规模，每个岗位人员数量不等。

湖北省十堰市郧阳区青少年活动中心工作方案

（二）成立相关部门

开展活动是基地的中心工作。活动前期，基地要与学校做好活动计划、活动时间、活动人数等具体情况的对接，设立联络协调部；围绕活动计划，基地要做好课程资源的开发，设立课程资源开发部；围绕学生的食宿生活还需要设立后勤管理部；不同基地情况不同，还应根据具体情况设置不同的部门。部门设置要围绕着落实活动课程来定，其他部门都要以活动部为轴心来开展工作。例如，课程资源开发部要跟踪课程实施情况，及时调整课程内容；后勤管理部要根据活动开展情况来调整食堂开餐时间、餐食结构；联络协调部要围绕活动开展情况与学校沟通相关事项等，发挥好活动部的核心中枢作用。必要时基地负责人要亲自指挥，才能形成全局一盘棋的局面。

（三）教务组织方式

1. 建立团队

每个基地的育人目标基本一致，管理方式大同小异。除开营、结营和大型活动外，过程管理基本都以班级为单位进行组织，每个班级再分若干个小组。

班级的组建可以以学校的班级为单位，根据活动实际情况，也可以跨班级、跨年级，甚至跨学校、跨区域组建。

2. 开营结营

开营是一次活动的起始，主要目的是激发学生们的参与热情，明确本次活动的任务，基本内容包括：基地情况介绍、学校和基地领导讲话、学生代表讲话、破冰小游戏、分班和与指导老师对接、团队建设、团队展示，开启活动行程。

结营是一次活动的总结，主要是展示活动成果和进行表彰，主要内容包括：学生分团队集中展示、指导老师总结、表彰等。

3. 形成团队组织

一个班级凝聚成一个团队要经过三个阶段。

（1）组建阶段。评选成立团队组织，包括班长、记录员、安全员等；指导老师引导学生建立自己的团队精神，包括队名、口号、队歌、队旗等，并通过反复的展示、团队之间的评比来增强学生的团队意识和团队精神。开展上述活动时一定要尊重学生的自主性。

（2）初步形成阶段。在团队精神的引领下，通过学生们在活动中的分工协作、体验感悟、交流分享来深化学生的团队精神，逐步形成主动参与、积极交流、乐于奉献、勤于思考、善于协作的氛围，还能让学生自觉维护团队的荣誉。

（3）热情参与阶段。通过体验团队之间交流的广泛、协作的默契、收获的喜悦后，学生的参与热情高涨、成功欲增强，能为一次小小的失败掉下眼泪，能为同伴挑战成功欢呼雀跃。这些过程的形成都需要依靠指导老师的自身魅力和不断引导，才能逐步实现。

二、基地研学课程管理

（一）研学课程规划

微课：研学旅行基地课程管理

基地研学课程规划是指研学旅行基地从战略规划和发展目标出发，根据当地中小学研学市场的需求，预测未来对研学旅行基地课程的需求，以及为满足这种需要而提供研学课程的活动过程，包括中小学研学市场分析、课程需求与供给分析与预测、制订课程开发计划。

1. 分析本地研学市场需求

研学旅行基地在进行课程规划之前需要对本地研学市

场进行分析，查阅相关资料，了解本地中小学生数量，小学、初中、高中各学段学生的分布情况。通过对学校、家长、学生进行问卷调研，了解学校、家长、学生对研学课程的需求，从而掌握本地研学课程的需求量。

2. 调研本地研学课程供给

调研了本地研学市场需求之后，需要对本地研学旅行基地进行调研，了解本地研学旅行基地开发的课程类型、课程数量等基本信息，以便有针对性地开发基地课程。

3. 制订基地课程开发计划

在了解了本地研学市场需求和供给的情况下，可以制订本基地的研学课程开发计划。首先是根据安全性、容量、课程资源来选择研学点位，保证研学点位可以安全实施研学活动。其次是深挖研学点位资源特色、提炼亮点，尽量与本地其他基地课程不雷同。最后是根据基地各研学点位可以开发的课程，创立本基地的研学课程体系。

（二）研学课程设计

在销售部与中小学签订研学合同后，基地教学部就要组织专业团队设计研学课程，针对不同学段特点，满足类别要求，体现研学课程的思想性、创新性和趣味性。研学课程设计应分别从研学主题，课程目标、课程内容、课程实施、课程评价等维度开展。

1. 研学主题设计

研学主题设计是基地研学课程设计的第一步，确定一个贴切的研学主题显得尤为关键和重要。基地研学活动不能单纯依靠基地教师指定活动的主题，也不能完全由学校确定活动主题，基地应该根据自有研学资源和教学能力，结合学校需求，依据学生的知识和能力差异，制定分年段、分长短的研学旅行活动主题。

2. 课程目标设计

基地研学活动的课程目标是中小学生通过在基地的认知、探究与实践活动，在实践能力、情感态度、个性品质方面所应呈现的状态。研学课程目标是可达成、可测评的。不同学段、不同基地的研学课程目标是不同的，需要根据基地资源和学情设计不同学段的课程目标。

3. 课程内容设计

基地研学课程内容选择主要是依托基地现有的资源，根据自身资源特色来设计课程内容，基地资源板块不同，选择的课程内容也不一样。

4. 课程实施设计

课程实施分为行前、行中、行后三个阶段。行前课程设计向学校或者承办方提供课程资源详述、与主题相关的专题报告等资料，行中课程设计主要是为学生设计更多的模块化、个性化、微型化的探究性、合作性课程。重点是以学生为主体设计多种形式的教学活动。根据不同的教学内容可以选择观察、调查、文献研究、模拟体验、设计、体验等活动形式。行后课程设计是基地的评价总结阶段，这个阶段是非常重要的课程学习阶段。每个活动或者点位结束，都应设计总结分享环节，让学生讲收获，老师进行总结，从而让大家明白活动的价值和意义。

5. 课程评价设计

研学旅行结束后一周内要对本次研学旅行活动进行评价。对本次研学旅行课程评价是由课程目标决定的，评价研学旅行质量的高低，评价学生的发展状况，应当重视学生在实践过程中的态度、兴趣、情感，以及解决问题的方法应用、各种实践表现，通过肯定他们的活动价值来营造体验成功的情境。

（三）研学课程实施

基地课程实施包括行前课程准备、行中课程实施、行后课程总结三个阶段。行前准备需要从教学文件、教学人员、教学场地三个维度进行检查，保证所有准备工作有条不紊。行中实施主要是对迎接、引领、开营、课堂、结营、送行等各个环节的教学。行后总结主要是对本次教学活动的总结、反思，以及研学档案的保存等。这部分内容将在本项目的任务三进行详细讲解。

三、基地教学团队管理

教学团队管理是基地管理的一个重要组成部分。基地工作的开放性和基地活动的综合性需要调动基地每一位教学工作者的积极性，把他们的潜力和智慧引导到提高育人目标上来。

（一）教师团队管理

1. 教师团队的现状

研学旅行基地教师团队的水平差异很大，公办基地的教学人员大多是校内教育的老师，基础素质较好，民营基地的教学人员素质参差不齐，但都无法做到像校内教育的学段学科分工那么细致。随着国家对校外教育的重视和各大学院校相关专业的开办，人才的需求会更加配套。

2. 教师团队的选拔

（1）资格要求。研学旅行指导老师是学生综合实践教育课程的落实者，兼具导游和教师的双重角色，且应侧重教师身份。安全管理员是学生基地安全管理的指导者和守护者，既负有基地安全守护职责，也有对学生行为规范的教育和指导职责。基地的服务对象是学生，所有岗位都要遵守教师的职业道德，做到爱岗敬业、关爱学生。

（2）人员控制。每个基地至少要配一个教务总管，负责基地所有的教学教务工作。配比一定的教务人员，可参照 1 ： 200 的比例，即每接待 200 个学生就要配备 1 个教务管理人员。研学旅行指导师师生配比可以按照 1 ： 20 配备，即每接待 20 个学生就需要 1 个定位教师。安全员与学生配比按照 1 ： 30 配备，主要负责学生研学安全问题。医护人员与学生配比按照 1 ： 1000 配备。

（3）录用方式。因基地工作的特殊性，所以所有人员录用都应经过资格审查、面试、试用、录用阶段，坚持优中选优。

3. 教师团队的培养

教师团队是基地开展活动的主力军，师资队伍的稳定和素质直接影响到基地的高质量发展。

（1）不断注入基地的发展活力。要不断地引进骨干力量，要经常更新活动内容，为基地发展注入活力，为师资队伍的成长提供空间。

（2）注意师资队伍的培养和人才梯级储备。一个优秀的基地指导老师和安全管理员成长起来很不容易。基地一方面要注重培养人，首先可以通过以老带新，让新同志有了足够的感性认识后，在老同志的指导下试岗；其次可以通过集体备课、观摩课、评课等方式来交流提高；再次可以通过外出培训学习、基地交流、邀请知名专家指导等途径提升；最后，采取一定激励措施，激发师资队伍潜能。另一方面，要注意人才的梯级储备，基地师资队伍不仅要有中坚力量，还要有新生力量，从而保证基地的持续发展。

（3）要关爱师资队伍的生活。基地指导老师和安全管理员在脑力和体力劳动上强度都很大，从业人员大多是年轻人，所以一定要关心好他们的生活，让他们有足够的精力投入工作。

（二）学生管理

校内学生管理与基地学生管理基本相似，但侧重点有所不同，基地会更侧重学生活动过程的管理、生活管理和安全管理等。学生管理的质量，是一个基地教务水平的直接体现。

1. 学生管理的内容

学生管理是一个细致复杂而又多层面的工作，其主要内容如下。

（1）课程行为管理。指导、引导学生顺利完成研学旅行活动，指导学生完成研学旅行手册，活动结束之后完成活动评价的管理。

（2）生活管理。主要是指对学生衣食住行等行为养成的管理，并提供必要的生活服务管理。

（3）安全管理。安全管理主要是排查学生活动和生活场所的安全隐患，排除不安全干扰因素，保证学生研学活动的安全。

（4）信息管理。主要包括建立学生和学校老师间的信息沟通渠道、学生与家长间的信息沟通渠道、家长和老师与基地间的信息沟通渠道。

（5）健康管理。主要是对特异体质学生、突发疾病、新生活环境适应等方面的管理。一旦学生突发疾病就需要及时救治。

2. 学生管理的要求

（1）发挥基地教育优势，引导学生学会自我管理。首先，基地要形成自己的学生管理特色，安全管理员要有自己一套成熟的学生管理规范和管理办法，通过自身的魅力来增强学生的向心力；其次，基地教育首先就是要给学生们建立一个团队，每个团队都有自己的团队精神，每个团队又分若干个小组，通过小组间、团队间的竞争引导学生自我约束；再次，要通过人防、物防、技防来保障学生的安全。

（2）畅通家校联络渠道，共同做好学生管理。学生在适应基地新环境的过程中，会遇到很多意想不到的问题，也有可能遇到一些突发事件，这些都需要通过与老师、家长间的沟通来妥善解决。

（3）根据不同学生特点，做好科学管理。基地学生来自四面八方，存在年龄、地域和校内管理上的差异，一定要区别对待。要注重城乡孩子差异、小初高孩子差异、男女生差异、校内寄宿和非寄宿孩子差异、健康和特异体质孩子差异，这些因素导致孩子在活动和生活中的表现差别很大，比校内管理的情况更复杂，要求更高。所以，基地教学人员还要掌握一些教育学、心理学及生活学知识。

四、基地教学质量管理

教学质量是基地管理者依据一定的质量标准，运用科学的手段和方法，对基地活动过程及结果进行全面监控、检验和评估的活动，其目的是提高活动质量，促进基地的持续发展。

（一）教学质量管理的要求

1. 坚持全面活动质量管理

首先，质量管理要从研学指导老师、安全管理员的活动组织和学生活动效果两个方面同时开展；其次，活动组织不能只面对个别“活跃”学生，而要面向全体学生，注重参与率；再次，学生活动管理要从学生自评、小组互评、活动指导老师和安全管理员的评价、学校和家长的反馈等方面来进行；最后，既要有每个具体活动的评价，也要有一次活动的评价。

2. 坚持全过程活动质量管理

对研学指导老师和安全管理员的质量管理要求要通过课程开发、活动组织观摩、活动组织过程检查、活动效果检测等方法来进行系统管理。学生活动质量评价不能只看活动过程，还要及时收集活动后学校和家长的反馈，要注重活动实效。

3. 坚持全因素活动质量管理

基地管理是一个受人、财、物、时间、空间和信息等多种因素影响的活动，活动经费、设施设备、活动环境等能否满足正常的活动需要，是否有利于活动质量的进一步提高，是否有利于基地的长远发展，这些都是管理者应全面考虑和及时解决的问题。

（二）教学质量管理的内容

案例参考：研学旅行基地投诉与监督管理制度

1. 科学制定教学质量标准

教学质量标准是检查教学质量的依据，也是教学管理的基础和依据。教学质量标准是一个多层次、多维度的体系，涉及活动的各个方面，需要不断探索发现、总结提高。教学质量评价标准具体一点可以从两个方面进行设计，一是从课程开发角度进行，主要通过学生活动过程来评价课程开发是否能够达到学校的活动目的；二是从教学开展角度来进行，主要通过教学效果来评价师资队伍的活动落实情况。一句话，既要有好的课程，还要有好的师资队伍。具体质量标准要参照《中小学综合实践活动课程指导纲要》的课程目标，从学生在活动中形成的价值体认、责任担当、问题解决、创意物化等方面的意识和能力来设计。

2. 对教学质量进行检查和分析

教学质量检查有多种方法，可以将基地检查和学校反馈检查、过程检查和效果检查、全面检查和重点抽查结合起来，做好对检查结果的整理和统计，并做出分析和评价。质量分析可以帮助管理者厘清活动中存在的成绩和问题，并提出切实可行的改进办法，使活动质量得到提高。

3. 对教学质量进行监控

对教学质量进行监控的主要目的就是根据评价结果为活动课程优化、提高育人效果提供参考，并获得信息反馈，从而可以开展进一步的合理调适和改进，形成一个循环提高的过程。

任务实操

研学旅行基地教学部调研

第一步，全班分成 5 组，每个小组负责调研一家研学旅行基地的教学部。

第二步，调研方法，可以选择网上调研、电话调研，也可以联系学校附近的基地进行实地调研。

第三步，调研内容包括基地教学部的职责、人员构成、业务范围、管理制度、存在的问题等。

第四步，汇总调研结果，从调研结果看，你对基地教务管理有什么新的认识？

第五步，每个小组提交调研结果。

任务考核

教学质量是基地管理者依据一定的质量标准，运用科学的手段和方法，对基地活动过程及结果进行全面监控、检验和评估的活动，其目的是提高活动质量，促进基地的持续发展。请你阐述基地教学质量管理的要求和标准。

任务三 掌握研学旅行基地教务管理的方法

任务导入

目前很多研学旅行基地都没有成立专门的教学管理部门，没有专人从事教务管理工作，导致基地教学管理混乱、行前课程准备不充分、行中课程实施流于形式、行后课程反思总结缺乏深度。因此，如何做好研学旅行基地行前、行中、行后的教务管理是亟待解决的问题。

任务分析

研学旅行基地教学过程包括行前课程准备、行中课程实施及行后课程总结三个环节，基地的教务管理渗透了教学的全过程，包括行前教务管理、行中教务管理及行后教务管理三个环节。行前教务管理主要是对课程实施前的沟通渠道、教学文件、教学人员、教学场地进行管理。行中教务管理包括对迎接、引领、开营、课堂、闭营、送行等环节的管理。行后教务管理主要是教学评价、教学总结、教学归档等管理。

任务知识

一、行前教务管理

行前课程在研学旅行中非常重要，精心设计、有效实施的行前课既能帮助师生在心理和物质两个层面做好充分的准备，为研学活动奠定基础保障，还能从学习层面真实地开启研学旅行。准确地说，研学旅行不是从离开家那一刻开始，而是伴随着行前课的启动而开始。

（一）沟通渠道管理

基地在研学旅行活动实施前，首先，要将本次活动的课程设计方案与学校或承办方教学团队做充分沟通，确认活动预期和课程方案；其次，要通过《致学生家长的一封信》，告知家长本次活动的内容、时间天数、地点、要准备的学习和生活用品、注意事项、收费标准等具体事宜，赢得家长支持；再次，收集学生信息，特别要掌握特异体质学生的具体情况，为基地分班级和分小组活动奠定基础；最后，通过校园网或QQ群，将活动信息及时传递给学校和家长，尽量关注到每一个学生。

（二）教学文件管理

行前教务管理的关键是要对照研学旅行课程方案，仔细检查各个教学文件的准备情况。

1. 研学旅行手册

教学部需要仔细核对研学旅行手册与课程方案是否一致，是否发放给了每一个学生，是否引导学生学习了研学旅行手册的相关内容。

2. 研学旅行工作手册

教学部需要仔细核对研学旅行工作手册与课程方案是否统一，是否发放到每个执行人员手里，是否引导每个执行人员学习了研学旅行工作手册的相关内容。研学旅行工作手册的相关内容详见项目五任务二。

3. 研学活动安排轮转表

教学部需要制作本次研学活动安排轮转表，内容包括课程名称、授课年级、授课班级、授课地点、课程时长、课程内容等，便于大家了解本次活动的教学整体安排。检查轮转表是否发放给了每个执行人员。轮转表在很多时候也可以直接放到研学旅行工作手册里。

4. 研学旅行指导师排课总表

由于参加研学的人数较多，班级也多，所以需要给基地研学旅行指导师排课，制定研学指导教师排课总表。排课总表包括研学旅行指导师名单、课程名称、教学地点、各时段教学班级等信息。研学旅行指导师手持排课总表，准时到达上课地点和上课班级上课，保证教学活动顺利进行。每个研学旅行指导师还需要配备一个研学旅行安全员，安全员与研学旅行指导师一起完成教学任务。研学旅行指导师排课总表很多时候也是放在研学旅行工作手册里。

5. 研学旅行班级活动表

基地需要制作研学旅行班级活动表，发给学生、带队老师及研学旅行指导师、安全员等，便于大家了解研学活动的整体安排。研学旅行班级活动表包括活动时间、活动内容、活动场地等信息（表 6–1）。

表 6–1　某学校研学旅行活动流程表

基地：　　　　　　　　　　　　　　　　　　　　　　　时间：
学生人数：767 人　　　　　　　年级：　　　　　　　带队老师：59 人

时间	内容	场地	备注
7：30–8：00	学校集合	学校操场	
8：00–9：40	学校至某基地	某基地	
9：40–10：20	入住	某酒店	
10：20–10：40	开营仪式	山门	
10：40–12：00	活动	山门、文艺区	
12：00–13：00	午餐	道膳堂、西餐厅、宴会厅	
13：00–17：30	活动	山门、文艺区	
17：50–18：50	晚餐	道膳堂、西餐厅、宴会厅	
19：00–	洗漱与休息	住宿区	

［四川子飞教育课程有限公司（鹤鸣山道源圣城研学基地）提供。］

6. 单元课程教案

对照本次研学课程方案，检查单元课程是否与方案吻合，单元课程教案是否发放给了每个定位研学旅行指导师，研学旅行指导师是否熟悉教案内容，是否结合具体教学场地设计，完善了相应的课程目标、知识点讲解、拓展阅读、练习题、活动、评价反馈等。

7. 接待工作通知

基地教学部向所有参加研学旅行接待的人员发放接待通知，提醒各位做好接待准备。接待通知可以分类制作，分类发放。行前通知主要有集合时间地点、着装要求、用餐安排、住宿安排、活动安排等事项。

（三）教学人员管理

1. 发放教学文件

教学部提前发放与本次教学相关的教学文件，并对研学旅行指导师进行课程设计解读和教学流程说明培训，特别提醒他们注意在整个教学活动中重视安全提示。

2. 进行实地路演

在研学旅行指导师熟悉相关教学文件后，带领他们进行路演，要求熟悉线路，指导有方，示范到位，把控自如，灵机应变。

3. 做好执行准备

向研学旅行指导师和安全员强调带团的礼仪、体态和语言要求，做好上课的形象准备和心理准备。

（四）教学场地管理

1. 活动点位

研学旅行指导师和安全员共同做好学生活动线路安排，特别是研学旅行各场馆课程，要根据总人数和分班级、分小组情况，做好活动点位的具体安排、疏散路线，特别要做好防拥挤、防踩踏工作，确保各个点位的安全和容量。

2. 活动物料

教学部应根据基地课程教学需要，配备相应的教学辅助设施，如电脑、多媒体设备、实验室、教具、学具、活动器材、信息平台、网络系统等。例如，浙江横店教育大营地营区内有大小不同的各类室内外剧场，舞美、灯光、音响、LED 高清视频、投影、升降台等设施设备一应俱全，可满足 20~20 000 人开闭营主题活动的需求。

二、行中教务管理

（一）迎接管理

1. 接待当天的要求

接待当天，本次接待项目总指挥时刻与学校或研学服务机构保持联系，随时了解车辆运行情况，做好迎接准备。一部分安保人员在停车场指挥车辆停放，另一部分在外引导车辆进入。研学旅行指导师带上讲解器在停车场等候，组织学生排好队列，有序前往检票口。

微课：研学旅行行中教务管理

2. 提前半小时到达

按约定时间提前半小时对所有研学旅行指导师和安全人员点名，核实人员到位情况；将信息汇总给总指挥，将参加情况及时通知本次接待总指挥；核对车辆是否按约定时间到达指定区域，对车辆发放标识，对应自己负责的车号做好迎接学生的准备；整理所需要的物料。

3. 到达基地入园

学生到达基地时，要结合基地停车场的现状和基地当天的接待情况，提前做好停车位置的安排，避免车辆到达基地时出现停车安全事故，保证学生尽快进入基地，实施课程教学。学生入园最好不需要过闸机检票，当人数多，且集中到达时，检票可能会浪费较多时间，可以采用开通指定通道的模式，按班级为单位依次进入。如需确认学生身份时，可以提前确定好统一标志，并将实际参加研学旅行的“学员名单”交班主任签字确认（表 6–2）；基地接待组负责人随时保持与研学旅行总指挥的联系。

表 6–2　接待研学学员名单确认表

<table>
<tr><td colspan="10">某学校 2023 级 1 班</td></tr>
<tr><td colspan="3">车辆信息</td><td colspan="2"></td><td colspan="3">电话：</td><td>车型</td><td></td></tr>
<tr><td colspan="3">班主任</td><td></td><td></td><td colspan="2">研学旅行指导师</td><td colspan="2"></td><td></td></tr>
<tr><td colspan="3">副班主任</td><td></td><td></td><td colspan="2">安全员</td><td colspan="2"></td><td></td></tr>
<tr><td>序号</td><td>姓名</td><td>性别</td><td>抵达</td><td>返程</td><td>序号</td><td>姓名</td><td>性别</td><td>抵达</td><td>返程</td></tr>
<tr><td>1</td><td></td><td></td><td></td><td></td><td></td><td></td><td></td><td></td><td></td></tr>
<tr><td>2</td><td></td><td></td><td></td><td></td><td></td><td></td><td></td><td></td><td></td></tr>
<tr><td>3</td><td></td><td></td><td></td><td></td><td></td><td></td><td></td><td></td><td></td></tr>
<tr><td colspan="5">抵达时间：</td><td colspan="4">离开时间：</td><td></td></tr>
<tr><td colspan="2">班学生数</td><td></td><td>班主任
签字</td><td></td><td colspan="2">班学生数</td><td></td><td>班主任
签字</td><td></td></tr>
<tr><td colspan="2">学生总数</td><td></td><td></td><td></td><td colspan="2">学生总数</td><td></td><td></td><td></td></tr>
</table>

（二）引领管理

基地工作人员对整个园区更加熟悉，应该做好引领工作，并协调安全员做好引领和安全管理。引领工作除了利用人工引领外，更为重要的是要发挥好引领工具和导视系统的作用，准备好不同标识的团队旗等；与学校、承办机构相互配合，组织学生列队；提前组织好车辆的排布序号，统筹好上下车顺序。提前组织绿色通道或开辟专门的候乘区域。

行车抵达基地后，同学下车，各小组整理队列，并点名，报告小组人数，将小组列队照片发给总指挥；组织学生有序前往公共卫生间，需要安排一名老师在卫生间观察学生秩序，避免拥挤或学生间产生矛盾。组织学生返回集合地点并清点人数；基地老师按原计划应对工作，安排对接小组，引领各小组学生前往指定的研学活动场地，开展研学活动。

（三）开营管理

开营仪式的组织者可以是主办方，也可以是承办方。基地要协助学校或承办方组织好开营仪式。开营仪式流程如下。第一项，主持人宣布开营仪式开始。第二项，主持人介绍受邀参加开营仪式的第一目的地的负责人及研学旅行指导师团队成员。第三项，承办方项目组长介绍本线路课程的基本情况，激发学生的学习期待。第四项，学校领队讲话，宣布研学旅行纪律，对学生提出希望和要求。第五项，学生自我介绍并交流自己的研学规划。第六项，主持人可以适当组织学生表演即兴节目或预先准备的节目，以增进师生之间的感情。第七项，主持人宣布研学旅行课程正式开始，项目组长宣读第一课程单元的学习要求和注意事项。第八项，主持人宣布开营仪式结束。研学旅行指导师和安全员全程参与开营仪式，仪式结束之后，带领学生到上课地点。

湖北省十堰市郧阳区青少年活动中心研学旅行活动开营仪式流程

（四）定位教学管理

基地研学旅行指导师和安全员提供的是定位教学服务，只负责某一个固定研学点位的教学服务，实际上只涉及一个课程单元的教学任务，所以很多时候我们也把基地的研学旅行指导师称为定位老师。

1. 有针对性地提供教学服务

基地研学旅行指导师应根据研学安排、不同年龄学生特点、不同研学课程特点有针对性地提供教育服务。通过课程化的研学旅行方式促进寓学于游、寓教于行；宜在研学旅行过程中及时组织学生开展各类有趣的研学活动。全面指导学生的研学活动，引导学生发现问题，协助学生分析问题、完成研学各单元的任务。

2. 严格执行研学课程计划

基地研学旅行指导师在研学旅行过程中应严格按照确定的课程安排进行指导，临时需要变化的，需要请示，得到许可后方可变更。安全员协助研学旅行指导师做好课程实施，把控教学进度，引导学生完成研学任务，及时答疑解惑，当发现学生做出不安全行为时，应及时制止。

3. 指导学生开展各种活动

基地研学旅行指导师根据课程开发的要求，按规范操作，既要尊重学生的自主性，又要指导学生开展活动，鼓励学生提出感兴趣的问题，并及时捕捉活动中学生动态生成的问题，组织学生就问题展开讨论。教师指导重在激励、启迪、点拨、引导，不能对学生的活动过程包办代替，另外还要指导学生做好活动过程记录和活动资料整理。

4. 鼓励学生用多种形式呈现活动结果

活动结果要鼓励学生用绘画、摄影、表演等多种形式来显现与交流，对活动过程和活动结果进行系统梳理和总结，促进学生自我反思与表达、同伴交流与对话。要指导学生通过撰写活动报告、反思日志、心得笔记等方式，反思成败得失，提升个体经验，促进知识构建，并及时处理活动中的突发事件，以及晚上大型活动（如篝火晚会、看电影、收集整理当天研学知识等）的组织方法。

（五）安全管理

1. 做好安全巡查

研学旅行基地应与承办方相互协调，组建安全巡查小组，负责研学教学的安全巡查工作，巡查小组的巡查工作应分批分组进行，错开时间和线路，这样可以最大限度地体现巡查作用。设置定点安全观察引导点，方便提供问询和指导服务。

2. 及时处理安全事件

（1）果断处置。遇突发事件时一定要冷静，果断采取措施，有关人员要立即到位，根据各工作职责按部就班开展活动。遇突发事件时，要把握时机，冷静、果断处置，这是妥善处理突发事件的有效办法。在基地发生学生伤害事故时，先不要考虑受伤害学生和肇事者之间的纠葛，而应及时救助受伤害学生，在采取紧急救助措施中，如果未及时将受伤学生送往医院，或者因胡乱处理，浪费时间导致延误治疗，或者简单处理后认为病情已稳妥而不再关心，结果造成病情或伤情恶化，基地将造成责任过失。

（2）及时报告。突发事件发生时，要及时向工作人员传达明确信息，发布明确指令，稳定情绪，维护秩序，防止引发更大的混乱，并根据事态情况，逐级上报。一旦发生突发事件，必须在规定时间报告，按照规定的程序向上级主管和有关部门报告，在处理过程中，还应将事件初步性质、发生的可能原因及事件处理变化情况报告主管部门。

（3）化解矛盾。突发事件发生后，应急领导小组要考虑可能引发继发性伤害的问题，不要激化矛盾，要防止事态扩大和演化。增强工作透明性是化解矛盾的有效方法。作为基地项目负责人，必须以积极的心态处理突发事件，不管是对基地工作人员、受害学员及家属，还是对新闻媒体、文化和旅游部门、教育行政主管部门，都必须坚持实事求是，真诚坦率，不逃避责任，不隐瞒事实真相。同时，基地还应多沟通说明，主动、坦诚公布相关信息，就事实真相向公众了解情况，理智地对事情做出判断。加强协调沟通，促成问题迅速解决，坚持“可散不可聚，可顺不可激，可解不可结”的原则，以防事态恶化。

（4）现场控制。严格执行安全管理措施和研学活动流程；上下同心协力，积极预防事故、故障或错误的发生；一旦发生事故，立即封锁事故现场，按照应急预案流程，保护现场、组织抢救、疏导人员，并以最快方式上报，制订有效解决方案；善意拒绝新闻媒体、记者进入活动现场范围的采访、拍照、报道等要求；杜绝社会各种商家以广告、宣传等方式手段进入活动现场，一旦发现，立即制止；尽量避免民众的随意参观、拍照活动，以免危及人身安全。

（六）摄影摄像管理

1. 专人拍摄

摄影摄像是研学旅行的一个重要环节，拍摄的照片和录制的视频既是研学旅行的重要成果之一，也是研学旅行活动的重要存档资料。同时，也可以给学生留下美好的回忆。应该安排专人做好拍照前的准备工作，熟悉拍摄要求和内容，与学校或研学服务机构的摄影摄像工作人员进行对接，拍摄者抵达工作岗位后，首先找研学团负责人，再次明确拍摄重点，特别要对研学活动小组的活动过程进行跟踪记录，对研学活动的成果进行影像固化保存。

2. 全流程拍摄

全流程拍摄，主要包括抵达时车辆、工作人员、学生集合、引领上车；现场活动中、固定教学点位的集体大合照，学生研学活动过程中的特写和过程性记录拍摄；结束后返回场景拍摄。结束后第一时间配合学校或研学服务机构所组织的摄影摄像组人员对图片和影像资料进行剪接。

3. 拍摄要求

在研学旅行过程中，如果遇到光线太暗的情况，应尽量选择一个光线相对好一点的地方拍摄或换一个角度进行拍摄。如果遇到下雨天，就尽量选择在室内拍摄，即找一个相对较大的室内活动场所拍摄。

（七）作业指导管理

晚餐后要组织学生完成课程作业。课程作业可以独立完成，也可以通过小组交流讨论完成。建议采取小组交流的方式完成。学生可以以小组为单位，先交流一天的学习情况，研讨学习过程中的疑问，交流各自的学习感悟和收获，然后共同完成作业。

（八）团队例会管理

项目组长召集研学旅行导师团队开例会，一是总结一天的课程实施情况，分析对学生的表现，对发现的问题研究解决办法。学校领队对研学课程的一日实施情况进行评价并提出建议。二是研究第二天的课程实施工作。对需要调度的问题做好预研，对可能出现的问题做好应对预案。

（九）结营管理

如果本次研学旅行活动只在本基地举行，活动结束时一般还要举行结营仪式。

湖北省十堰市郧阳区青少年活动中心研学旅行活动闭营仪式流程

（十）送行管理

1. 到达基地停车场

研学旅行指导师和安全员组织学生集合，清点人数，带领学生到达基地停车场。

2. 协助学生上车

研学旅行指导师负责清点本车学生人数，确认无误后，将学生交给学校老师，需要请各车学校老师对“学员返回名单表”签字后，协助学校教师安排学生登上对应的乘坐车辆。

3. 列队欢送师生离开

基地所有工作人员列队挥手目送师生离去，给他们送上美好的祝福。

三、行后教务管理

学生完成研学旅行离开基地后，基地的管理工作并没有结束，还需要完成评价工作、总结、反馈等工作。

（一）评价工作

1. 对基地课程的评价

对课程本身的评价，包括对课程理念、课程结构、课程目标的确定，课程内容的选择，课程实施的计划等进行评价。评价重点在于判断课程设计的合理性、系统性和科学性。通过对课程内容结构的评价，判断课程是否具有系统性，通过对课程理念、课程目标、课程内容的评价判断课程的科学性，通过对课程实施的评价判断课程的合理性与规范性。

在对课程本身进行评价时，通过对学生学习结果的分析评价，判断学习结果与预期目标的吻合程度，也就是目标的达成度。如果吻合度较差，那么课程目标的达成度就较差。当通过评价发现目标达成度差的时候，就要分析是课程实施过程的问题，还是目标设定的问题。从而根据评价和所发现的问题改进课程。因此，课程评价既依托于课程目标，也是对课程目标的科学性和合理性进行反馈。

2. 对基地研学旅行指导师的评价

（1）研学课程活动的理解和熟悉程度。评价研学旅行指导师是否了解本次研学活动的育人目标，是否熟悉研学活动的全部流程。

（2）研学活动的指导能力。在本次研学活动中，研学旅行指导师对活动主题的建议、对活动形式的引导、对活动过程的组织、对活动评价的组织和管理等。

（3）学生参与度。通过考查学生的参与度，评估研学旅行指导师对研学课程实施的组织能力和活动的指导能力。

（4）研学过程与效果。研学旅行指导师在研究性活动的全过程中对个人的指导、对小组的指导、对班级的指导氛围营造能力，活动最终达成的研学目标是否得以实现。

（5）服务态度。研学旅行指导师在指导研学活动中的态度是否符合教师的基本素养和职业道德要求。

（二）总结提高

研学活动结束后，各工作组负责人整理相关资料，进行研后总结，得出本次研学的总体评价，完成研学活动报告，有条件时可将报告提交给校方。

研学活动结束后，应该对本次研学活动的准备和课程实施情况进行全面总结，从研学准备的每一个环节进行对应总结，现有岗位进行有效的岗位分析，提取该岗位的核心胜任技能及关键技能；对在岗员工的知识和技能进行测评，找出改进点，不断提高今后的服务水平。

（三）资料整理

1. 建立档案袋

在活动过程中，研学旅行指导师要指导学生分类整理、选取有代表性的重要活动记录、典型事实材料及其他有关资料，编排汇总、归档，形成每一个学生的综合实践活动档案袋，并纳入学生综合素质档案。档案袋是学生自我评价、同伴互评、教师评价学生的重要依据，也是招生录取中综合评价的重要参考。活动结束，要将每个学生的活动评价和活动整体完成情况，分别反馈给学生个人和学校，并收集学生回校后在基地的学习心得，为基地的课程改进提升提供参考，并与学校建立长久的合作关系。

2. 归档资料

研学活动结束后，将本次研学活动涉及的所有往来文件、活动的课程文件、活动的教学评价和反馈等，进行归类整理存档。资料主要包括合同签订前的所有资质，包括车辆、餐厅、基地等；活动前后的资料，如行车路线、研学方案、车辆分配表等；活动中的影视资料。要对总结、评价记录进行分类，最后对所有研学旅行资料进行编号存档管理。

任务实操

研学旅行基地教务管理模拟实操训练

第一步，模拟情境。老师利用周末时间组织一次公益研学活动，参加对象为本校教师子女，学段为4~6年级学生，参加人数40人。

第二步，请全班学生为40位小学生设计一日研学旅行主题课程方案。

第三步，全部成员分成5个小组，一个组负责梳理行前的教务管理工作，一个组负责梳理行中的教务管理工作，一个组负责梳理行后的教务管理工作，一个小组负责设计研学旅行手册，一个小组负责设计研学旅行工作手册。

第四步，根据模拟情境进行实操训练，体会基地教务管理的不易和重要性。

第五步，交流模拟实操体会。

任务考核

根据本任务所学知识，填写下面表格的内容（表6–3）。

表 6-3　研学旅行基地教务管理内容和方法

课程实施阶段	基地教务管理内容和方法
行前教务管理	
行中教务管理	
行后教务管理	

项目训练

测一测

测试题

答一答

1. 简述研学旅行基地教学活动的特点。
2. 简述研学旅行基地教务管理的理念。
3. 简述开营结营的主要内容。
4. 简述研学旅行基地教学质量管理的要求。

参考答案

项目七

研学旅行基地服务管理

全国中小学生研学实践教育基地——黄山风景区

项目导读

本项目内容为研学旅行基地服务管理，是本课程的第七个项目。本项目需要完成三个学习任务。第一个任务是研学旅行基地交通服务的管理，熟悉基地交通服务的要求、车辆出入及停车管理、内部道路管理、内部摆渡车管理及内部交通安全管理。第二个任务是研学旅行基地餐饮服务的管理，熟悉餐饮服务的特点和要求，明确餐前、餐中及餐后的管理工作。第三个任务是研学旅行基地住宿服务的管理，熟悉住宿服务的要求、宿舍员工的管理，掌握住宿服务流程的管理。

学习目标

知识目标	1. 熟悉研学旅行基地交通服务的要求、基地车辆出入及停车管理知识，知晓基地内部道路管理、摆渡车运行及安全管理的相关知识 2. 熟悉餐饮服务的特点和要求，熟悉餐前、餐中及餐后的服务与管理工作 3. 熟悉住宿服务的要求，掌握住宿服务过程的管理
能力目标	1. 能够独立完成研学团队的交通引领服务，能够提供交通安全讲解服务，能够在摆渡车上为研学团提供交通讲解服务 2. 能够独立完成研学团队的用餐管理工作，能够熟练讲解用餐流程及要求，能够开展文明用餐教育 3. 开展学生住宿管理工作，能够熟练讲解住宿管理的流程及要求，能够掌握分房工作原则及方法，能够独立完成退房工作
素质目标	1. 具有敬业精神和教育情怀，乐意为中小学生提供服务 2. 强化服务意识，为中小学生提供优质服务

思维导图

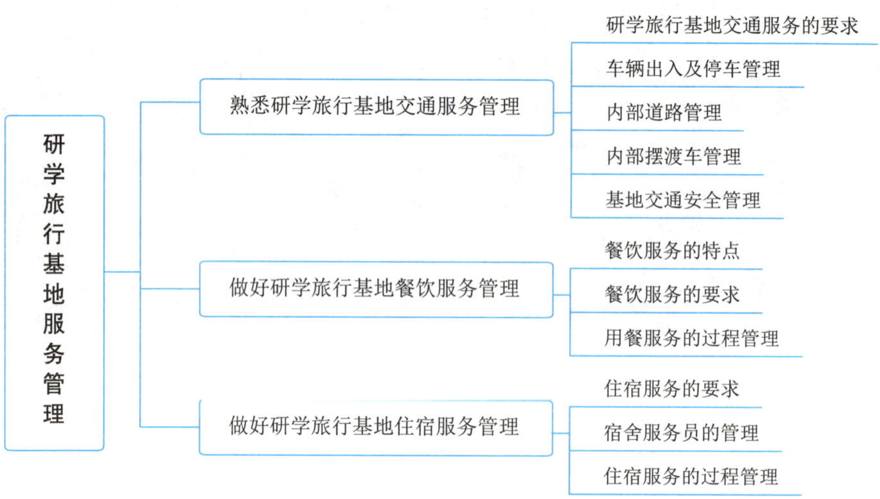

任务一　熟悉研学旅行基地交通服务管理

任务导入

某初中一年级800名学生乘坐20辆大巴前往某国防主题研学旅行基地，参加为期5天的研学活动。作为基地的运营负责人，你应该如何提供停车服务，以保证20辆大巴有序进入停车场，学生有序下车？

任务分析

保证20辆大巴同时有序进入停车场，并确保所有学生有序下车，对一个基地是比较大的考验。基地运营负责人需要提前做好大巴进入顺序、行走路线、停车点位、有序离开等的有效规划。研学旅行基地内部需要提供的交通服务相对来说比较简单，主要是车辆进出管理、停放管理等。本任务将分析基地交通服务管理的相关知识。

任务知识

基地交通服务是指基地向学生提供的，以实现学生从空间上某一研学点到另一研学点的空间位移的各种交通服务管理。具体指道路、工具、站点、引导等方面的服务。基地交通服务分为外部交通服务和内部交通服务，本书主要阐述基地的内部交通服务。

基地内部交通服务是指基地为学生提供的在基地内部空间移动的服务，也是学生开展研学旅行活动、了解研学旅行资源地风情的有效途径。基地的内部交通是联系各个研学点和景点的纽带和风景线，是组成研学点的造景要素，需满足可通达性、视觉效果和美学特征。

一、研学旅行基地交通服务的要求

基地内部交通设施是基地正常运行、学生实现空间位移的基本保障，也是研学旅行活动顺利完成的必要条件。因此，基地内部交通服务必须符合以下要求。

（一）活动安全性

学生离开学校，外出参加研学旅行活动是为了获得身体上和心理上的享受，旅途中任何意外都是无法接受的，因此，安全性始终是各方最为关心的要素。基地务必充分考虑研学旅行交通服务过程中的安全性，如线路中道路的安全性、交通工具的安全性及途经区域的安全性等。

（二）进出畅通性

进出畅通性是指基地所在地同外部交通联系的通畅性和便利程度，即不仅要方便学生进入，而且要保证学生研学旅行结束后顺利离开。《旅游景区质量等级的划分与评定》国家标准对旅游景区交通的可进入性要求为：与外部交通枢纽（机场、车站、码头）和高速公路出口的交通距离较近；与依托城镇的交通距离较近；有良好的抵达景区的公共交通服务；通景交通线路等级较高，设施完善，沿线环境优美；公路（航道）沿线具有完善的交通标识。《研学旅行基地（营地）设施与服务规范》（T/CATS 002—2019）规定研学旅行基地（营地）的交通要求：应有县级以上的直达公路，站牌指示醒目；内部交通应安全通畅；交通工具设施完好、整洁，宜使用绿色清洁能源（图 7–1）。

图 7–1　内蒙古呼和浩特伊利集团伊利健康谷研学旅行基地中畅通便利的交通路线　来源：由杰

（三）服务节奏性

基地的客流量在时间上表现出较大的波动性。一般来说，进入和离开基地的客流量在每天的不同时段、周末和非周末，以及研学旅行的淡旺季都各有特点。这就要求基地的管理者和服务人员要协调客流高峰带来的压力，为学生提供高效、优质、快捷的交通服务。同时，基地内部应注重研学点的空间分布，合理安排研学旅行节奏，丰富学生的研学旅行体验。

（四）方式多样性

研学旅行基地的交通方式具有多样性特点，即使同一种交通方式也会有档次差异。不同的基地对研学旅行交通方式选择也不同。这就要求基地应该合理布局和优化组合研学旅行交通方式，管理者和服务人员应该熟知研学旅行交通服务的多样性，增加学生参与研学旅行交通的选择性。

（五）服务层次性

研学旅行团队具有多层次性特点，不同性别、不同年龄、不同学校、不同生源地、不同的研学旅行目的、不同的经济条件、不同支付能力下，学生对于基地交通方式及其价格的要求也不尽相同。因此，基地的管理者和服务人员对不同层次需求的交通服务方式要进行运量和运力的合理考虑，以满足学生的不同需求。

二、车辆出入及停车管理

研学旅行基地车辆出入及停车服务管理的目的就是要确保基地进出车辆行驶规范、安全有序。

微课：研学旅行基地车辆出入及停车管理

（一）车辆出入管理

车辆出入管理是有效组织内外交通联通的重要保障。主要出入口要实行人车分流，以保证行人安全、消除安全隐患。次要出入口主要起分流人群的作用，但在路线导向方面需要做足功课，避免学生迷路。专用出入口提供临时道路，供消防车等车辆安全通行。学生较多时可启用备用出入口，一方面可加快办理入营手续，另一方面当研学旅行基地发生紧急情况时，可以及时、迅速疏散学生，便于应急管理。

（二）车辆停放管理

基地一般都设有停车场，这是必备的基础设施。只有设置规模适度和管理完善的专用停车场地，才能为研学旅行团队上下车提供便捷服务，这是停车服务的第一要旨。停车场的管理应符合《风景旅游道路及其游憩服务设施要求》（LB/T 025—2013）的要求。

对停车地点不归类、乱停车、停车票据不清，以及私自代收停车费和代客泊车等不规范现象进行严格管理。车辆进入基地时，要有专人引导车辆按照指定线路有序进入指定的停车场，遵循最先进入的车辆停在最远停车位、最后进入的车辆进入最近停车位的原则。

（三）学生下车管理

车辆到达停车场停稳之后，研学旅行指导师迅速组织学生下车，前排同学最先下车，后排同学最后下车，等所有同学下车后研学旅行指导师检查车内是否有遗留物品。如果是多日研学，学生一般都有行李箱，研学旅行指导师引导下车的学生领取行李，每个人学生负责领取一个，把行李提到比较空旷的地方后再领取自己的行李。学生列队两人一排集中站好，行李统一放在身体右侧，指导师清点人数和行李，确认无误后按照住宿分配表引领学生入住寝室，放好行李。

（四）车辆出口管理

如果学校在某个研学旅行基地开展一天的研学活动，一般大巴就会停在基地，待学生下午研学活动结束之后一起离开基地。如果学校在某个研学旅行基地同时开展几天的研学活动，则大巴会在学生下车后离开基地，等学生研学活动结束时再来基地接学生。不管是哪一种情况，基地运营负责人都要组织车辆有序离开，遵循按照距离大门口最近的车辆先出去、距离出口较远的车辆最后出去的原则。

（五）交通秩序管理

基地内所有车辆的停放和通行，必须遵守基地交通管理的规定。对于违反规定强行通行的车辆，基地交通管理部门应责令纠正违规行为，并给予罚款等处罚。必要时基地应争取公安交通管理部门的支持，对特定车辆实行交通管制。在有大规模学生进入基地的时间和路段，要请求交通警察协助管理，有计划地分流学生，以免造成交通堵塞或引起交通事故等。

（六）停车场人员管理

停车场管理人员应佩戴明显标志，引导指挥车辆出场，保持车道畅通，不发生堵塞现象，严禁非基地工作人员私自揽收车辆、私自收费现象。交通协管员或服务人员要礼貌待客，文明服务，具备一定的交通指挥技能和知识，有安全意识，维护保管好研学旅行车辆。

三、内部道路管理

基地内部道路，是实现各个研学活动点位之间有效串联的基础，研学旅行基地内部道路要满足流向、安全和交通互利的要求，保证做到人车分流。

（一）主干道管理

主干道对基地研学活动顺利开展起着非常重要的作用，主干道从研学旅行基地入口通向整个基地内的各个区域、教学设施和服务设施，使整个基地形成了一个具有较强指向性和导向性的系统环路。主干道既要具备观光和生产管理功能，又要满足基地内消防和救护车使用。主干道一定要保持通畅，不能乱停放车辆。

（二）次干道管理

与主干道相比，次干路规模和形制都较小，对主干道起辅助作用。它们分布在主干道与基地内各个功能区的交叉路口，主要承担基地内的观光任务和少量生产任务。它们起到连接基地内各个课程实施场地的作用，可以让一些基地内部交通工具通过，也可以作为走道使用（图 7–2）。

图 7–2　陕西省渭南市示范性综合实践基地内部交通道路　来源：罗瑛

（三）花园路管理

花园路比以上两种道路都要小。是基地内道路系统的终点，道路数量最多。一般为研学团队提供观光、休息、散步等。由于形式和大小不同，道路类型也有很多，大致分为森林步道、爬坡台阶、水边小路等，是根据地形变化的要求，在特定位置设置的具有特殊功能的道路交通方式。

花园路需要设置警示标识或者有管理人员及时提醒：严禁车辆进入，严禁乱扔垃圾，严禁破坏树木花草等沿途景观，保护生态环境（图 7–3）。路侧游步道交通应符合《风景旅游道路及其游憩服务设施要求》（LB/T 025—2013）的要求。

图 7–3　山东绿鑫春生态农业发展有限公司内部花园路　来源：房志强

四、内部摆渡车管理

有一些研学旅行基地占地面积很大，研学区域分散，为提升公共交通保障能力，基地一般都配备有内部短途摆渡车，从而提升点对点的人员出行效率。

（一）换乘站管理

基地根据客流、研学需求设置换乘站，根据研学点位合理设计运行路线。入口、出口设置合理，分设散客、团体入口，保证学生换乘方便、安全、及时。

（二）设施设备管理

车辆运营标志及相关证件应齐全，设施设备应符合安全、舒适、环保、人性化的要求。车内导游设施、行车设施、服务设施、安全设施应齐全有效。

（三）驾驶员管理

运行前驾驶员应按照规定提前上岗，并检查车辆服务设施是否有效、整洁。在车辆行驶前，车辆驾驶员应检查所有乘客是否已系好安全带，观光电瓶车驾驶员应检查防护链是否系好。运行中车门启闭时驾驶员应注意观察，防止夹摔乘客，车门应由驾驶员直接控制，并确保一人一座，不能让乘客站在车厢内。车辆行程应遵循基地内的线路规定，不应在非换乘站点停车上下乘客。

（四）研学旅行指导师服务

研学团队上车前，研学旅行指导师应主动站立于车门一侧，引导研学团队上车。研学旅行指导师应向乘客宣讲文明乘车和安全防范规则，发现违反乘车规则行为应及时制止。车辆行驶中，研学旅行指导师应提醒乘客注意安全，不应离开座位，不应将身体探出车体轮廓之外。车辆转弯或道路不畅时，研学旅行指导师应提醒乘客扶好、坐好，注意安全。

五、基地交通安全管理

安全管理是基地交通服务管理最基本的工作。户外研学旅行过程是最易发生交通事故的环节，交通事故不但会给学生带来身心伤害，还会影响基地的形象、声誉和发展前景。因此，基地应建立健全完善的基地安全标识系统，制定严格的工作制度，对学生和工作人员开展交通安全宣传；同时，基地工作人员要注意危险地段公共场所、交通要道的交通秩序，在研学旅行旺季加强监视和疏导工作，以避免交通事故的发生。

研学旅行基地车辆交通安全管理制度

研学旅行基地接车规范

任务实操

设计研学旅行基地停车方案

第一步，接受任务。下周三将有一个1000人的研学团到你所在的学校附近的研学旅行基地参加研学活动，为此将有25辆大巴开进研学旅行基地。请你设计一个25辆大巴的停车方案。

第二步，全班同学分组调研研学旅行基地有多少个停车场，每个停车场的容量是多少。

第三步，到研学旅行基地大门开展调研，询问车辆进出情况。25辆大巴分别从哪些门进入，哪些门离开。

第四步，根据调研结果，设计一个25辆大巴到研学旅行基地的停车方案。

任务考核

一位基地后勤人员在提供后勤保障服务时，使用三轮车拉货，由于技术不娴熟，他在运货过程中把停在路边的轿车撞坏了。轿车修理费为4000元，轿车车主还要求赔2000元折旧费。请问这6000元费用应该由谁出，并说出理由。这个案例说明基地内部的交通服务应该注意哪些细节？

任务二 做好研学旅行基地餐饮服务管理

任务导入

后天有400人的研学团队到某红色主题研学旅行基地开展研学活动。午餐为中餐，10人一桌，餐标30元/人，10菜1汤，5荤5素。作为一个研学旅行指导师，你应该如何提供用餐服务？

任务分析

餐饮服务是满足学生需求的基础性项目，是研学旅行服务的重要组成部分。它不仅能够满足学生对餐饮产品和服务的需求，还反映了研学旅行基地的发展状况，直接影响着研学旅行基地的形象。同时，了解饮食文化也是学生体验当地文化民俗的研学旅行项目之一，特别是地方特色风味，还能够为地方带来一定的经济效益，因此是研学旅行服务的重要组成部分。一个合格的研学旅行指导师，应该能够独立完成学生研学旅行过程中的用餐管理工作，能够熟练讲解用餐流程及要求，能够开展用餐文明教育，能够在用餐时组织一次完整的生日会。

任务知识

一、餐饮服务的特点

（一）餐饮服务监管严格

基地餐饮的消费者绝大多数都是异地学生。他们的年龄、性情、喜好、口味、社会背景、心理需求、安全理念等各不相同，因此给基地餐饮服务的监督管理提出了更高的要求。食品安全监督管理是基地餐饮服务最基本的常规工作。

这种高规格的管理和服务给基地的餐饮服务与管理带来了一定的困难和挑战。

（二）客源市场不稳定

基地餐饮服务受研学旅行淡旺季的影响，客源十分不稳定。在研学旅行旺季和大型娱乐活动期间学生较多，其他时间则学生较少。此外，并非所有到达基地的学生团队都会在基地的餐饮服务场所就餐，这就要求基地根据以往的销售经验做好餐饮服务工作准备，以应对不稳定的生源市场。

（三）餐饮服务纳入课程体系

学生研学旅行团队到基地的目的不仅仅是享受基地餐饮服务，更多的已经突破了单纯意义上的“吃”，转向体验、探究当地的饮食文化和设计制作特色菜品方面，所以应把餐饮服务纳入研学旅行课程体系。为此，基地的餐饮服务要拓展研学旅行服务项目，以满足大多数学生的研学旅行需求。

（四）亟须大型餐饮服务企业

由于研学旅行团队规模大、学生数量多，所以接待能力强、餐饮卫生有保障的大型餐饮服务企业在竞争中就有明显的优势，传统意义上的夫妻店、闺密店、兄弟店等家庭小作坊很难适应研学旅行团队的严格要求。

二、餐饮服务的要求

（一）环境清洁卫生

学校师生对用餐场所的环境、餐具和食品的卫生状况非常敏感，它们都会对学生的就餐情绪产生直接影响。学生总希望用餐环境整洁雅净、空气清新，餐具用品都经过严格消毒，餐饮产品都新鲜、卫生，学生只有在清洁卫生的就餐环境中品尝美味佳肴，才能产生安全感和舒适感。餐厅卫生应符合《食品安全国家标准餐饮服务通用卫生规范》（GB 31654—2021）的要求。基地饮用水执行《生活饮用水卫生标准》（GB 5749—2022）的相关规定，食品要安全，环境与设施要整洁舒适，管理规范，秩序良好。

研学旅行基地餐饮部采购制度

（二）服务快速及时

学生到餐厅就餐时都希望享受到快速、及时、有序的服务。原因在于，学生在基地参加研学旅行活动要消耗大量的体力和能量，会产生强烈的饥饿感和紧迫感，再加上学生已经在学校养成了快速的、有节奏的心理节律定式，所以过慢的节奏会使学生不舒服，也不适应。学生饥肠辘辘时如果餐厅点菜、上菜、结账时间过长，更会使学生难以忍受。因此，研学旅行基地在提供餐饮服务时要保证做到：学生进餐厅，服务员就马上主动上前并为学生安排座位，马上为学生斟上茶水，提前准备快餐食品，及时上菜上饭，或者采用自助快餐方式，从而为那些急于就餐的学生提供快速的服务。

（三）尊重关爱学生

研学旅行基地需要优质高效的餐饮服务。顾客至上，无论什么样的顾客，无论其社会地位、经济条件如何，餐饮服务人员都要以友好、诚恳的态度接待，为学生着想，使他们有宾至如归的感觉。尊重学生体现在学生用餐服务的各个环节，如微笑迎送学生、引领入座、送餐递茶、尊重学生的饮食习惯等。

（四）注重特色文化

高质量的特色食品对于学生来说吸引力很强，学生对研学旅行目的地的特色食品、特色小吃最感兴趣，所以在基地餐饮经营中，餐饮品种越丰富越好，并且基地要适当增加品牌性餐饮品的供应，走特色化道路。特色化经营既能满足学生求新、求奇的餐饮消费心理，也是基地弘扬地方饮食文化的需要。同时，基地餐饮文化也应纳入研学旅行课程体系，因为学生在研学旅行基地就餐不仅仅是为了填饱肚子，更是为了获得一份特殊的体验。因此，研学旅行基地餐饮还要进行饮食文化的创新，体现特色饮食文化的教育功能。

餐饮服务相关规范摘录

三、用餐服务的过程管理

微课：用餐服务的过程管理

（一）落实用餐安排

1. 落实用餐信息

提前与承办机构或者学校落实当天的用餐信息，对用餐地点、时间、人数、标准、形式、菜单及特殊要求等要逐一核实并确认。

2. 特殊用餐要求

提前与承办机构或者学校落实学生的特殊用餐要求，并将此需求告知餐饮部，提前落实确认。

（1）特殊用餐要求。例如，为避免鱼刺卡喉的隐患，一般不允许餐厅上鱼；要尽量避免一些容易诱发过敏反应的餐食；避免加工不熟而产生毒素的菜品，如四季豆、茭白、黄花菜等；如果接待回族地区的研学旅行团队等，要提醒餐厅提前根据民族禁忌进行准备。

（2）学生特殊要求。例如，因特殊信仰、牙齿受伤、口腔患病等，需要特殊安排用餐的，如果人数较多，可以在制作分餐表时进行特殊安排，并要求餐厅照此执行，如果人数较少，则可以安排小桌就餐。

3. 落实用餐准备

（1）桌号牌准备。桌号牌应贴在餐桌正中位置，桌号牌用醒目的阿拉伯数字标注，顺序码放；清真餐应用特殊字样标注。

（2）上菜时间准备。为了避免学生到达餐厅后等待上菜时间过长，可以在团队到达餐厅前 10 分钟请餐饮部开始起餐。

（3）安全保障准备。应督促餐饮服务提供方按照有关规定，做好食品留样工作，提前了解餐厅附近的医院情况。

（二）用餐引导

1. 引导学生入座

学生进入餐厅后，引导学生进入用餐地点，如果餐厅不在一楼，禁止学生乘坐升降电梯，引导大家统一走步行楼梯或扶梯。达到用餐地点后，按照 10 人一组有序对号入座，非特殊情况，不得随意调换座位；抵达餐位后，放好个人物品。

2. 用餐文明教育

（1）文明礼貌。教育学生在餐厅内注意公共文明，勿大声喧哗、嬉笑打闹、追逐跑跳，保持良好的就餐秩序，共同营造一个良好的就餐环境。

（2）环境卫生。提示学生注意地面卫生，不要乱扔餐巾纸或者食物残渣，保持就餐环境干净整洁。

（3）勤俭节约。提示学生爱惜粮食，杜绝浪费，节约粮食是尊重劳动者的表现。

（三）餐中服务

1. 巡视用餐情况

用餐过程中，按照安排好的用餐值班表轮流巡视学生用餐情况，始终保持学生用餐区域有工作人员监督。研学旅行指导师和安全员负责巡视本班学生的用餐情况，一旦发现问题及时反馈。

2. 监督上菜情况

查看菜品种类是否与菜单一致，避免替换菜单、错上菜品、漏上菜品等问题出现；待所有菜品上齐后，拍照留存，进行核对。

3. 询问用餐评价

询问部分师生，对菜品分量、种类、质量，用餐环境给予直观评价，以便掌握学生在就餐过程中遇到各种情况的一手资料，如有问题及时反馈。

4. 解决学生需求

解答学生提出的需求和问题，并监督、检查餐厅是否按标准提供服务及解决可能出现的问题。如学生饭菜不够，可以及时向餐厅提出来，增加饭菜，保证足量供应。

5. 清点检查物品

待所有学生用餐结束后，提醒每个学生自己收拾碗筷，自己打扫桌上卫生，检查好个人物品（水杯、手机、背包、帽子等），避免丢失；餐桌组长负责核实确认工作。

（四）餐后服务

1. 核对账单结账

严格按照实际用餐人数、标准、数量，请承办机构或学校如实填写“餐饮费结算单”，与餐饮部结账，并开具正规发票。

2. 组织离开餐厅

用餐结束后以餐厅出口为基准，遵循就近原则，以车为单位，协助承办机构或学校工作人员引导学生有序离开餐厅。

任务实操

研学旅行基地餐饮服务调研

第一步，全班分成5组，每组负责调研一家研学旅行基地的餐饮服务情况。

第二步，每个小组自选一家研学旅行基地，与基地负责人联系并确定前去调研的时间。

第三步，组长按照与基地约定的时间，组织组员前往基地进行调研。对基地用餐人数、桌号安排、菜品数量质量、引导入座、文明用餐、餐中服务、餐后服务进行调研。

第四步，归纳总结餐厅用餐服务，记录自己在提供用餐服务时应该借鉴餐厅哪些做得好的地方，哪些地方应该引起重视？

任务考核

某研学旅行基地接待了300人的研学团队。团队到达基地后，上午的第一节研学课程就是包饺子和做柴火鸡。首先是研学旅行指导师指导学生包饺子，讲解包饺子的步骤和方法。第二节课分小组制作柴火鸡，研学旅行指导师讲解制作流程和注意事项。具体操作过程中，A研学旅行指导师在点火的时候距离火源较近，B研学旅行指导师开气时把阀门开得太大，导致A研学旅行指导师头发和眉毛被烧了，幸好烧伤面积比较小，没有造成严重后果。但是，这个事件给我们的教训是极其深刻的。通过这个案例，你认为用餐过程中应该加强哪些环节的管理？

任务三 做好研学旅行基地住宿服务管理

任务导入

某小学组织了500人的研学团，其中男生240人，女生260人。研学团下周三到某综合实践教育基地开展3天2晚的研学实践活动。假如你是该基地运营部负责人，你应该如何提供住宿服务？

任务分析

基地住宿服务就是借助基地的住宿设施和服务人员向学生提供的住宿设施和各项服务，以满足学生在基地内的住宿、休息等需求。基地住宿服务为学生提供基本的住宿接待条件，满足和保障学生的基本需求，使学生获得心理上的安全感。同时，基地应将住宿服务纳入研学旅行实践课程体系，让学生享受职业体验。本任务就是讲解研学旅行基地住宿服务管理知识。

任务知识

一、住宿服务的要求

（一）整洁卫生

干净卫生的客房是学生最普遍、最基本的要求。房间要适时通风除湿，避免床单、被褥、地毯和浴巾因潮湿而产生霉味，保持客房舒适的住宿条件。做好公共区域的清洁卫生服务，为学生提供舒适、美观、整洁的公共区域环境，也是住宿服务的基本要求。

（二）安全可靠

服务人员在没有得到学生要求或允许的情况下，不要擅自进入学生房间，不随意接听学生的房间电话等，也不要让陌生人进入房间，避免人身意外伤害。不要随意翻动学生的物品，也不得随意丢弃学生的物品，要及时做好提醒和告知服务，防丢失、防盗窃，保证学生的财产安全。客房的安全和消防设施要齐全可靠，居住环境无污染、无噪声，做好防火、防疫、防治安事故等方面的居住环境安全。

（三）安静轻松

宁静的客房环境，会给人舒服、高雅的感觉，劳累后的学生进入房间就想享受安静轻松的服务。选配设备要考虑低碳环保、低噪无噪。做好隔音措施，阻隔噪声的传入和传导。在房间外张贴“请勿喧哗”等温馨提示标志。和善提醒大声说笑的学生，引导学生自我克制，放轻脚步，小声说笑。服务人员须做到“三轻”，即走路轻、说话轻、操作轻。

（四）亲切温馨

微笑服务要求服务人员以真诚的笑容向学生提供服务。同时，微笑服务也反映出一位服务员的美好心灵和高尚情操，会让学生感觉亲切，甚至会把服务人员当成自己的家人。住宿服务既要尊重成年人的人格，更要尊重学生的人格。学生心灵脆弱，极易受到伤害。一旦发生侮辱学生人格的情况，各种服务都难以弥补。服务人员热情周到的服务，将会建立起与学生信赖的桥梁，学生就会对住宿服务工作给予配合、支持和谅解，这样就有利于基地顺利完成日常服务工作，也有利于基地建立良好信誉。

二、宿舍服务员的管理

（一）增强服务意识

服务意识是服务人员应具备的基本素质之一，也是提高服务质量的根本保证。住宿服务单位要树立“宾客至上”的理念，服务人员应熟练掌握服务技能，提高应变能力。

（二）提供个性化服务

标准化服务是从学生共性角度出发而提供的服务，是客房服务质量的基本要求，但每一位学生都有自己的个性，因此，只有对员工加强个性化服务技能培训，才能保证员工为学生提供相应的个性化服务，从而提高师生满意度。

（三）讲究文明礼仪

服务人员在日常工作中的礼节礼貌代表着员工的精神状态和文明程度，也直接关系着服务质量和管理水平，所以应加强对住宿服务人员文明礼仪方面的培训。

（四）强化安全教育

住宿安全管理是基地住宿服务单位为了保障学生、服务人员的人身和财产安全及基地住宿服务单位自身的财产安全而进行的有计划、有组织的安全专题教育活动，包括犯罪与盗窃的防范教育、学生人身安全保护、学生财物安全管理、服务设备安全操作技术、师生伤病员救护就医、食品安全教育、火灾预防应急措施、突发性事件应急演练等。

湖北省十堰市青少年活动中心学员宿舍管理制度

三、住宿服务的过程管理

湖北省十堰市青少年活动中心宿舍值班制度

（一）落实住宿安排

1. 确认住宿信息

研学旅行基地客房部要提前与承办机构或学校确认住宿基本信息，如学生房间数量、司机和工作人员房间数量、房型要求、房间分布楼层等，以便提前做好安排。

2. 确认早餐方式

与承办机构或学校再次确认叫醒服务时间及方式，早餐地点、时间及楼层，用餐形式（桌餐、自助）和用餐要求（房号、房卡、餐券）。

3. 入住登记方式

提前与承办机构或学校负责人落实入住登记方式：证件录入登记、人证比对登记、刷脸比对登记，便于办理入住时提前确认证件是否发放，从而做好相应准备。

（二）落实分房工作

1. 明确分房规则

落实分房工作时，首先要明确分房的规则和具体要求，分配规则如下。

（1）分片区安排住宿。如果有多栋宿舍，就分别把男生、女生安排在不同的宿舍楼。如果只有一栋住宿楼，就安排男、女学生分楼层住宿。男学生尽可能安排在同一楼层，便于管理。

（2）配置工作人员。每个楼层至少有 1 位工作人员入住，女学生楼层应为女性工作人员。如果入住地点电梯设置了限制跃层管理，就需要为工作人员开通各楼层通卡权限，方便查房管理时使用。

（3）提供房型。提供的房间一般以双人标间房型为准。但是，目前很多基地的住房是 8 人间、6 人间的学生宿舍。如房间数量有限，出现特殊房型时，还要和校方老师及时沟通并确认分配方式。

（4）准备房卡。协助承办机构和学校录入住宿信息、分配房间、准备房卡。按照工作人员两张 / 间，学生一张 / 间的原则配发房卡，这样既可以防止学生随意串房，又便于后期退房管理。

2. 分配房间

入住地点确定之后，就要分配房间，按照基地《研学旅行工作手册》上的住宿信息表进行分房。安排一名工作人员负责住宿房间整体分配，并应在当晚就餐前完成学生分房信息表中的分房信息录入工作，便于分配房卡。

3. 共享分房信息

分房信息录入完毕后，所有工作人员每人一份，便于分房、查房、退房时使用。最好同时使用电子版和纸质版名单。

（三）办理入住工作

1. 领取房卡

工作人员先到前台，以车为单位进行领取房卡。工作人员宣读房号，相应学生应答，由工作人员亲自将房卡发放到其手中。

2. 办理入住

工作人员携带本车学生身份证件及分房名单表，前往前台统一办理入住。证件信息录入完毕后，在查房时，工作人员及时到前台取回本车所有人员证件，并妥善保管。

如果入住地点需要逐一核验学生身份证件才能登记，则应同时发放房卡及身份证件，引导学生有序前往前台配合工作人员快速核验并登记；之后，工作人员在前台旁即刻将学生身份证件收回，集中管理，避免丢失。

3. 讲解注意事项

办完入住手续后，在前厅告知学生入住注意事项，宣讲住宿安全知识，带领学生熟悉逃生通道。

4. 电梯安全监控

工作人员监控电梯时，应控制乘坐人员数量、引导学生有序乘梯，避免拥挤和踩踏。

5. 确认叫醒服务

承办机构或学校再次确认叫醒服务的时间和形式，一般研学团队会安排两遍叫醒服务，避免学生贪睡，延误次日行程。

（四）落实查房管理

1. 首次查房

带领学生进入房间，在学生入住后及时进行首次查房，帮助学生熟悉房间设施，解决相关问题。检查房间相关设施设备是否可以使用，如果发现有问题的，马上联系客房部进行维修或者更换。

2. 落实值班管理

学生入住后，入住地点大堂要安排工作人员值班，主要防止学生外出及处理相关突发事件。住宿期间学生没有经过批准一律不准外出。安排值班时，建议两人同时在岗，保证遇到突发情况时，可随时补位。

3. 住宿查房管理

（1）安排专人巡查。基地安排专人进行夜间巡查，巡查的范围包括前厅部、客房部等，一旦发现问题及时处理。

（2）安排夜间查房。承办机构安排住宿查房工作时，必须两人同时在岗，同时检查，做到相互监督，相互作证，禁止单人独自查房情况出现。女学生楼层应安排女性工作人员查房。查房人员必须统一着装，穿着得体，注意个人形象。应仔细核对《学生分房表》信息，避免敲错门而与散客发生不必要的冲突。非特殊情况下，工作人员不得进入学生房间，应保持适度行为距离。学生需要上交手机时，工作人员应辅助配合校方老师收集，并交由校方老师保管。每晚查房一般安排两次：第一次统一巡查，发现有动静、有声音、没有按时休息的学生房间，予以敲门提示并做记录。第二次重点巡视，有针对性地对有记录的房间进行二次检查。

（3）处理相关问题。查房或者巡查时只需要在房门外聆听，如发现学生房间依然有聊天、吵闹、打牌、看电视等声音，予以敲门提示，进行制止；如果屡教不听，记录房间号，通报校方老师。处理问题时，应注意态度。如遇特殊情况必须进入房间，须通知校方老师一同前往；进入房间前，须通知学生穿好服装，一位工作人员进入，另一位工作人员在门外守候，非特殊情况，不得随意触碰学生物品。如遇学生反映房间内部设施问题，可先通知客房服务人员，工作人员陪同前往学生房间处理问题；进入房间前，须通知学生穿好服装；监督、检查客房服务人员是否按标准提供服务，并及时解决可能出现的问题。

（五）退房管理

1. 组织退房

（1）退房准备。提醒学生，确认清点好个人行李物品，检查房间，不要遗忘随身物品，带全行李到指定地点存放。

（2）码放行李。安排一位工作人员引导学生将行李放置到指定地点，按班（或车）集中码放。

（3）前往餐厅。提醒学生按照入住地点的用餐要求，携带房卡或者餐券，前往餐厅用早餐。

（4）收取房卡。工作人员在餐厅门内收取房卡，并做好收卡记录。安排两位工作人员同时在岗，两人可轮流用餐；工作人员须提前到达餐厅。“餐厅门内”收取房卡，是为了避免进餐厅需要刷卡用餐时，提前收卡后学生将无法进入餐厅。

（5）用早餐。学生交完房卡后，可直接进餐厅用早餐。

（6）安排查房。工作人员可将已收取的部分房卡及时交到前台，安排相关工作人员检查客房。

（7）其他工作人员必须在规定时间前完成用餐；持对讲机前往各个楼层，协助确认还未提交卡的房间情况；如遇学生还未起床，抓紧催促提醒；做到早发现、早提醒、早处置。

（8）提取行李。学生用餐完毕，自行取回行李，在规定时间前到达指定地点集合。

（9）组织集合，清点人数。工作人员在规定时间准时集合整队，以班（车）为单位，清点人数，等候指令，准备登车。

2. 相关问题处理

（1）查房处置。退房后，通知住宿地点做好记录；如某房间有遗留物品，时间宽裕时，可现场发放，时间紧张时，可统一封存所有房间遗留物品，交由前台，快递回学校（工作人员可协调校方老师留下学校地址、联系人、联系电话）。

（2）物品赔偿。退房后，若房间内有物品破损、丢失等情况，须先通知校方老师，一同与当事人核实；如核实无误，应由学生自行照价赔偿，住宿地点开具收费证明，交由校方老师保管，避免后续产生不必要的纠纷。如核实有误，并非学生损坏或私拿，需向住宿地点负责人说明原因，反映事实，协商解决。

研学旅行基地服务管理办法

任务实操

研学旅行基地住宿服务管理调研

第一步，全班分成 5 组，每个小组负责调研一家研学旅行基地客房部。

第二步，在老师的协助下，寻找 5 家研学旅行基地，约定调研时间。

第三步，确定调研内容：基地客房部管理人员数量、规章制度、前厅部人员构成、入住办理流程、夜间查房、退房的相关规定。

第四步，汇总调研结果，从调研结果中你发现你对基地住宿管理有什么新的认识？

任务考核

某基地接待了一个 5 天 4 晚的研学团，在入住的第四天晚上，有个学生一直很激动，不停地闹，不睡觉，还影响了其他学生休息，研学旅行指导师花了很多时间来给学生做工作，学生不但不听，反而用脚多次踢研学旅行指导师。研学旅行指导师情急之下就拍了这名学生一下，结果被学生班主任看见了，投诉了这位研学旅行指导师。假如你是研学旅行基地负责人，你认为应该怎么处理这个问题？

项目训练

测一测

测试题

答一答

1. 简述研学旅行基地交通服务的要求。
2. 简述研学旅行基地餐饮服务的特点。
3. 研学旅行基地餐饮服务的要求有哪些？
4. 研学旅行基地分房的规则有哪些？
5. 研学旅行基地应该如何加强宿舍服务员的管理？

参考答案

项目

八

研学旅行基地人力资源管理

全国中小学生研学实践教育基地——拉萨布达拉宫历史建筑群

项目导读

本项目是全书的最后一个项目，介绍了保障研学旅行基地能够正常运营与管理的人力资源工作。学习本项目需要完成四个任务。第一个任务是了解基地人力资源规划的内容和流程，基地人力资源招聘的目的、渠道、广告及如何甄选人才。第二个任务是明确基地管理团队、教学团队、后勤服务团队的配备与日常管理方法。第三个任务是掌握基地人力资源的常规培训，管理团队、教学团队及后勤团队的培训管理。第四个任务是掌握基地人力资源的绩效考核、薪酬设计及福利发放等知识。学习本项目后，学生能够设计基地人力资源管理招聘广告和培训方案，热爱研学旅行基地，具备高度的责任心和职业担当。

学习目标

知识目标	1. 了解研学旅行基地人力资源的定义及构成 2. 了解研学旅行基地人力资源规划和招聘的内容及流程 3. 明确研学旅行基地人力资源配备及日常管理的内容和方法 4. 掌握研学旅行基地人力资源培训管理及绩效管理的内容和方法
能力目标	1. 能够拟订研学旅行基地员工招聘方案 2. 能够拟订研学旅行基地员工培训方案
素质目标	1. 认识人力资源是研学旅行基地的第一资源 2. 树立正确的择业观，愿意到研学旅行基地从业 3. 热爱研学旅行基地，具备高度的责任心和职业担当

思维导图

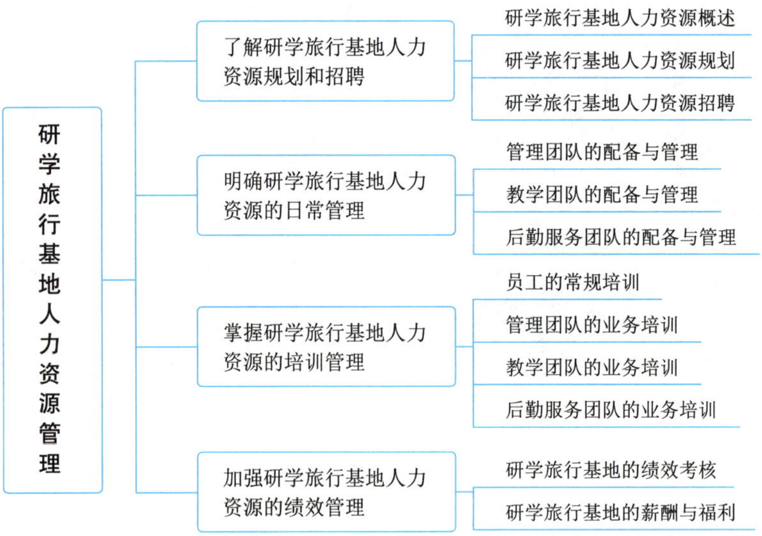

任务一　了解研学旅行基地人力资源规划和招聘

任务导入

随着人们生活水平和对教育质量追求的提高，研学旅行发展进入快车道。因此，某研学旅行基地急需招聘10名研学旅行指导师和5名基地运营人员，假如你是该研学旅行基地人力资源部招聘经理，你应该如何开展招聘工作?

任务分析

党的二十大报告指出，加快建设国家战略人才力量，努力培养造就更多大师、大国工匠和高技能人才。研学旅行基地是实施研学实践教育活动的重要载体，是实现研学实践教育目标的重要依托，是完成研学实践教育活动的重要保障。搞好研学旅行基地的运营与管理工作，必须重视人才，做好人力资源管理工作，培养研学旅行基地大师、工匠和高技能人才。什么是人力资源？什么是人力资源管理？研学旅行基地应该如何开展人力资源规划与招聘工作？本任务主要阐述人力资源管理中的规划和招聘工作。

任务知识

一、研学旅行基地人力资源概述

（一）研学旅行基地人力资源的定义

资源是一个经济学术语，泛指社会财富的源泉。人们通常把资源分为自然资源、资本资源、人力资源和信息资源。人是一种客观的社会存在，是社会关系的主体；同时，人作为社会经济活动的要素——劳动力而存在时，则是一种经济资源。

广义上讲，凡智力正常的人都是人力资源。从企业管理角度看，人力资源是指能够推动企业发展，有利于企业实现其经营目标的员工及其能力的总和。人力资源是企业各种资源中最活跃、最有创造性的资源。

研学旅行基地人力资源是指能够投身于基地运营与管理，有利于基地实现预期发展目标的劳动者，包括已经进入基地的员工和尚未进入但具备进入能力的人员。基地种类复杂，既有公办的，也有民营的，两种基地的人员构成和管理方式差别很大。

从研学角度来说，基地的人力资源主要包括管理人员、活动策划人员、研学课程开发人员、研学旅行指导师、食宿管理员、安保人员、服务人员等。这些人分别负责学生的研学旅行活动管理、策划、执行、服务、安全保障等工作。

（二）研学旅行基地人力资源管理的定义

人力资源管理就是指运用现代化的科学方法，对与一定物力相结合的人力进行合理的培训、组织和调配，使人力、物力经常保持最佳比例，同时对人的思想、心理和行为进行恰当的培训、组织和协调，使人和物经常保持最佳比例和有机的结合，充分发挥人的主观能动性，使人尽其才，事得其人，人事相宜，以实现组织目标。

根据以上定义，我们可以从两个方面来理解人力资源管理。一是对人力资源外在要素——量的管理，即根据人力和物力及其变化，充分发挥出人力资源管理最佳效应。二是对人力资源内在要素——质的管理，即采用现代化的科学方法，对人的思想、心理和行为进行有效的管理（包括对个体和群体的思想、心理和行为的协调、控制和管理），充分发挥人的主观能动性，以达到组织目标。

研学旅行基地人力资源管理是以推动本研学旅行基地可持续发展为目标，通过人力资源的规划、招聘、选拔、培训、使用、评估、奖惩等一系列活动，向基地提供合适人才并取得预期业绩和员工最大满意的过程。基地应加强人力资源管理，设置健全的组织管理机构，配备研学旅行专业部门，配置项目管理人员、安全员、研学旅行指导师、校外教育专家等，同时要开展安全教育和防控工作，为中小学生提供优质的研学旅行教育服务和生活保障服务。

二、研学旅行基地人力资源规划

研学旅行基地人力资源规划是指研学旅行基地从战略规划和发展目标出

发，根据其内外部环境的变化，预测研学旅行基地未来发展对人力资源的需求，以及为满足这种需求所提供的人力资源的活动过程。

（一）人力资源规划的内容

1. 人员补充规划

人员补充规划是研学旅行基地根据自身组织运行的情况，对企业可能产生的空缺职位加以弥补的计划，是企业改善人力资源数量与质量和吸纳员工的依据。人员补充和人员晋升通常是相互联系的，晋升会造成组织内的职位空缺逐级向下移动，最后积累到较低层次的人员需求上来。若较多职位有空缺，企业有时必须从外部劳动力市场以较大的代价方可获得。企业在开展招聘录用活动时，应该考虑到若干年后员工的使用情况，从发展的角度来安排和使用员工，使每一个发展阶段都有恰当的人胜任工作要求。研学旅行活动季节性强、人员流动性很大，为此基地需要及时补充各种人员。

2. 培训开发规划

研学旅行基地根据不同时期可能产生的职务需求，对其人员有目的、分阶段地加以培训，为企业发展准备所需人才，更好地使人与工作相适应。培训开发规划应与企业的晋升计划、配置计划及个人职业计划密切配合和互动。由于研学旅行基地人员流动很大，所以基地要做好培训规划，为各部门储备一批可以应急的人才。

3. 薪资激励规划

薪资激励能确保研学旅行基地人工成本与其经营状况保持恰当的比例关系，确保薪资的激励作用。薪资总额取决于基地内员工的分布状况和工作绩效。在预测基地发展的基础上，基地应对未来的薪资总额进行测算和推测，确定未来时期内的政策，以调动员工的工作积极性。

4. 人员分配规划

研学旅行基地员工在未来职位上的安排和使用，是通过基地内部人员有计划地流动来实现的。基地在要求某种职务的人员具备其他职务经验或知识的同时，要有计划地推动人员流动，培养高素质的复合型人才。如果高层职位较少，而等待晋升的人较多，此时就要通过分配工作推动人员的水平流动，减少员工的不满，等待上层职位空缺的产生。基地人员过剩时，可改变工作分配方式，调整工作量，从而解决工作负荷不均的问题。

5. 人员晋升规划

根据研学旅行基地的组织需要和人员分布状况，制订提升方案，尽量使人和事达到最大限度的匹配，以调动员工的积极性，从而提高人力资源利用率。

晋升是员工个人利益的实现，也是工作责任和挑战的增加，能够激发员工的能动性，使基地获取更大利益。

6. 员工职业生涯规划

系统安排员工在基地内的职业发展，能够把员工个人的职业发展与基地的需要结合起来。对有发展前途的员工，要设法将其留下来，使其成为企业的宝贵财产，要有计划地让他们在工作中得到成长和发展，防止其流失。

（二）人力资源规划的流程

1. 职务分析

职务分析也称岗位分析、职位分析，是对研学旅行基地各类工作岗位的目的、任务、职责、权限及员工承担本岗位任务应具备的资格条件所进行的系统分析与研究。岗位分析的内容就是解决“工作是什么”和“什么样的人来做最适合”的问题。

（1）工作是什么？就是工作岗位的目的、任务、职责、权限和工作岗位的基本信息（性质、名称、编号、工作地点、工作条件、所在部门、组织结构、上下级等），其中的核心内容是工作任务。它应该包含 7 项信息（6W1H），WHAT（做什么）、WHY（为什么要做）、WHO（谁做）、WHOM（为谁做）、WHEN（何时做）、WHERE（在哪里做）、HOW（怎样做）。

（2）什么样的人来做最适合？就是任职资格。任职资格是指为了保证工作目标的实现，任职者必须具备的知识、技能、能力和个性等方面的要求。它常常以胜任职位所需的学历、专业、工作经验、工作技能、能力加以表达。这些因素综合概括为任职资格或选人标准的通用六个维度：专业知识（K）、专业技能（S）、综合能力 / 通用能力（A）、个性特征（P）、求职动机（M）、价值观（V）（价值观决定态度）。

（3）编写岗位说明书，即在职务分析的基础上，记载某一职务的内容、职责、要求及其特性。说明书内容主要包括“工作识别事项”，如工作名称、编号、所属部门，以区别于其他工作；“工作概要”，如工作范围、工作目的、内容等基本事项；“具体工作”，如工作目的、对象、方法等；“工作所需的基本条件”，如技能、培训程度等；“特殊事项”，如对加班、在恶劣的工作环境工作、业务晋升等事项的说明等。

2. 预测人力资源的需求与供给

（1）人力资源盘点。人力资源盘点就是对现有的人力资源数量、质量（优中差或合格不合格）、结构（对人事信息的年龄、性别、教育程度、工作年限的分析）、流失状况（离职率）等进行核查，以掌握目前拥有的人力资源状况

（存量），用以预测人力资源需求或挖掘潜在人才（了解存量、盘活存量）。

（2）人力资源需求预测。这一步工作与人力资源盘点可同时进行，主要是根据研学旅行基地的发展战略规划和本研学旅行基地的内外部条件选择预测技术，然后对人力需求的结构、数量、质量进行预测。在预测人员需求时，应充分考虑某些因素对人员需求数量和质量及构成的影响，例如，市场需求、产品或服务升级及管理革新对新技能人才的需求、计划内人事更替及人员流失、工作时间及生产率的变化、可用的人力成本财务预算。

（3）人力资源供给预测。这部分工作主要从两个方面开展，即外部人力资源供给预测和内部人力资源供给预测。外部预测主要是预测市场供求状况及人力成本，以便采取相应的对策。内部预测主要是预测继任候选人及继任候选人的晋升能力状况，从而确定内部的人力资源供给能力。

3. 制订人力资源工作计划

有了以上各项分析预测工作作为基础，基地就可以制定人力资源的目标与政策及各职能模块工作的具体行动方案。注意，编制计划时，既要保证满足短期人才需要，也要充分考虑长期发展需求，既要能促进员工现有人力资源价值的实现，又要能为员工的长期发展提供机会。

三、研学旅行基地人力资源招聘

研学旅行基地人力资源管理的终极目标就是将合适的人放在合适的位置上，并让他做正确的事。实现研学旅行基地经营目标和社会责任的关键因素是人，决策用人是研学旅行基地面临的最大风险，而解决风险的关键是有效招聘。

微课：研学旅行基地人力资源招聘

（一）招聘的目的

招聘的目的就是以最低的投入招到最合适的人才，实现组织最佳的人岗匹配。招聘的目的不是选拔和录用最优秀的人员，而是要招聘到最适合研学旅行基地的工作人员。我们一直在寻找这样的人：他最适合某个特定岗位。实际上，我们在招聘之前，已经有了这个人的轮廓（工作分析中的任职资格），并详细界定了他的各种素质和能力。招聘要做的，就是找到对号入座的人，虽然很多时候我们找不到完全符合的。

能力>岗位要求，优质人才流失快，组织与个人两败俱伤；

能力<岗位要求，组织业绩下降，会形成恶性循环；

能力=岗位要求，组织成熟、稳定，业绩上升，团队战斗力强。

（二）招聘的渠道

从哪里获得需要的员工呢？内部选拔还是从外部聘用？要根据不同的基地的具体情况来确定。

1. 内部招聘

内部招聘是最常用的，也是比较科学的招聘方法。首先在基地内部看看有多少候选人可以用来充实这些未来的职位。有调查显示，90%以上的管理职位是靠“内升制”来填补的。内部招聘的主要方式有：内部推荐、提拔、竞聘和轮岗等。内部招聘的好处是准确性高、适应较快、激励性强、费用较低。缺点是来源局限、水平有限，当研学旅行基地高速发展时，容易出现以次充优的情况，也可能因操作不公或员工心理原因形成内部矛盾，当然最大的弊端还是“近亲繁殖”，员工缺少思想碰撞的火花，会影响研学旅行基地的活力和竞争力。

2. 外部招聘

当内部招聘无法满足人才需求时，可以选择外部招聘，主要有网络招聘（如智联招聘、BOSS直聘、赶集网、前程无忧、拉勾招聘等招聘平台）、校园招聘（目前很多基地直接到学校招聘大学毕业生），以及人才市场、猎头公司、人员推荐等方式。外部招聘的好处是人才来源广、选择余地大、利于招到一流人才，新员工能带来新思想、新观念，补充新鲜血液，使研学旅行基地充满活力，同时可平息或缓和内部竞争者之间的矛盾，人才现成，节省培训投资，外来人员与组织成员间没有裙带关系，能较客观地评价组织的工作，洞察组织的问题。缺点是决策风险大、招募成本高、进入角色慢及影响内部员工的积极性。

（三）招聘的广告

研学旅行基地招聘人才需要发布招聘广告，广告基本都包括以下信息。

1. 单位情况简介

单位情况简介包含单位背景（如历史、规模、业务范围、地理位置和发展前景等）、文化理念（如基地愿景、使命、价值观和经营理念）等，最好以简洁的语言表述，选择单位最具有特色和富有吸引力的特点，千万不可长篇大论，词不达意。广告最好能使用单位的标识，并提供单位的网址，以便感兴趣的应聘者浏览单位网页以获取更进一步的信息。

2. 岗位工作描述

招聘广告对招聘职位的介绍通常包括岗位名称、所属部门和主要工作职责等。起草招聘广告时参考职位说明书会很有帮助。但要注意的是，招聘广告中的岗位情况介绍应该从读者的角度出发来组织语言，要让读者能够理解和感兴趣，切不可照搬职位说明书。

3. 岗位任职资格

岗位任职资格包含对教育背景、工作经验、能力要求、性别和年龄等的要求等。例如，某研学旅行基地 2022 年 5 月到某学校招聘研学旅行指导师，要求学生具有大专以上教育背景，具有课程设计能力、研学教学技能、有良好的沟通能力和组织能力，普通话流利，能熟练使用办公软件。

4. 人力资源政策

人力资源政策包含单位可以提供的薪酬水平、劳动合同、培训机会及其他福利待遇。每个研学企业给出的薪酬水平、福利待遇相差是比较大的，例如，有些研学企业提供四人间公寓住宿、员工食堂、商业保险、实习津贴、过节费等，有些企业提供实习底薪 3000+ 提成、转正底薪 5000+ 提成、转正七险一金、定期团建、带薪培训、纵横向晋升机会等。

5. 应聘者的准备工作

应聘者必须提供相关资料，如中英文简历、学历学位证书复印件和身份证复印件等。

6. 应聘者的联系方式

应聘者应提供通信地址、传真号码或者电子邮箱地址等，一般情况下不必提供电话号码。

案例参考：××× 青少年研学旅行基地开发有限公司招聘广告

（四）招聘的分工

人力资源部门侧重于一些原则性和事务性的工作，如招聘过程规划、组织实施过程、资格检验及素质测评、向候选人传达信息及招聘评估等。基地各用人部门在招聘工作中，侧重于一些专业性和技术性的工作，如出任测试考官、设计各类问卷和试题、分析工作及完善岗位要求、筛选入围人员和最终录用决策等。

（五）甄选人才

甄选人才是指挑选出最符合目标职位任职标准的申请者的过程，主要包括：初步筛选、初步面试、笔试（知识、技能测试）、心理和能力测试、面试（或称诊断性面试）、背景调查、体检和录用。

1. 初步筛选

初选的目的是淘汰求职材料不实者和明显不合格者，主要方式是简历筛选。

拿到一份简历应该看什么？

总体外观：整洁？规范？认真？语法？文字错误？

生涯结构：时间连贯一致性？是否出现空档期或频繁跳槽？

工作经验：事业进程逻辑？过去做了什么？完成 / 执行 / 管理还是参与 / 建议 / 熟悉？

教育培训：教育水准？专业证书？知识结构？相关性？

能力结构：专业技能、通用能力？

业绩描述：业绩如何？

2. 笔试

笔试是一种与面试对应的测试，是考核应聘者学识水平的重要工具。这种方法可以有效地检测应聘者的基本知识、专业知识、管理知识、综合分析能力和文字表达能力等素质及能力。笔试一般适用于应试人数多、需要考核的知识面广或需要重点考核文字能力的情况。一般来讲，大研学旅行基地、大单位大批量用人，往往采用笔试作为第一轮的考核形式，即作为获取面试资格的途径。一般来说，在研学旅行基地组织的招聘中，笔试作为应聘者的初次竞争，只有成绩合格者才能继续参加面试或下一轮测试。

3. 面试

招聘面试的基本目的在于给面试官和应聘者双方进一步了解的机会，从而作出最佳决策。由于面试时间有限，所以精心准备过的面试可以达到事半功倍的效果。一个成功的面试要经过 4 个阶段：准备阶段（制定面试指南、准备面试问题、确定评估方式、培训面试考官）；实施阶段；决策阶段（评价面试结果、决定是否录用、面试材料存档）；总结阶段（面试结束后，回顾整个面试过程，总结经验，为下一次的面试设计做准备）。

4. 背景调查

在前三个步骤的基础上，进行综合素质的考察，选定最优候选人，并核实候选人的背景资料，淘汰资料不实者。

5. 体检

拟录人员须在指定时间前往指定医院体检，未在通知时间内体检的人员取消应聘资格，可按该岗位考试总成绩排名等额依次递补考生体检。通过体检淘汰身体状况不符合要求者。

6. 录用

根据招聘岗位的性质在不同的决策层进行录用决策。凡是体检合格的人员，就可以发放录用通知书了。

任务实操

研学旅行基地研学人才需求调研

第一步，设计问卷。请你们小组设计一份研学旅行管理与服务专业学生跟岗实习问卷表。

第二步，问卷的内容主要包括用人单位名称、用人单位地址、招聘单位负责人姓名、联系方式、招聘岗位、对实习生的要求、招聘人数、实习生待遇、是否提供住宿等问题。

第三步，通过微信、QQ、指导老师、其他网络平台等方式发放问卷表。

第四步，统计调研结果，分析研学企业对研学旅行管理与服务专业学生的需求情况。

任务考核

请你简述基地人力资源规划的内容和流程。

任务二 明确研学旅行基地人力资源的日常管理

任务导入

某研学旅行基地有 123 名员工，假如你是该基地人力资源部负责人，你应该如何加强该基地人力资源的日常管理?

任务分析

做好研学旅行基地人力资源的日常管理工作是保障基地正常运转的基础和前提。研学旅行基地人力资源的日常管理包括管理团队的配备与管理、教学团队的配备与管理、后勤服务团队的配备与管理等方面。本任务主要讨论三个团队的配备与管理。

任务知识

对于研学旅行基地人力资源管理来说，第一层次为管理层，即对基地开展研学旅行业务和每期活动的整体管理；第二层次为执行层，即对研学旅行教学团队的管理，包括研学旅行指导教师与安全管理员的管理；第三层次为服务层，即为参加研学旅行活动的学生提供配套服务，包括餐饮、住宿、交通、园区物业等后勤服务团队的管理等。

一、管理团队的配备与管理

研学旅行基地的管理团队是其人力资源中的重要一环，因为基地服务工作内容繁杂，涉及方方面面，加强基地管理团队建设是提高服务保障能力的重要前提，也是基地自身发展的首要条件，只有牢固树立“服务研学旅行一线”的宗旨，时刻以“为研学旅行一线服务”为己任，最大限度地发挥基地的作用，才能充分保障基地服务功能的实现。

（一）管理团队的人员配备

管理人员的配备是实现基地目标的重要保证，是实现人适其事、人尽其才的基本要求，是实施基地人力资源计划的重要途径，是激励人才的有效手段。

管理团队包括高层管理人员和中层管理人员。高层管理人员包括总经理、运营副总、营销副总、财务副总等，中层管理人员包括各部门经理、各业务主管等。管理团队的人员配备要保证位得其人，提高管理效率，更好地实现组织的目标，公平对待每位员工，保证人尽其才，提高他们工作的满意度。每一个基地因其管理体系与管理模式的差异，对管理团队人员配备的数量与要求也略有不同，但总体要求都是精干高效、战斗力强、职责明确、因事择人、量才使用、责任到岗、责任到人，同时做好后备管理干部的储备与培养。

（二）管理团队的日常管理

1. 绩效管理

基地管理团队考核对象指总经理（CEO）带领的高级管理者，如运营副总、营销副总、财务副总等，以及中层管理者，对他们的考核除了遵循一般的管理者考核思路之外，也有一定的特殊性。由于高层管理者的工作从决策到效果显现的周期长，因此，一般建议实施年度考核，最短也是半年考核。对于管理团队的考核更应该强调目标责任结果。作为对研学旅行基地经营管理能直接产生影响的高管，需要承担完成公司经营目标的责任。

2. 表率管理

与对研学旅行基地基层管理者的考核相比，对管理团队更偏重对其洞察力、战略管理的能力、大局观、领导能力、文化塑造能力、外部合作能力及对员工的表率管理等软要素的考核。

二、教学团队的配备与管理

教学团队是研学旅行基地人力资源中的重中之重，因此，基地应加强教学团队的建设，充分发挥集体的力量和优势，建立有效的激励机制，完善师资队伍结构，通过优秀教学团队的建设，提高研学旅行基地教育教学质量和效果。

（一）教学团队的配备

基地要建立专兼职相结合、相对稳定的研学教学团队。该团队包括研学项目负责人、课程开发人员、研学旅行指导师、基地内审员等。其中，研学旅行指导师包括专职的基地研学旅行指导师和兼职的中小学研学旅行指导师。基地应至少配备3名持有省级及以上行政主管部门或专业社会组织颁发的研学旅行指导师职业证书的专职研学旅行指导师，且兼职研学旅行指导师应具有与研学课程相匹配的专业优势。

基地应为每项研学旅行活动配置1名项目组长，项目组长全程随团活动，负责统筹协调研学旅行各项工作；为每个研学旅行团队配置相应数量的安全员（学生与安全员的比例不低于30 ： 1），安全员在研学旅行过程中随团开展安全教育和防控工作；为每个研学旅行团队配置数量适宜的经专业机构认证的专兼职研学旅行指导师（学生与研学旅行指导师的比例不低于20 ： 1），研学旅行指导师负责制订研学旅行教育工作计划，在其他工作人员的配合下提供研学旅行教育服务；指定1名中高级管理人员接受专业培训并考试合格后担任基地内审员，内审员对照本标准及相关工作要求，检查所在基地的达标情况，敦促基地管理层及时整改所存在的问题。

（二）教学团队的日常管理

1. 严格考勤

教学团队在工作时间内的考勤情况，包括上下班、迟到、早退、病假、婚假、丧假、公休、工作时间、加班情况等。通过记录与分析出勤情况，督促教学团队所有成员努力工作。

2. 提升课堂教学质量

教学质量提高的关键在于提升课堂教学质量。因此，抓好课堂教学的形成性过程管理与评价，是大幅度提高教育教学质量的关键环节。研学旅行基地应要求各教学团队根据学生的基础和不同特点，制定教学目标，使向课堂要质量的口号真正落实到每一堂课。

（1）抓备课。教师上一堂课并不难，上一堂有质量的课就不容易，经常上高质量的课就更不易，其功夫应该下在课前。为此，教学团队要认真钻研研学旅行课程方案，熟悉研学旅行手册，结合基地资源和学情，认真撰写教案。备课组要集体讨论，备教学目标、备教学情景的创设、备问题的提出时机、备可能出现的教学中的意外情况、备学法指导。

（2）抓实施。研学旅行是行走的课堂，基地的教学活动是在基地某个具体研学点位进行的。研学旅行指导师在上课中应严格按照“三步五环节”教学法组织教学。第一步研学前做好研学准备，设置问题，第二步重视研学中的三环节，一是研学导入、提出问题，二是研学新课、解决问题，三是研学总结、拓展问题。第三步研学后评价教学过程，反思问题。

相关链接

湖北省十堰市郧阳区青少年活动中心教职工考勤制度

湖北省十堰市郧阳区青少年活动中心教官考核细则

湖北省十堰市郧阳区青少年活动中心教官安全目标责任书

3. 组织技能比赛练兵

以提高研学旅行指导师实践能力为目的，积极开展教学团队教学技能大练兵、大比武活动，以此夯实教学团队教学基本功，提高教学团队研学指导能力，努力造就一支师德高尚、业务精湛的高素质专业化教学团队。教学团队要经常性组织研学课程设计大赛、研学旅行指导师技能大赛、教学案例分析与评比等，帮助教师取长补短，保持与提升研学旅行的教学技能。

三、后勤服务团队的配备与管理

基地的后勤服务团队是其人力资源中不可或缺的组成部分。后勤服务工作承担着为基地教学、科研和师生生活提供后勤保障服务的重任，同时也担负着管理育人、服务育人的职责。建设一支责任心强、专业技能高、全心全意为研学旅行基地所有人员服务的后勤服务团队，能有效提升研学旅行基地后勤管理水平和服务质量，有助于基地整体水平的提高和研学旅行培养目标的实现。

（一）后勤服务团队的人员配备

基地应有与学生数量和研学旅行项目数量相匹配的，为其提供各类研学旅行相关配套服务的专业后勤服务团队。这一团队包括交通服务人员、住宿服务人员、餐饮服务人员、物料准备人员、医疗人员等。他们应遵守服务时间、坚守岗位、举止文明、热情服务；应掌握一定的医学知识与灾害应急常识，熟悉基地内的医疗服务点、紧急避

湖北省十堰市郧阳区青少年活动中心宿舍管理员职责

险通道等；应有遇突发情况自救和帮助游客进行避险逃离的能力；应掌握基本的法律法规、宗教信仰和民族习惯等方面的知识。

（二）后勤服务团队的日常管理

1. 制定后勤日常管理的工作标准

一般后勤日常管理存在很多主观决策空间，管理者容易受到外界的影响而作出误判。为此，应在充分调研与沟通的基础上，制定研学旅行基地后勤日常管理的工作标准，制定并实施一套标准化、规范化、制度化、工具化、流程化、实务化的岗位职责、工作流程和服务标准，以“管理标准化、服务规范化、过程亲情化”的信念推进研学旅行基地自身发展，推进后勤管理健康、快速、稳步发展。

2. 做好后勤服务团队的日常管理

后勤服务团队要在日常工作中增强服务意识，改善服务态度，提高服务质量，增强师生的幸福感和获得感。后勤服务团队员工是研学旅行基地后勤服务的骨干力量，他们的素质和修养直接决定了项目的服务质量和企业的服务形象。所以，对于后勤服务团队来说，其首要任务是不断学习专业技术。后勤管理不但需要高素质的服务团队，还需要内部各部门的通力合作。所以，沟通协作也是每位员工需要不断学习的课程。后勤服务团队管理的形式不是一成不变的，要不断学习和借鉴国内外优秀的管理方式，推出符合研学旅行基地自身情况、能够提高效率的管理模式。例如，为守住舌尖上的安全，全体食堂工作人员要切实做好各项日常工作，既要保证食材安全又要在烹饪上做足功夫，满足广大师生的味蕾需求，每天为师生员工提供丰富可口的饭菜，注重卫生安全，每天按时清洁卫生，同时做好安全保卫工作。

案例参考：研学童话，迪士尼人力资源管理之道

任务实操

研学旅行基地教学团队配备与日常管理调研

第一步，每个小组寻找一家学校附近的研学旅行基地，与基地人力资源部负责人联系好调研的时间、目的及调研内容。

第二步，按照约定时间，组长带领小组成员前往基地开展调研。调研内容包括基地教学团队的总人数有多少、主要岗位有哪些、各自的岗位职责是什么、基地人力资源部平时对教学团队的管理制度有哪些。

第三步，调研结束后，把调研结果做成 PPT。

第四步，下次上课时，每个小组安排一名同学汇报调研结果。

任务考核

两名同学一个小组，互相谈谈研学旅行基地应该如何加强后勤服务团队的管理。

任务三 掌握研学旅行基地人力资源的培训管理

任务导入

假如你是某研学旅行基地人力资源部经理，基地今年招了20名新员工，请你为基地制订为期5天的新员工培训计划。

任务分析

在一个单位的日常运转过程中，员工培训至关重要。一个月不培训，会出现各种问题端倪，三个月不培训，会爆发出各种问题，六个月不培训，该单位会出现走下坡路的迹象，一年不培训，则该单位离倒闭或破产不远了。因此，科学而合理的员工培训是基地良性运转的前提。本任务重点介绍基地的培训管理工作。

任务知识

目前，我国的人才职业化程度远远不够，研学旅行基地很难直接寻找到最合适的员工，其替代方案就是，接受有潜力的人才进入研学旅行基地，为其提供必要培训，从而使他们能够更好地胜任工作。

一、员工的常规培训

研学旅行基地员工的常规培训是指基地为了获得进一步发展和增强竞争优势，根据人力资源规划和员工素质的实际状况，有计划、系统地设计的，旨在促使员工在较短时间内了解和掌握某种或某些专门知识和技能，并将其熟练运用于工作实践之中的一项人力开发项目。这种培训主要有入职培训、在职培训和脱产培训等三种形式。

（一）入职培训

入职培训在国外被称为导向与社会化，是新员工进入工作前的培训，其作用是引导员工上岗前顺利入门，融入工作环境，适应工作氛围。

1. 员工的导向

这是在新员工正式开始工作之前，基地主动向新员工提供相关信息，以增进相互了解、减轻他们可能面临的紧张和压力的一个开发项目。基地首先要向新员工介绍基地本身、各个部门及员工所在岗位的基本情况。

（1）员工导向的目的。快速有效地向新员工提供其急切想得到的、与其工作和组织有关的各种信息；减轻或消除新员工进入新环境所产生的紧张和压力，使之尽快融入环境，进入“角色”；增进新员工对组织的了解，使其形成良好印象和归属感，从而降低离职率。研究发现，工作第一天对新员工来说是最为重要的，他们对这一天的记忆可达数年之久。新员工对于最初 60~90 天在工作中形成的印象，也较为深刻。

（2）员工导向的内容。基地员工导向包括基地总体导向和部门具体导向两个层面。基地总体导向工作，即协调各层面的导向培训，主要由人力资源部门负责，向新员工概括介绍基地规定程序、薪酬制度、安全制度、部门设置和人事表格等基本情况，以便让新员工对企业有一个全面的了解。部门具体导向工作，即负责实施部门和岗位的工作导向，主要由新员工所在部门负责，该部门主管向新员工介绍本部门的情况，引导新员工与部门中的原有成员相识，并阐明所从事工作的具体要求和注意事项。常见的做法，是部门主管带领新员工拜会组织高层和所有部门，将他们介绍给将要一起工作和打交道的同事，讨论部门有关工作时间、考勤工资、工间休息和吸烟、用餐等方面的一些规定和程序。

（3）员工导向的时间。一般持续 2~3 天，但部门主管要做好其跟踪和评估工作，严格督导并给予必要的帮助，待其工作绩效出现明显改善时，才可逐步放松管理。实际上，一些部门主管并没有认真对待这项工作，而是经常出现强调文字工作、给予过多信息、大而化之地处置等错误倾向。这样便失去了直接影响员工行为的最佳机会。

2. 员工社会化

员工社会化实际上就是“组织的社会化”或“懂规矩”，即员工适应基地文化的过程。这个过程一般会经历预期、反差和同化（或分化）三个阶段。在第三个阶段，一些员工可能逐渐适应了企业文化，会留下来努力而愉快地工作；反之，则会消极而痛苦地工作，直至最后辞职离开。因此，员工社会化的目的，是使新员工更快地掌握组织的核心价值观，并将其运用到工作中去；更快地提高新员工的生产率并可持久地保持这种高生产率；培养新员工的责任感，提高其忠诚度，从而降低员工流动率。

虽然企业文化就是企业历史传承的、为大多数成员所认可的共有价值观念和行为方式，但对于一个企业来说，要真正了解和概括自身的企业文化是极为困难的。因此，必要时还需借助外部专家的力量。至于向新员工传输企业文化，可根据企业及员工的实际情况，在正式的或非正式的方式、个人的或集体的方式、连续的或间断的方式、定期的或不定期的方式、系列的或独立的方式、授权的或强制的方式等几种方式中进行选择。最后，需要强调的是，虽然对于企业和新员工来说，社会化进程越快，员工的生产效率就越高，但如果提出过快的要求，则反倒会适得其反，欲速而不达。

（二）在职培训

在职培训，即在不脱离工作岗位的情况下，利用业余时间或节假日对员工进行培训的培训方法的总称，也称为“在岗培训”或“不脱产培训”。其特点是，培训内容与工作实际相结合，针对性较强；培训导师由内部资深人员担任，受训人员不需要脱离工作岗位，具有较强的经济性。其优点是，受训人员的工作不受影响，甚至在培训中也能随时处理工作中的问题。其缺点是，学习过程经常会被打断，受训人员无法集中精力，容易导致所学知识缺乏连贯性。

微课：研学旅行基地员工在职培训

1. 学徒培训

这是为那些在技能要求较高岗位上工作的新员工设计的、作业原理与实践经验相结合的一种综合性培训。通常由一位经验丰富的师傅负责帮带一名或几名新员工，经过一段时间的培训，待徒弟出师即宣告培训过程结束，但他们之间的师徒关系依然存在。传授技能的过程为传授（告诉培训对象做什么）—示范（做给他看）—练习（培训对象跟着做）—检查（检查培训对象的工作）。

2. 工作指导

这是由富有经验的员工作为新员工的指导老师，帮助新员工按照一定的步骤和顺序进行反复练习，从而胜任未来工作的一种培训方式，主要适用于操作性或事务性的工作，在确定培训目标和领域后提供具体的指导。

（三）脱产培训

脱产培训是指受训人员离开工作和工作现场，利用一段时间由内外部专家或教师集中指导学习一门知识或掌握一项技能的培训方法的总称，也称为“课堂培训”。这类培训由于学习时间能够得到充分保证，所以学习效率较高，但同时由于远离工作岗位，不可能同时工作，故培训成本也比较高，因此，适用于那些需要更新知识、存在晋升空间的管理人员。脱产培训的方式主要有以下3种。

1. 讲座法

该法适用于就受训者共同关心的、基础性知识或专门性问题，对较多受训者开展的培训。讲座主要围绕企业政策和制度、生产或服务原理、行业特点和发展趋势等内容进行介绍和讲解。其优点在于，受训面广、信息量大，可以降低组织的培训成本；受训者学习压力小，可在短时间直接获得二手信息；训导师的学识和热情可以激发受训者的学习兴趣；训导师的自由度较大，能为受训者树立有效典范。其缺点在于，授课内容的针对性和适应性较差，受训者自由度小，多是被动接受，单向沟通，缺乏反馈，参与性差；训导师授课的内容、方式、经验、热情、风格，以及表达能力和技巧起着决定性作用。

2. 模拟培训

这是企业出于安全和成本考虑，安排那些需要提高操作技能的员工，在特殊的远离岗位的设施设备环境里进行培训的一种方式。模拟培训可使员工在不接触真实设施设备的情况下，获得工作的真实体验和相应技能，因而适用于对新员工或实习生的培训。

3. 特殊培训

特殊性培训是指具有特殊目的的培训。其内容主要包括服务质量培训、职业道德教育、安全教育、团队和授权培训等。

二、管理团队的业务培训

研学旅行基地的规模愈大，研学旅行的项目愈多，营业的区域愈广，对管理团队的素质要求就愈高。目前，研学旅行行业发展明显加快，市场、资源、技术、人才、资本等方面给我们带来的挑战十分严峻。因此，坚持不懈地搞好管理团队培训，全面提高管理团队的综合素质，是研学旅行基地走向市场、参与行业竞争的必由之路。管理团队的业务培训是研学旅行基地人力资源建设中的重要内容之一。培训形式可以多样，培训内容要精心选择。具体可以参照以下几项原则执行。

（一）强化团队文化建设

管理团队作为研学基地的最高管理层，要认真贯彻执行党的二十大精神，全面贯彻党的教育方针，落实立德树人的根本任务，培养德智体美劳全面发展的社会主义建设者和接班人。为此，要强化团队的文化建设，坚持中国特色社会主义文化发展道路，增强文化自信，激发文化创新创造活力。

（二）强化团队规则建设

一个团队就是一个系统，只要规则制定好，便可实现良性发展。管理团队需要制定内部的工作流程和管理制度，让每个团队按照工作流程和管理制度运行。当一个团队可以按各自角色分工自我运转时，团队领导人就可以从团队的圈子中跳离出来，集中精力于外部事务上，协调外部资源来使团队获得更大的发展。

（三）强化团队有效沟通

管理层平时应多鼓励、多激励、少批评、少指责，用先进鞭策后进，教大家寻找发现问题的方法和解决问题的途径。一旦发生问题，作为管理者一定要积极承担责任，这也是信任与鼓励的一种表现。有了业绩、有了成果，也一定要与大家分享，制定一套奖励制度，并且积极向上级争取好的福利待遇。

三、教学团队的业务培训

（一）提升研学课程方案设计能力

增强教学团队研学旅行课程方案设计能力的培训，要求教学团队能正确设计或修订完善的研学旅行课程方案，保证方案的教育目标正确、教育主题鲜明、教学内容丰富；能从学情和乡土乡情、县情市情、省情国情出发，根据学校要求和基地拥有资源两方面因素，合理设计出适合不同年龄段学生的研学旅行课程方案；能合理利用各种资源，开发自然类、历史类、地理类、科技类、人文类、体验类等多种类型的活动课程。

（二）提升研学旅行组织与实施能力

组织教学团队现场教学，提升教学团队的组织与实施能力；具备良好的组织管理能力、沟通协调能力、教育教学能力和安全保障能力，能将研学旅行的教育目标落实到具体的课程计划中，确保研学旅行安全有序地实施；充分做好行前准备工作，开好行前预备会议，向各方宣传解读研学旅行课程方案；检查各项课程准备工作，关键环节实地查看，确保万无一失；做好行中组织监督管理工作，将预先设计课程内容和活动环节一一落实，让所有学生完成预定的研学任务。

（三）提升研学激励与评价水平

强化研学旅行激励与评价知识的学习，让教学团队能够对每一个重要环节展开适时评价，发现和赏识每位学生的进步，给予学生恰当的评价和指导，通过过程性评价激励学生进行积极的自我评价。

评价主体、评价对象、评价内容应多元化，教学团队应对学生的研学态度、研学能力和方法、研学结果等方面进行综合性评价，宜采用激励性语言评价学生的研学过程，用描述性语言评价学生的研学成果。研学评价要从学生的原有基础出发，尊重学生的个性特点，强调以鼓励为主的发展性评价；宜采用研学任务卡、研学任务书、研究报告、游记、研学作品等多种形式对学生进行激励性评价。

四、后勤服务团队的业务培训

（一）岗位培训与每日例会

后勤服务团队应接受专业岗位培训，宜每年参加一次安全、卫生、服务规范及相关专业培训，熟练掌握本岗位业务知识和技能。除了研学旅行基地统一组织的培训活动，各班组各工种还要加强岗位培训与每日例会，应积极倡导终身学习的理念，建设学习型后勤服务团队，为师生提供优质的后勤服务，如餐饮部门需要组织员工学习餐饮服务知识和餐饮服务技能。

（二）精致后勤管理

为了提高全体后勤岗位人员的理论素养和业务水平，需要加强精致后勤管理相关知识培训，不断提升服务品质，促进研学旅行基地后勤工作向内涵化、精致化、品牌化方向发展，更好地服务于研学旅行教育教学工作。

湖北省十堰市郧阳区青少年活动中心培训管理制度

（三）精细后勤服务

研学旅行基地秉承全面、长期、高效的原则，组建后勤服务团队。团队每位成员都应开展自我剖析，分析优势和不足，明确内心的需要与发展的可能，制定出适合自己专业成长的发展目标和方向，使自己在今后的工作有目标，行动有方向。后勤服务团队也要结合现实工作，认真组织研讨如何精细后勤工作，打造品牌窗口，查找工作不足。

任务实操

研学旅行基地新员工入职培训调研

第一步，大三学生已经在研学旅行基地进行了为期半年的跟岗实习，每个小组把大三学生作为调研对象。

第二步，任课教师提供大三学生的名单和联系方式，每位同学与一位大三学生对接并问问题：在他们进行为期半年跟岗实习时，研学旅行基地对新员工进行了哪些方面的培训？培训时间多长，主要内容有哪些？

第三步，调研结束之后，每个小组汇总调研情况。

第四步，每个小组安排一名同学进行调研汇报。

任务考核

假如你是某研学旅行基地管理团队的一员，你认为管理团队应该加强哪些方面的培训。

任务四　加强研学旅行基地人力资源的绩效管理

任务导入

由于研学旅行基地季节性很强，员工工资待遇不是很高，因此员工流失率比较高。假如你是某研学旅行基地人力资源部总监，请问你应该如何加强基地人力资源绩效管理，并降低员工流失率？

任务分析

党的二十大报告指出："我们要实现好、维护好、发展好最广大人民根本利益，紧紧抓住人民最关心最直接最现实的利益问题"。绩效、福利问题就是基地最直接、最现实和每一位员工最关心的利益问题。基地人力资源部要积极探索基地绩效管理办法，制定行之有效的分配制度、薪酬与福利分配标准，逐步增加员工的收入，留住专业人才。

任务知识

一、研学旅行基地的绩效考核

（一）绩效考核的定义

研学旅行基地绩效考核又称绩效考评、绩效评价等，是指将基地战略转化成一整套可执行的绩效衡量标准与体系，并对照绩效标准，采用科学的考核方法，评定员工的工作目标完成情况、员工的工作职责履行程度、员工的发展情况等。绩效考核无疑是要以绩效为导向，但是绩效导向并不意味着只关注结果（绩效本身包含"绩"和"效"），它也关注取得这些结果的过程，即员工在取得优异绩效进程中的行为和素质表现。

（二）绩效考核的作用

1. 可以有效地促进基地质量管理

绩效管理过程可以加强全面质量管理。因为，绩效管理可以给管理者提供全面质量管理的技能和工具，使管理者能够将全面质量管理看作组织文化的一个重要组成部分。基地设计科学的绩效管理过程本身就是一个追求“质量”的过程——达到或超过内部、外部的期望，使员工将精力放在质量目标上。

2. 有助于适应组织结构调整和变化

组织结构调整，可以给员工更多的自主权，以便更快更好地满足客户的需求；给员工更多参与管理的机会，促进他们更好地投入工作，提高他们的工作满意感，给员工更多的支持和指导，不断提高他们的胜任能力等，而所有这一切都必须通过建立绩效管理系统才能实现。

3. 有效地避免管理人员与员工之间的冲突

绩效管理是一种帮助而不是责备的过程。绩效管理不是讨论绩效低下的问题，而是讨论员工的工作成就、成功和进步，应该鼓励员工自我评价及交流各方对绩效的看法。如果把绩效看作双方的一种合作过程，就会减少冲突，增强合作。

4. 节约管理者的时间成本

基地的工作开展牵涉多个部门的联系与沟通，绩效管理可以使员工明确自己的工作任务和目标，减少员工之间因职责不明而产生的误解。通过帮助员工找到错误和低效率原因的手段来减少错误和差错，通过找出通向成功的障碍，避免以后付出更大的代价，管理者就不必介入所有工作进行过细管理，从而节省时间去做自己应该做的事情。

5. 促进员工的发展

绩效管理是一种为促进员工发展而进行的人力资本投资。通过绩效管理，员工确定了自己工作目标的效价，也能了解自己取得了一定的绩效后会得到什么样的奖酬，因此他就会努力提高自己的期望值，如学习新知识、新技能等，以提高自己胜任工作的能力，取得理想的绩效。

（三）绩效考核的内容

基地绩效考核是按照一定的标准，采用科学的方法，检查和评定企业员工对职位所规定的职责的履行程度，以确定其工作成绩的管理方法，主要包括德、能、勤、绩 4 个方面的内容。

1. 德

“德”是人的精神境界、道德品质和思想追求的综合体现。德决定一个人的行为方向——为什么而做，行为的强弱——做的努力程度，行为的方式——采取何种手段达到目的。德的标准不是抽象、一成不变的，不同时代、行业、层次对德有不同的标准。对于基地来说，因为要开展的是一项涉及中小学生的教育活动，所以就更应注重德的表现，主要可以用主办方、承办方对于员工的意见反馈，以及个人职业道德表现来衡量。

2. 能

“能”是指人的能力素质，即人们认识世界和改造世界的能力。当然，能力不是静态、孤立存在的。因此，对能力的评估应在素质考察的基础上，结合被评估人在实际工作中的具体表现来判断，一般包括动手操作能力、认识能力、思维能力、表达能力、研究能力、组织指挥能力、协调能力、决策能力等。对不同的职位，在评估过程中应各有侧重，区别对待。例如，对研学旅行指导师的能力衡量应侧重于表达能力、组织指挥能力及协调能力等。

3. 勤

“勤”是指一种工作态度，它主要体现在员工日常工作表现上，如工作的积极性、主动性、创造性、努力程度及出勤率。对勤的评估不仅要有对量的衡量，如出勤率，也要有质的评估，即是否以满腔的热情，积极、主动地投入工作。

4. 绩

“绩”是指员工的工作业绩，包括完成工作的数量、质量、经济效益。在企业中，岗位、责任不同的人，其工作业绩的评估重点也有侧重。比如，研学旅行指导师的业绩要从其上课数量、质量、学生意见反馈等方面进行衡量，而研学安全人员的业绩则要从其对研学安全的预防、问题处理等方面来衡量。对业绩的考评是对员工绩效评估的核心。

（四）绩效考核的方法

1. 排序法

（1）序列比较法。序列比较法是对相同职务员工进行考核的一种方法。在考核之前，首先要确定考核的模块，但是不确定要达到的工作标准。将相同职务的所有员工在同一考核模块中进行比较，根据他们的工作状况排列顺序，工作较好的排名在前，工作较差的排名在后。最后，将每位员工几个模块的排序数字相加，就是该员工的考核结果。总数越少，绩效考核成绩越好。

（2）相对比较法。相对比较法是对员工进行两两比较，任何两位员工都要进行一次比较。两名员工比较之后，工作较好的员工记“1”，工作较差的员工记“0”。所有的员工相互比较完毕后，将每个人的成绩相加，总数越大，绩效考核的成绩越好。相对比较法每次比较的员工不宜过多，5~10 名即可。

（3）强制比例法。强制比例法可以有效地避免评价者的个人因素而产生的考核误差。根据正态分布原理，优秀的员工和不合格的员工的比例应该基本相同，大部分员工应该属于工作表现一般的员工。所以，在考核分布中，可以强制规定优秀人员的人数和不合格人员的人数。比如，优秀员工和不合格员工的比例均占 20%，其他 60%属于普通员工。强制比例法适合相同职务员工较多的情况。

2. 行为法

（1）重要事件法。重要事件法是客观评价体系中最简单的一种形式。在应用这种评价方法时，评价者应把员工在完成工作任务时所表现出来的特别有效的行为和特别无效的行为记录下来，形成一份书面报告然后整理和分析这些书面记录，并最终形成考核结果。评价者在对员工的优点、缺点和潜在能力进行评论的基础上提出改进工作绩效意见。该考核方法一般不单独使用。

（2）等级评估法。等级评估法是绩效考核中常用的一种方法。根据工作分析，将被考核岗位的工作内容划分为相互独立的几个模块，在每个模块中用明确的语言描述完成该模块工作需要达到的工作标准。同时，将标准分为几个等级选项，如“优、良、合格、不合格”等，考核人根据被考核人的实际工作表现，对每个模块的完成情况进行评估。总成绩便为该员工的考核成绩。

（3）小组评价法。小组评价法是指由两名以上熟悉该员工工作的经理，组成评价小组进行绩效考核的方法。小组评价法的优点是操作简单、省时省力，缺点是容易使评价标准模糊，主观性强。为了提高小组评价的可靠性，在进行小组评价之前，组织应该向员工公布考核的内容、依据和标准。在评价结束后，组织要向员工讲明评价的结果。小组评价法最好和员工个人评价结合进行。当小组评价和个人评价结果差距较大时，为了防止考核偏差，评价小组成员应该首先了解员工的具体工作表现和工作业绩，然后再做出评价决定。

3. 目标考核法

目标考核法是根据被考核人完成工作目标的情况进行考核的一种绩效考核方式。在开始工作之前，考核人和被考核人应该对需要完成的工作内容、时间期限、考核的标准达成一致意见。在时间期限结束时，考核人根据被考核人的工作状况及原先制定的考核标准来进行考核。目标考核法适合于企业中试行目标管理的项目。 结果法的优点之一是，由于它所依赖的是客观的、可以量化的绩效指标，因而能够将主观性降到最低限度，管理者和员工双方都极容易接受。结果法的优点之二是，能将员工的绩效结果与企业的战略和目标联系在一起。结果法的缺点是，即使是客观绩效衡量，有时也会存在缺失。

二、研学旅行基地的薪酬与福利

（一）研学旅行基地的薪酬

1. 研学旅行基地薪酬的定义

研学旅行基地薪酬指员工因雇佣关系的存在而从基地那里获得的所有各种形式的货币收入，包括固定薪酬、浮动薪酬和津贴 / 补贴 [全部薪酬 = 固定薪酬（或称基本工资）+ 浮动薪酬（或称激励工资，含奖金、股权分红）+ 津贴或补贴等]。

2. 研学旅行基地薪酬的功能

（1）回报功能。人们常说付出总有汇报，薪酬实际上就是对员工付出劳动的一种回报。

（2）激励功能。激励就是价值体现，如何激励员工、实现团队和企业目标是一门学问。

（3）调节功能。薪酬可以起到调节员工行为导向的作用。

（4）效益功能。适当增加薪酬投入，获得更大的产出。

3. 研学旅行基地薪酬的设计

（1）固定薪酬。可以设计为宽带薪酬模式，横坐标按能力（技能）级别或往期业绩评定级别分等级（一般分 3~5 等级）、纵坐标按岗位 / 职位等分层级（一般不超过 9 层），然后设计成宽带薪酬表。目前每家研学旅行基地提供的固定薪酬差距很大。从学生到基地就业的情况来看，大多数基地固定薪酬每月为 3000~5000 元，经济发达地区或经营比较好的基地，固定薪酬每月会高于 5000 元，经济不发达地区或经营不理想的基地，固定薪酬每月会低于 3000 元。

（2）浮动薪酬。所谓浮动薪酬是指相对固定薪酬来讲具有风险性的报酬，它的获得通常是非固定的和不可预知的，它与劳动者的具体工作表现正相关。例如，眼下比较流行的绩效薪酬就是一种浮动薪酬形式。同样，不定期和不定式的物质奖励及精神奖励都是浮动薪酬的一种。研学旅行基地在年终也会发一些浮动薪酬。

（3）津贴 / 补贴。津贴是指补偿职工在特殊条件下的劳动消耗及生活费额外支出的工资补充形式，常见的有高温津贴、保健津贴、医疗卫生津贴等。此外，生活费补贴、带团补贴也属于津贴。基地的带团补贴是以带团工作量和带团质量为标准发放的。

（二）研学旅行基地的福利

1. 福利的形式

员工福利是报酬的间接组成部分，它是组织为满足劳动者的生活需要，在工资、奖金收入之外，向员工本人及其家属提供的货币、实物及一些服务形式。也就是说，福利的形式可以是金钱或实物，也可以是服务机会与特殊权利。

2. 福利的目的

福利的主要目的是招募和吸引优秀的人才、为员工提供安全保障、增强团队凝聚力、降低员工流动率等。研学旅行基地福利在整个薪酬中的比重已经越来越大，对基地的人工成本产生了十分重要的影响。

研学旅行基地人力资源管理办法

研学旅行基地劳动合同管理制度

3. 福利的分类

研学旅行基地福利可分为两大类，一类为法律政策明文规定的福利，因而是受到法律保护的，称为法定福利或基本福利，主要包括社会保险，法定节假日及带薪休假、特殊情况下的工资支付（如产假、婚假等的工资支付），特殊津贴等。这类福利在不同组织间具有强相似性，差异不大。

另一类为组织根据实际情况和增强员工激励力而提供的福利项目，如商业保险、交通补贴、住房或租房补贴、餐补、差旅补贴、脱产培训、生活福利设施、节假日物资发放等。这类福利在不同组织间有较大的差异，在一定程度上反映了组织在福利管理上的创造性。

任务实操

研学旅行基地薪酬与福利调研

第一步，专业老师联系五家校企合作紧密的研学旅行基地，将全班分成五个小组，每个小组负责调研一家研学旅行基地。

第二步，经过专业老师推荐之后，每个小组的组长与基地人力资源部经理约定调研时间。

第三步，各小组按照约定时间去基地开展调研。调研内容包括：一基地薪酬，其固定薪酬、浮动薪酬及津贴补贴是怎样设计的；二基地福利，其基地福利都有哪些，是如何发放的。

第四步，根据调研结果，每个小组制作一个 PPT。

第五步，每组安排一个组员汇报调研结果。

任务考核

谈谈你对研学旅行基地薪酬及福利的要求，假如你到基地工作，你期望的薪酬是多少？你期望的福利有哪些？

项目训练

测一测

测试题

答一答

1. 简述研学旅行基地人力资源规划的定义及内容。
2. 简述研学旅行基地教学团队的业务培训内容。
3. 请分析研学旅行基地外部招聘人才的利弊。
4. 研学旅行基地管理团队的业务培训应该从哪些方面入手？

参考答案

参考文献

［1］王晓燕，韩新．研学实践教育课程设计指南［M］．陕西：陕西人民教育出版社，2022.

［2］孟久儿．厚基础·重运营·稳发展：国家级研学实践教育营地的运营与发展［J］．中小学管理，2019（11）：46–49.

［3］叶娅丽，边喜英．研学旅行基（营）地服务与管理［M］．北京：旅游教育出版社，2020.

［4］邓德智，王亚超．研学旅行课程设计与实施［M］．北京：高等教育出版社，2021.

［5］李岑虎．研学旅行课程设计［M］．2 版．北京：旅游教育出版社，2021.

［6］石媚山．研学旅行市场营销［M］．北京：旅游教育出版社，2020.

［7］薛兵旺，杨崇君．研学旅行概论［M］．北京：旅游教育出版社，2020.

［8］廖静娴，伍欣．研学旅行基（营）地建设与管理［M］．桂林：广西师范大学出版社，2021.

［9］叶娅丽，李岑虎．研学旅行概论［M］．广西：广西师范大学出版社，2020.

［10］杨崇君，薛兵旺．我国研学旅行基地与营地的内涵与建设要素探讨［J］．武汉商学院学报，2019（12）：5–7.

［11］张颖，伍新蕾．旅游市场营销［M］．2 版．大连：东北财经大学出版社，2020.

［12］胡光明，徐志伟．研学旅行运营实务［M］．北京：人民邮电出版社，2022.

［13］解鹏程，赵丽英．新媒体营销（慕课版）［M］．北京：人民邮电出版社，2023.

［14］倪莉莉，郑伶俐．新媒体营销与案例分析［M］．北京：人民邮电出版社，2022.

［15］魏振峰．新媒体运营实务［M］．北京：人民邮电出版社，2023.

［16］董靓．旅游景区规划设计［M］．北京：中国建筑工业出版社，2018.

［17］王昕．旅游景区服务与管理［M］．北京：中国旅游出版社，2018.

［18］王瑜．旅游景区服务与管理［M］．大连：东北财经大学出版社，2018.

［19］周晓梅．旅游景区服务与管理［M］．天津：天津大学出版社，2015.

［20］范高明．旅游景区服务与管理［M］．厦门：厦门大学出版社，2015.

［21］朱彩云．旅游景区服务与管理［M］．北京：旅游教育出版社，2018.

［22］刘昕．人力资源管理［M］．3 版．北京：中国人民大学出版社，2018.

［23］张云霞．浅谈开展中小学生研学旅行安全管理工作［J］. 新课程导学，2019（18）：4–6.

［24］田志奇．研学旅行市场营销［M］．武汉：华中科技大学出版社，2023.